Edition Paashaas Verlag

Autor: Dieter Kleffner
Covermotive: Pixabay und privat
Cover designed by Michael Frädrich
Lektorat: Nina Sock/Manuela Klumpjan
Originalausgabe: Januar 2024
ISBN: 978-3-96174-136-6

www.verlag-epv.de

Die Handlung dieses Romans ist frei erfunden.
Sollten Ereignisse oder Namen im Buch erscheinen,
welche auf jemanden zutreffen, so ist das ungewollter Zufall.
Die Haftung jeglicher Art wird abgelehnt.

Die Deutsche Nationalbibliothek verzeichnet diese Publikation in der Deutschen Nationalbibliografie; detaillierte bibliografische Daten sind im Internet über http://dnb.d-nb.de abrufbar.

Zeitlos

New Age Thriller

FSC
www.fsc.org
MIX
Papier aus verantwortungsvollen Quellen
Paper from responsible sources
FSC® C105338

„Aus ferner Zeit, da komm‘ ich her
und bring euch gute neue Mär,
von heldenhaftem Schwerterklang,
Mut und hohem Minnesang,
von wahrem Glauben, Ritterehr‘,
von Tugend und von Vielem mehr.“

Magister Reinholdus Lupus

Kapitel 1: Der Individualist

Der Motorradfahrer fuhr mit offenem Visier, genoss den Fahrtwind. Die BMW legte sich forsch in die Kurven der bewaldeten Passstraße. Auf der Gegenfahrbahn stolzierte ein berittenes Pferd. Kurz bevor das Motorrad Ross und Reiterin passierte, stieg das Tier hoch und scherte zur Gegenfahrbahn aus. Der Biker lenkte seine Maschine hart nach rechts, bremste und stieß in die Sträucher der Böschung. Zum Glück konnte die Maschine wegen der stabilen Packtaschen nicht so weit kippen, dass Benzin aus dem Tank lief. Der Fahrer fluchte. Dann sah er, dass das wildgewordene Pferd versuchte, seine Reiterin abzuwerfen. Panisch zog die Frau an den Zügeln, gab Kommandos, doch das Tier ließ sich nicht beruhigen. Ihre Kappe flog im Bogen durch die Luft.

Der Motorradfahrer legte seinen Helm ab, ging auf das keilende Pferd zu und machte mit dem Mund seltsame Laute. Geschickt wich er den Hufschlägen aus, griff zur Kandare. Unter geheimnisvoller Ansprache kam das Tier zur Ruhe. Es schnaufte noch ein paar Mal, dann stand es still.

Die Reiterin stieg aus dem Sattel, wischte sich mit dem Ärmel den kalten Schweiß von der Stirn.

„Danke!", keuchte sie. „Ich weiß nicht, was das Tier hat. Ist Ihre Maschine stark beschädigt?"

„Nein, die Natur hat mich wohlwollend gebremst."

Der Mann trug lange Haare, die im Nacken zusammengebunden waren. Er betrachtete die schlanke Frau. Sie mochte um die Dreißig sein. Die Stute stupste mit den Nüstern die Wange des Fremden. Der streichelte ihre Mähne, schaute die Reiterin an. „Ihr Mädel hier ist sehr schreckhaft. Hat sie schlechte Erfahrung im Straßenverkehr gemacht?"

„Ich weiß es nicht. Ich mache hier auf einem Reiterhof Urlaub. Man hat mir die Stute erst heute Morgen zugeteilt. Ich komme aus dem Ruhrgebiet, aus einer Großstadt, und reite nur im Urlaub."
Ein Sportwagen raste hupend vorbei. Das Pferd begann nervös zu tänzeln. Der Biker tätschelte der Stute den Hals und flüsterte ihr wieder geheimnisvolle Worte ins Ohr. Das Tier beruhigte sich.
Die Reiterin zeigte auf seinen Handrücken. „Sie haben sich verletzt. Ich möchte mir das mal ansehen. Ich bin Chirurgin."
Er übergab der Blonden die Zügel, zog ein Tuch aus der Hosentasche und presste es auf die nässende Wunde. „Der kleine Kratzer ist halb so wild. Er stammt von dem Dornbusch, in den ich gerutscht bin. Selbst schuld. Beim Motorradfahren hat man vernünftigerweise Handschuhe zu tragen. Wichtiger ist mir, dass Sie mit der Stute nun alleine klarkommen."
„Ich komme zurecht. Das Gestüt ist nicht mehr weit von hier. Vielleicht lass ich mir morgen ein anderes Pferd geben."
Sie blickte zu der gekippten BMW. „Wie ist es bei Ihnen? Können Sie die schwere Maschine alleine aufrichten?"
Er hob ihre Reiterkappe vom Boden auf und reichte sie weiter. „Kleinigkeit. Epona schütze euch beide." Er schritt zum Motorrad.
„Wer ist Epona?"
„Das ist die keltische Göttin der Pferde!"
„Wieso erwähnen Sie eine keltische Göttin?", fragte sie und stieg in den Sattel.
„Weil sie euch Glück bringen kann."
Der Mann wuchtete seine Maschine kraftvoll aus den Büschen, stellte sie auf den Ständer.
Die Reiterin blickte ihn nachdenklich an. „Sie sprechen in Rätseln! Der Reiterhof Equitana ist ganz in der Nähe. Würden Sie mir das bitte bei einer Tasse Kaffee näher erklären? Als Ärztin möchte ich mir dort auch Ihre verletzte Hand ansehen. Solche Kratzer können böse Entzündungen hervorrufen."

Der Biker blickte durch die dichten Bäume in ein Tal, in dem sich eine Hotelanlage mit Reitstall ausdehnte.
Darüber trugen die Berggipfel immer noch weiße Wintermützen. Die Aprilsonne ließ die Schneefelder mehr und mehr schrumpfen. In den Tälern wurde es grün. Winter und Sommer kamen sich sehr nah.
Er stimmte zu: „Warum nicht. Eine Tasse Kaffee tut gut, und ich kann mir dort die Hände waschen. Damit Ihre Stute nicht wieder nervös wird, fahr` ich voraus."
Er setzte seinen Helm auf, startete die Maschine, rollte in weitem Bogen an Pferd und Reiterin vorbei.

Das Hotel Equitana bestand aus drei Gebäuden. Das mehrstöckige Haupthaus präsentierte sich in südbayrischem Stil. Das ausladende Dach überragte blumengeschmückte Balkone. Durch die riesigen Fenster der Reithalle strömte Sonnenlicht. Das dritte Gebäude bestand aus Stallungen und einer Scheune.
Auf der Koppel sprangen zwei Fohlen herum. Genauso spontan wie sie losjagten, wie sie zu allen Seiten auskeilten, so standen sie wieder still. Die Pferde beobachteten Kinder, die am Zaun mit ausgerissenen Grasbüscheln lockten.
„Kommt sofort zu mir!", schrie ein korpulenter Junge und zappelte am Zaun herum. „Los, ihr blöden Pferde, ihr sollt jetzt sofort herkommen!"
Die Mutterstute unterbrach ihr Grasen, schaute aufmerksam zwischen den Kindern und den Fohlen hin und her. Ihr Schweif schlug drohend nach lästigen Fliegen.
Auf der Hotelterrasse setzte ein Kellner die Sonnenschirme um, da die Mittagssonne bereits auf die Tische schien. Elegant gekleidete Gäste saßen vor Erfrischungsgetränken, Eisbechern, Kaffee oder duftenden Kuchen.
Auf dem Hotelparkplatz konkurrierten noble Karossen, darunter viele luxuriöse Geländewagen. Langsam rollte ein schweres

Motorrad heran. Zwei Jungen wendeten sich von den Fohlen ab und betrachteten neugierig die Maschine.
„Das ist eine Kawasaki", erklärte der korpulente Junge.
„Quatsch, Dicker", erwiderte der deutlich Dünnere, „du hast doch keine Ahnung. Das ist eine BMW. So eine fährt der Freund meiner großen Schwester."
Der Dicke schob beleidigt seine Unterlippe vor, klatschte dem Schwächeren tadelnd auf den Hinterkopf und beobachtete, wie der athletische Fahrer die schwarze Maschine auf den Seitenständer stellte.
Der neue Gast zog den Helm vom Kopf, schüttelte die braune Löwenmähne und schritt zur Hotelterrasse. Den Helm stellte er mitten auf einen freien Tisch und warf die Motorradjacke über eine Stuhllehne. Neugierige Blicke taxierten ihn. Gäste steckten die Köpfe zusammen und tuschelten.
Der Oberkellner trug ein weißes Sakko. Er betrachtete den langhaarigen Fremden missbilligend, denn der wirkte in seinem Holzfällerhemd, in Jeans und Stiefeln auf der Hotelterrasse offensichtlich deplatziert.
„Entschuldigung, Sie haben sich sicherlich geirrt. Dieses Hotel hat kein öffentliches Restaurant."
„Ich weiß", sagte der Fremde unbeeindruckt, zog am Tisch einen Stuhl zurück und setzte sich lässig.
„Sind Sie als Gast unseres Hauses angemeldet?"
„Nein, aber bringen Sie mir trotzdem einen Becher Kaffee. Heiß und groß."
„Wenn Sie kein Gast des Hotels sind, dann muss ich Sie bitten, die Terrasse jetzt zu verlassen!"
„Ich warte auf eine Reiterin, die hier wohnt."
„Ach – und wer soll diese Dame sein? Hat sie vielleicht auch einen Namen?"
„Diese Dame hat gewiss einen Namen, aber den kenne ich bis jetzt noch nicht."

Der Fremde betrachtete seinen verletzten Handrücken, auf dem die Wunde immer noch nässte. Er zog sein blutverschmiertes Tuch aus der Tasche und presste es auf die Wunde.
Am Nachbartisch saßen zwei ältere Damen. Sie trugen extravagante Kleidung und funkelnden Schmuck. Ungeniert taxierten ihre Blicke jeden Hotelgast. Über jeden gab es etwas zu tuscheln und zu berichten. Neue Gäste waren für sie besonders interessant. Doch das Individuum, das jetzt in ihrer Nähe Platz genommen hatte, gehörte ja wohl zur ungehobelten Unterschicht.
Der Oberkellner baute sich drohend vor dem Biker auf: Mein lieber Mann, wenn Sie nicht einmal wissen, wen Sie hier treffen wollen, dann gehen Sie jetzt bitte. Wir sind kein öffentliches Restaurant. Wir sind auch keine Absteige für Motorradfahrer. Wir sind hier ..." Er wurde von dem Ruf einer Reiterin unterbrochen.
Die Frau winkte dem neuen Gast zu. „Hallo, ich bin gleich bei Ihnen!" Sie lenkte ihre Stute zum Pferdestall.
Der Motorradfahrer winkte zurück.
Der Oberkellner schaute zur Reiterin und fragte den Biker: „Sie kennen Frau Dr. Wiesmann?"
„Wenn das der Name der Dame ist, dann meine ich genau diese."
Kopfschüttelnd wendete sich der Oberkellner zum Nachbartisch und erkundigte sich nach den Wünschen der neugierigen Damen.
Die Hotelanlage wurde von alten Bäumen begrenzt. Dahinter erhoben sich Berge, auf deren Gipfeln der blaue Himmel ruhte. Zwischen den drei Gebäuden flogen Schwalben und ließen ihren Kot auf die Nobelkarossen platschen.
Der Motorradfahrer beobachtete das Treiben der Vögel schmunzelnd und murmelte: „Das ist die Antwort von Mutter Natur auf den Hochmut der Menschen. Sie haben es nicht besser verdient."
„Und warum haben die Menschen es nicht besser verdient?", fragte eine weibliche Stimme hinter ihm.
Er drehte sich herum und erblickte die Reiterin. Sie hatte ihre Jacke über den Arm gehängt. Bluse und Reithose betonten die

sportliche Figur. Sie lächelte. In den blauen Augen stand immer noch die unbeantwortete Frage.
Er zeigte hinauf zu den Schwalben. „Wir Menschen missachten viel zu oft die Natur und die Natur missachtet Produkte, die wir für Statussymbole halten."
Sie reichte ihm die Hand. „Ich hatte mich in der Aufregung gar nicht vorgestellt. Ich bin Anne Wiesmann. Sagen Sie einfach Anne."
Er erhob sich, erwiderte ihren festen Händedruck. „Ich bin Wulf. Freunde sagen Raik zu mir."
„Okay, Raik, bevor wir weiter über die Natur philosophieren, folgen Sie mir bitte ins Haus. Dort will ich mir die Verletzung Ihrer Hand ansehen." Sie wendete sich zum Eingang und ging voraus.
Die Innenausstattung des Gebäudes entsprach einem Vier-Sterne-Hotel. Über eine Wendeltreppe gelangten sie in den zweiten Stock. Nach einigen Metern blieb die Reiterin stehen und hielt ihre Key-Card in die Nähe des Schließmechanismus der Zimmertür. Sie traten ein.
Im Vorraum gab eine offene Tür den Blick ins luxuriöse Bad frei. Der Wohnbereich wirkte gemütlich und funktionell. Hinter der Balkontür lockte herrliches Bergpanorama.
„Nehmen Sie bitte Platz", wies Anne zur Sitzgruppe. Sie öffnete die Tür des Sideboards, zog einen Arztkoffer heraus. „Da ist er ja. Den habe ich immer griffbereit, weil ich nicht zum ersten Mal unfreiwillig vom Pferd gestiegen bin."
Sie führte Raiks Hand auf den Beistelltisch und tupfte die nässende Wunde mit einem sterilen Tuch ab. Dann streute sie ein pulveriges Antibiotikum darauf.
Er blickte ihr tief in die Augen. „Frau Doktor, haben Sie keine Sorge in Verruf zu kommen, wenn Sie einen fremden Mann mit ins Zimmer nehmen? Einen Mann, der dem Personal des Hohen Hauses nicht angemessen erscheint?"

Sie deckte die Wunde lächelnd ab und verband die Hand. „Bewegen Sie mal den Daumen und die Finger. Der Verband darf die Beweglichkeit nicht einschränken."
Er streckte die Finger, machte eine Faust, nickte zufrieden. „Danke!"
„Raik ist ein außergewöhnlicher Name. Wo kommt der her?"
„In meinem Pass steht der Name Rainer Wulf. Raik hat mich meine Mutter gerufen." Er wies zur Tür. „Ich denke, es ist Zeit für einen Kaffee."

Es duftete nach warmen Speisen. Doch da zu kalter Frühlingswind über die Terrasse blies, ließen die Mittagsgäste sich ihr Essen im Speisesaal servieren. Anne gab eine Bestellung auf. Schon bald servierte der Oberkellner Kaffee und Gebäck. Er hielt das Milchkännchen bereit und fragte lächelnd: „Frau Doktor, nehmen Sie den Kaffee wie immer?"
„Ja, bitte."
Der Oberkellner schaute Wulf weniger freundlich an. „Möchte der Herr Milch, Sahne oder Zucker?"
„Bemühen Sie sich nicht. Schwarzer Kaffee passt zu meiner schwarzen Seele."
Der Oberkellner zuckte mit den Schultern, schaute sich kontrollierend auf der fast menschenleeren Terrasse um und verschwand im Haus.
Raik beobachtete amüsiert die munter springenden Fohlen auf der Pferdekoppel. Die Ärztin betrachtete ihren Gast. In ihren Augen war er sehr attraktiv und hatte ein geheimnisvolles Charisma. Sie schätzte sein Alter auf Anfang bis Mitte Dreißig.
„Raik, so wie Sie meine Stute beruhigt haben, scheinen Sie Profi zu sein."
„Ich bin mit Pferden aufgewachsen. Sie sind besonders treue Wesen. Als Junge musste ich sie zureiten, bevor mein Vater sie verkaufte. Aber das liegt Ewigkeiten zurück." Er lächelte Anne an.

„Erzählen Sie mir lieber von Ihrer Arbeit als Ärztin. Ich kann kaum glauben, dass ich eine Doktorin vor mir habe. Nach Ihrem Aussehen dürften Sie höchstens Anfang Zwanzig sein."
„Danke für die Blumen. Aber da haben Sie sich deutlich verschätzt. Zurück zum Thema Pferde. Sie haben doch bestimmt beruflich damit zu tun. Erzählen Sie mir mehr darüber."
Raik trank seine Tasse leer und stand auf. „Kommen Sie mit zur Koppel."
Sie näherten sich dem Zaun. Anne pflückte einen Grasbüschel und hielt ihn Richtung der Fohlen. Die jungen Pferde schauten kurz auf, drehten der Ärztin desinteressiert ihr Hinterteil zu.
Raik machte mit seinem Mund ein seltsames Geräusch. Die Mutterstute drehte die Ohren in seine Richtung. Er rief etwas in fremder Sprache. Neugierig schritt das Pferd zu ihm, beschnupperte das Gesicht des Fremden.
Mit einem Mal drängten auch die Fohlen an den Zaun, fraßen Anne das Gras aus der Hand.
Sie lächelte Raik begeistert an. „Wie machen Sie das? Sind Sie so etwas wie ein Pferdeflüsterer?"
Er strich der Stute über die Mähne. „Vielleicht bin ich so etwas Ähnliches. Ich liebe und schätze Flora und Fauna. Ich versuche ihre Sprache zu verstehen. Manchmal antwortet mir die Natur dann mit einer netten Zuwendung, so wie diese Pferde hier. Jeder Mensch könnte die Sprache der Tiere verstehen, so wie einst unsere Vorfahren. Aber bei der heutigen Massentierhaltung stellt sich der Mensch lieber taub."
„Raik, wie sehen Ihre Speisegewohnheiten aus? Sind Sie Veganer?"
„Aber nein, man kann Fleisch essen und gleichzeitig Respekt vor den Tieren haben. Tiere fressen andere Tiere. Aber sie nehmen sich nur so viel, wie sie zum Leben brauchen."
Unter der Anführung des korpulenten Jungen kam eine jubelnde Gruppe Kinder an den Zaun gestürmt. Alle streckten die Arme

nach den Fohlen aus. Die Stute stupste Raik an, drehte sich herum und trottete mit den jungen Pferden zur gegenüberliegenden Seite der Koppel.
„Menno, sind die Fohlen doof!“, rief der Dicke enttäuscht und warf Kieselsteine hinter den Pferden her.
Raik fragte im strengen Ton: „Wirft deine Mutter auch mit Steinen, wenn du nicht sofort das tust, was sie von dir will?“
Der Junge schob trotzig die Unterlippe vor, senkte verlegen den Blick. Unter seiner Anführung rannten die Kinder auf einen Stall zu.
Raik bemerkte: „Ich schätze, dieser Bursche ist ein verwöhntes Einzelkind, dem keine vernünftigen Grenzen gesetzt werden.“
„Ja, Ansgars Mutter ist alleinerziehend. Sie ist Schulleiterin und verbringt mit ihrem Sohn in diesem Hotel die Osterferien. Er fällt ständig durch seine Hyperaktivität auf, geht allen Gästen auf die Nerven.“
„Im Grunde genommen kann Ansgar nichts dafür. Er ist das Produkt seiner Erziehung.“
„Raik, spricht da vielleicht aus Ihnen der Pädagoge?“
Er griff demonstrativ in seine Löwenmähne: „Sieht so ein Lehrer aus?“
Anne musterte den Mann erneut von Kopf bis Fuß. Er hatte die Ärmel seines karierten Hemdes bis zu den Ellenbogen aufgerollt, die oberen zwei Knöpfe lässig geöffnet. Die Blue-Jeans wirkte verwaschen. Zum Motorradfahren trug er Stiefel.
Sie lachte. „Nein, Sie sehen wie alles Mögliche aus, aber nicht wie ein Lehrer.“
„Frau Doktor, ich muss Sie enttäuschen. Ich bin tatsächlich Lehrer. Wie sollte Ihrer Meinung nach ein Lehrer aussehen?“
„Ich weiß nicht, irgendwie anders! Welche Fächer unterrichten Sie?“
„Ich unterrichte an einer Privatschule alte Sprachen, Geschichte, Reiten und vertretungsweise Biologie. Das Internat liegt in einem

verschlafenen Nest in der Nähe des Bodensees. In den Ferien pack ich meine Taschen und fahre durch die Alpen. Ich gehe gerne wandern und besuche historische Orte."
„Meine Eltern sind mit mir früher nur zur See gefahren. Die Berge sind mir neu. Können Sie mir besonders interessante Ausflugsziele in dieser Gegend empfehlen?"
„Sind Sie schon mal auf einem Motorrad mitgefahren? Ich könnte Ihnen einige romantische Plätze zeigen."
„Raik, das geht mir etwas zu schnell. Ich kenne Sie kaum. Wenn Sie hier im Hotel wohnen würden ..." Sie suchte nach passenden Worten.
„Ich beginne gerade mit meinem Urlaub und habe noch keine Unterkunft gewählt. Meinen Sie, dass in diesem ehrenwerten Haus noch ein Zimmer für mich frei ist?"
„Ostern ist Hauptsaison. Aber fragen kostet nichts."
Beide durchquerten den Haupteingang des Hotels. Eine Bedienstete der Rezeption telefonierte gerade, gab Zeichen, dass sie jeden Augenblick bereit sei.
Der Oberkellner stand in der Tür zum Speisesaal. „Falls Sie ein Zimmer suchen, wir sind leider ausgebucht!" Er grinste Wulf süffisant an.
Die Frau an der Rezeption legte den Telefonhörer auf und blickte den neuen Gast an. „Bitte schön, mein Name ist Wesler. Kann ich Ihnen helfen?"
„Ich hätte gerne ein Zimmer, aber Ihr Türsteher mit der weißen Jacke meinte bereits, dass für mich in diesem Haus kein Platz ist."
Anne mischte sich ein: „Schauen Sie bitte nach. Für den Notfall gibt es immer eine Möglichkeit!"
Die Angestellte tippte auf der Computertastatur, blickte zum Monitor. Dann schüttelte sie den Kopf. „Auch bei bestem Willen finde ich kein freies Zimmer. Ich könnte bei einem Nachbarhotel anrufen oder bei der Touristeninformation nachfragen."

Raik sah, dass der Oberkellner verschwunden war. Er zog eine Geldbörse aus seiner Jeans, fingerte einen Fünfzig-Euro-Schein heraus und legte ihn auf die Tastatur der Bediensteten. „Mir reicht eine Kammer für Hilfspersonal. Schauen Sie mal unter dieser Rubrik."

Anne blickte die Dame der Rezeption ebenfalls erwartungsvoll an. „Nun geben Sie sich einen Ruck. Wenn Sie Ärger mit Ihrem Vorgesetzten bekommen, dann stehe ich Ihnen selbstverständlich bei. Herr Wulf ist ein guter Bekannter von mir."

Frau Wesler errötete. Doch dann nahm sie rasch den Geldschein. „Okay, Frau Doktor, ich verlasse mich auf Ihr Wort." Sie reichte dem neuen Gast einen Schlüssel. „Herr Wulf, Sie haben das Zimmer 96 im Dachgeschoss. Es gibt aber nur eine Etagendusche und Etagentoilette."

Raik stellte die Packtaschen des Motorrads in seinem bescheidenen Zimmer ab. Dann wartete er mit einer Motorradjacke über der Schulter im zweiten Stock an der Wendeltreppe.

Endlich kam Anne aus ihrem Zimmer. Sie hatte sich umgezogen und blickte verunsichert an ihrer Kleidung herunter. „Ist mein Outfit so okay?"

„Lederjacke, Jeans und Wanderschuhe sind fürs Motorradfahren passend. Wir müssen nur noch für einen zweiten Helm sorgen. Den finden wir im Nachbarort, dort gibt es einen Motorradverleih."

Als sie aus dem Foyer in die Sonne traten, standen Kinder um das Motorrad herum. Der dicke Junge drehte hektisch am Gasgriff und machte mit seinem Mund das Motorgeräusch nach.

Raik pfiff auf zwei Fingern so schallend, dass den Gästen auf der Terrasse fast die Tassen aus den Händen fielen. Die noble Gesellschaft schüttelte über das primitive Benehmen des neuen Gastes die Köpfe. Der dicke Junge und seine Bande ergriffen augenblicklich die Flucht.

Raik reichte der Sozia seinen Helm. „Setzen Sie den bitte auf, bis wir für Sie gleich einen eigenen gefunden haben.“ Er schwenkte sein Bein über die Sitzbank.
Anne blickte auf den riesigen Tank. Mit einem Mal schauderte ihr vor der Größe des Motorrads.
„Frau Doktor, der Sattel Ihrer Stute war noch viel höher. Also keine Sorge. Außerdem bockt dieses Pferd nicht.“
Anne zog den Helm über den Kopf, bestieg die Sitzbank und umklammerte zögerlich die Taille des Sozius. Der Motor sprang an. Das Zweirad rollte langsam am Zaun der Pferdekoppel entlang. Schon bald erreichten sie die Straße.
Raik sagte: „Ich werde jetzt mal vom Trab in den Galopp übergehen. Einverstanden?“
Sie umfasste seine Taille noch fester. Die Maschine beschleunigte. Der Fahrtwind griff in Raiks Löwenmähne.
Nach einem Kilometer erreichten sie ein Dorf. Der Biker steuerte eine Tankstelle an. Auf dem Parkplatz standen mehrere Motorräder zum Verleih. Raik wartete, bis die Sozia von der Maschine gestiegen war und stellte die BMW auf den Seitenständer.
Im Geschäftsraum des Motorradhändlers schaute sich Anne die Leihhelme an. Raik sah, wie sie angewidert das Gesicht verzog und fragte: „Sie mögen keinen Helm aufsetzen, den schon mehrere Leute getragen haben?“
Sie schüttelte den Kopf.
„Okay, dann schauen wir doch mal nach einem neuen Helm. Was für eine Signalfarbe würden Sie bevorzugen?“
Anne betrachtete in einem Regal das Angebot mit neuen Helmen, nahm einen knallgelben heraus und zog ihn über den Kopf. „Der passt mir wie angegossen“, sagte sie. Ihre Stimme klang Dumpf hinter dem geschlossenen Visier. Dann blickte sie in einen Wandspiegel und lächelte zufrieden.
Für einen Moment schloss die Ärztin die Augen. Zweifel überkamen sie. Was tat sie hier gerade? Als Unfallchirurgin waren ihr

bisher alle Motorradfahrer suspekt gewesen. Selbst ihre männlichen Kollegen bezeichneten diese Spezies als rasende Organspender. **Doch was tat Sie? Sie war im Begriff, ebenfalls voller Leichtsinn auf eine Motorradtour zu gehen.
Raik sah im Spiegel, dass Anne die Augen geschlossen hielt und ganz in Gedanken war. „Frau Doktor, ich sage es nochmal. Das Motorrad ist auch nur ein Pferd. Der einzige Unterschied zwischen beiden besteht darin, dass man mit Pferden sprechen kann."
Lachend zog sie den Helm vom Kopf und schritt damit zur Kasse.

Raik wählte eine alpine Strecke, so dass sich die Maschine während der Fahrt mal weit nach links und mal nach rechts in die Kurven legte. Nadelbäume und wechselndes Sonnenlicht zauberten Muster auf den Asphalt. Über den Wäldern leuchteten weiße Bergspitzen. Entgegenkommende Biker hoben grüßend die Hände.
Annes mulmiges Gefühl verwandelte sich mehr und mehr in abenteuerliche Lust. Jetzt konnte sie verstehen, warum viele Menschen von dieser Art zu fahren schwärmten.
Nach einer Stunde Fahrt über Landstraßen bogen sie in einen Forstweg ein. Hinter dichtem Wald breitete sich vor ihnen ein See aus. Am gegenüberliegenden Ufer spiegelte sich eine majestätische Felswand im Wasser.
Raik zeigte zu den Gipfeln. „Dort sind Gämse, die besten Bergsteiger."
Anne hielt sich eine Hand über die Augen, da die Sonne am wolkenfreien Himmel blendete.
Sie setzten sich auf Steine, ließen das Bergpanorama auf sich wirken. Minutenlang herrschte Stille.
Die Frühlingsluft wirkte besonders klar. Bergblumen, Nadelbäume und das Erdreich grüßten mit intensiven Düften. Selbst das Gewässer hatte scheinbar einen eigenen Geruch. Hin und wieder raschelte es im Unterholz, meldeten sich ferne Tierstimmen.

Anne sagte leise: „Diese Symphonie der Sinne ist ein wunderbares Erlebnis."
Raik nickte stumm, sog hörbar die klare Luft ein.
Ein Schrei zerriss die Stille. Die junge Frau zuckte zusammen. Raik legte beruhigend einen Arm um ihre Schultern und zeigte zum Himmel. „Das ist einer der letzten Steinadler. Sie waren früher die Herren der Alpen."
Der Raubvogel zog ruhige Kreise. Ohne Vorwarnung legte er die Schwingen an und stürzte wie ein Pfeil zur Erde. Er verschwand hinter einer Baumgruppe.
„Raik, meinst du, er hat jetzt Beute gemacht?" Sie schaute den Hünen entsetzt an.
Er blickte ihr lächelnd in die Augen. „Frau Doktor hat mich gerade geduzt. Bleiben wir jetzt dabei?"
„Okay, bleiben wir beim Du." Vergnügt warf sie einen Kiesel ins Wasser. Ringförmige Wellen breiteten sich aus.
Raik ging zu einem mit Kraut umwucherten Felsgestein. Er kehrte zurück und reichte Anne eine weiße Blume. „Das ist eine Schneerose. Sie blüht noch vor dem Frühlingsbeginn." Er wies auf einige andere Blumen am Waldrand und fuhr fort: „Die kommen fast alle pünktlich zum Frühlingsfest heraus."
„Zum Frühlingsfest? Ist das hier eine Tradition?"
„Unsere keltischen Vorfahren feierten um diese Zeit das Vogelfest. Sobald die ersten Zugvögel gesichtet wurden, gab es ein Festmahl. Hasen, Schwalben und Eier waren Symbole, die heute zum Osterfest gehören. Die Kirche hat ihre Feste genau auf die Festtage unserer Ahnen gelegt, um die sogenannten heidnischen Götter vergessen zu machen. Aber gerade dadurch wurden diese sogar unvergesslich."
„Unsere Ahnen? Ich schätze, dass du als Lehrer viel über die Kelten weißt."
„Sorry, wenn ich wie ein Pauker klinge."

Anne warf einen weiteren Kiesel ins stille Wasser. Das Spiegelbild des Bergmassivs bekam wellenförmige Risse. „Soweit ich aus der Schule weiß, ist meine Heimat im Ruhrgebiet ehemals das Land der Germanen gewesen. Aber ich habe auch gelesen, dass im Sauerland, wo die Ruhr entspringt, die Kelten gelebt hätten."
„Die Germanen haben sich selbst nie als Germanen bezeichnet. Diesen Namen hat Cäsar in die Welt gesetzt. Die Götter deiner und meiner Vorfahren waren im Grunde genommen die gleichen."
Anne legte sich genüsslich rückwärts ins weiche Gras und hielt die Hände hinter den Kopf. „Erzähl mir von den alten Göttern."
„Was jedes Lebewesen im Frühjahr spüren kann, ist die Kraft von Ostara. Sie ist die Göttin der Liebe und der Fruchtbarkeit. Alles beginnt in dieser Zeit zu blühen, alles will aus dem Boden heraus. Die Natur verausgabt sich mit ihren Farben und Düften. Die Luft ist regelrecht mit Leben geschwängert. Die Vögel kehren aus dem Süden heim, suchen ihre Partner, und alle Tiere erwachen aus dem Winterschlaf. Spürst du diese Energie? Spürst du, welche Kraft auch dieser stille Ort hat?"
„Ich weiß nicht so recht, was ich deiner Beschreibung nach empfinden soll. Egal ... Du glaubst also, dass die Kirche ihre Feste nach den alten Göttern ausgerichtet hat?"
„Ja, denn Ostern ist schon vor der Zeitenwende das Fest der Wiedergeburt der Natur gewesen. Das nächste Fest der Kelten hieß Beltane und wurde von der Kirche arg bekämpft. Es fand in der Nacht zum 1. Mai statt. Man feierte das Feuer und die Blumen. Heute nennen wir es "Tanz in den Mai". Langweile ich dich auch nicht mit diesen Gedanken? Einige meiner Schüler wären jetzt bereits schon eingeschlafen."
„Nein, irgendwie werden diese alten Mythen hier, mitten in der Natur, erst richtig lebendig. Erzähl ruhig weiter."
„Zu Beltane wurde geschmaust und danach fast nackt getanzt. Es war ein Fest der Liebe. Man ehrte damit den Licht- oder Sonnengott Belt, da die Sommerzeit in Sicht war. Die Kirche machte

daraus die Walpurgisnacht. Christenpriester behaupteten, Teufel und Hexen würden in dieser Nacht tanzen, und sie hofften, dass das heidnische Fest damit verschwinden würde.“ Raik blickte Anne erwartungsvoll an und fragte: „Bist du bis Anfang Mai noch hier?“
„Oh, du meinst, um mit dir halb nackt um den Maibaum zu tanzen?“
„Frau Doktor, das ist ein äußerst verlockender Gedanke.“
„Lehrer Wulf, am 1. Mai stehe ich längst wieder am OP-Tisch.“
Anne klopfte sich das Gras von der Jeans, Raik blickte auf die Uhr.
„Gut, schwingen wir uns also auf den eisernen Hengst. Wenn du magst, dann steigen wir als nächstes durch eine rauschende Klamm.“

Als die Biker am späten Nachmittag das Hinweisschild zum Hotel Equitana passierten, bog ein Geländewagen mit Pferdeanhänger auf die Landstraße. Raik hielt an. Seine Stimme klang dumpf unter dem Helm: „Früher zog das Pferd den Wagen. Heute zieht der Wagen das Pferd. Die moderne Welt steht Kopf! Bei diesem Anblick wird sich Epona vor Lachen schütteln.“
„Wer ist nochmal Epona?“
„Sie ist die keltische Göttin der Pferde. Sie wurde sogar von den Römern verehrt.“
Raik legte den Gang ein und lenkte zum Parkplatz des Hotels. Die Biker begaben sich in ihre Zimmer, bereiteten sich auf das Abendessen vor.

Duft erlesener Speisen lag in der Luft des Esszimmers. Alle Tische waren besetzt. Verhaltenes Gemurmel mischte sich mit klassischer Musik der Lautsprecheranlage. Raik trat ein. Er entdeckte Anne in der Nähe des offenen Kamins an einem Zweier-Tisch. Sie winkte. Ihr offenes Haar fiel bis über die Schultern. Sie trug ein Kostüm und hochhackige Schuhe.

Raik war mit schwarzer Jeans und kurzärmeligem Markenhemd bekleidet. Die frisch geföhnte Löwenmähne wirkte noch voller. Einen Moment lang richteten sich viele Blicke auf den athletischen Hünen mit der ungewöhnlichen Frisur. Das Gemurmel verstummte.
„Guten Abend, Frau Doktor", grüßte Raik und deutete eine stilvolle Verbeugung an.
Anne lachte angesichts dieser übertriebenen Geste. Sie hatte ein Glas Rotwein vor sich stehen und nippte daran.
Das Gemurmel der Gäste wurde wieder lauter. Der Oberkellner, der sich Raik gegenüber am Mittag so abweisend verhalten hatte, trat an den Tisch und fragte steif: „Möchte der Herr etwas zu trinken bestellen?"
Raik zeigte auf Annes Glas. „Bringen Sie mir auch so einen Chateau-Migräne. Außerdem hätten wir gerne die Speisekarte. Frau Doktor verhungert bereits."
Anne bedankte sich freundlich beim Oberkellner. Nachdem der Mann im weißen Sakko außer Hörweite war, legte sie ihre Hand auf Raiks Unterarm und flüsterte: „Wenn ihr beide euch seht, dann knistert hörbar die Luft. Schließe Frieden mit ihm."
Im gleichen Moment blickte die Ärztin auf Raiks Handrücken. Der Verband, den sie selbst angelegt hatte, war fort, die tiefe Kratzwunde nicht mehr zu sehen. Nur eine feine Narbe war noch erkennbar. Ungläubig ertastete ihr Finger die verheilte Stelle. „Raik, wenn ich die Wunde nicht selbst versorgt hätte, dann würde ich nicht glauben, was ich da sehe."
Er zog seine Hand rasch zurück. „Ich hatte Glück, dass ich an eine so kompetente Ärztin geraten bin, die mich spontan versorgt hat."
„Nein, das hat nichts mit ärztlicher Kunst zu tun. Ich arbeite seit einigen Jahren in der Chirurgie. So schnell verheilt nicht einmal ein minimal invasiver Schnitt."

Raik hob sein Glas und hielt es ihr zum Anstoßen entgegen: „Warum akzeptierst du nicht, dass mir deine medizinische Kunst so rasch geholfen hat?“
Anne lehnte sich in ihrem Stuhl zurück und betrachtete ihr Gegenüber wie ein seltenes Studienobjekt. „Raik, du bist ein außergewöhnlicher Mensch. Ich weiß noch nicht so recht, was ich von dir halten soll. Die unnatürlich schnelle Heilung deiner Verletzung grenzt angesichts der heutigen Wissenschaft an ein biologisches Wunder.“
„In dem Internat, in dem ich arbeite, gibt es ein Aquarium für Axolotl. Diese putzigen Tierchen zanken sich hin und wieder. Unsere Schülerinnen und Schüler sind fasziniert, wie rasch bei dieser Spezies die Verletzungen heilen. Nicht nur das, verstümmelte Körperteile wachsen sogar nach.“
„Aha – und du glaubst, dass sich die Regeneration eines Axolotl mit der menschlichen Physiologie vergleichen lässt?“

Oberkellner Hans und seine Kolleginnen servierten die Vorspeisen. Die Gäste applaudierten. Raik und Anne konzentrierten sich auf ihre Speisen. Sie sprachen dabei über den Boom der Koch-Shows in den Medien.
Bis zum letzten Gang, einem kunstvoll servierten Dessert, war es draußen stockfinster geworden.

Nach dem üppigen Mahl verabredeten sich Anne und Raik am Hoteleingang zu einem Spaziergang. Vor der Tür war es kalt. Anne schloss ihre dicke Jacke. Zuerst passierten sie die Pferdekoppel und bogen in einen dunklen Waldweg ein. Je weiter sie sich von den Lichtquellen der Hotelgebäude entfernten, umso deutlicher traten scheinbar die Sterne hervor. Der Weg war nur noch schattenhaft zu erkennen. Die Stille wirkte geheimnisvoll. Ihre Schritte machten die einzigen Geräusche. Am Ende des Waldwegs breitete sich eine abschüssige Wiese aus.

„Hier ist es so düster, dass man fast die Orientierung verliert“, sagte Anne leise, „auch der Mond hat so stark abgenommen, dass er kaum noch Licht abgibt. Ein Sterngucker käme hier bestimmt auf seine Kosten. In meiner Heimat kommen die Sterne so selten heraus, dass ich mich nie mit ihnen beschäftigt habe.“
Raik drehte sie sanft an den Schultern herum und erklärte: „Wenn Frau Doktor jetzt hochschaut, dann sieht sie einen hellen Planeten im Sternbild der Jungfrau. Das ist der Saturn. Er steigt am Aprilabend im Osten zusammen mit der Jungfrau auf. Ist das nicht ein romantischer Gedanke?“ Er zog ein kleines Monokular aus der Jackentasche und reichte es ihr. „Versuche es mal hiermit. Wenn du den Saturn in der Linse hast, dann erkennst du sogar seine Ringe.“
Anne hielt sich das kleine Fernglas vors Auge und suchte den Himmel ab. „Tatsächlich, ich sehe die Ringe! Wahnsinn, die habe ich bisher nur auf Bildern oder im Fernseher gesehen.“
Unbewusst lehnte sie sich mit ihren Schultern an Raik. Er schloss seine Arme um ihre Taille.
Sie löste seine Hände und gab ihm das Monokular zurück. „Lehrer Wulf, ich denke, jetzt wird mir der Unterricht zu eng. Andererseits ist es kalt. Wir kehren zum Hotel zurück.“

Als sie das Foyer erreichten, sagte sie: „Danke für die tolle Motorradfahrt und den unterhaltsamen Abend. Ich bin müde und zieh mich zurück.“
„Ich bedanke mich ebenfalls für deine ärztliche Versorgung und die charmante Begleitung. Hast du Lust, morgen mit mir auszureiten?“
„Okay, wir sehen uns beim Frühstück.“

Die Morgensonne strahlte warm durch die Fenster des Speiseraums. Anne trat ein.

„Grüß Gott, Frau Dr. Wiesmann“, grüßte eine Bedienstete, die die ersten hungrigen Gäste bediente.
Raik saß an einem Tisch und las die Zeitung. Als er die Ärztin erblickte, stand er auf und reichte ihr die Hand. „Guten Morgen, du siehst blendend aus. Anscheinend hast du gut geschlafen.“
„In der Tat. Ich habe geschlafen wie ein Murmeltier.“
„Hast du denn schon mal ein Murmeltier in freier Natur gesehen?“
„Nein, in Natura noch nicht.“ Sie gab der Bedienung ein Zeichen, den Kaffee zu bringen.
Raik zündete die Tischkerze an. „Ich habe vor, in den nächsten Tagen in Österreich über die Glockner-Passstraße zu fahren. An der Franz-Josefs-Höhe könntest du Murmeltiere sehen. Sie sind so zahm, dass sie sich von den Besuchern füttern lassen.“
Die Ärztin ging nicht darauf ein, sondern griff nach Raiks Hand. Sie strich über den Handrücken. „Nicht einmal der Ansatz einer Narbe ist von deiner gestrigen Verletzung zu sehen. Das ist für mich fachlich nicht nachvollziehbar.“
Er zog die Hand zurück. „Ja, der dumme Kratzer ist weg. Die Verletzung war ja nur oberflächlich. Ich hab eine gute Heilhaut. Lass uns über etwas anderes reden.“ Er hielt ihr einen Korb mit duftendem Brot entgegen.

Eine Stunde später betraten beide den Reitstall. Ein hochgewachsener Pferdepfleger hob seine schwarze Reiterkappe und strich sich über das schüttere Haar. „Grüß Gott, Frau Doktor, ich bin Josef Feudl. Tut mir leid, dass Ihnen unsere Stute gestern Probleme bereitet hat. Heute empfehle ich Ihnen unsere Jule. Sie ist sehr erfahren und die Ruhe selbst.“
Anne besah sich das hellbraune Tier und nickte. „Okay, ich denke, Jule und ich werden uns verstehen.“
Raik mischte sich ein: „Josef, was ist mit dem Plattschecken?“ Er nickte mit dem Kinn zu einer anderen Stute und erklärte: „Das ist

ein Noriker, ein Kaltblut. Es ist sehr trittfest und besonders nervenstark. Die Kelten haben einst diese Rasse gezüchtet."

Anne ging auf die gefleckte Stute zu und schwärmte: „Oh ja, die sieht toll aus! Josef, darf ich die heute reiten?"

Der Stallknecht nickte mit etwas beleidigter Miene. „Wie Madam belieben. Dieses Mädchen heißt Hexe. Ab und zu ist sie etwas eigenwillig. Aber wenn sie Hexe unbedingt reiten wollen, dann bitte."

Raik beobachtete im Augenwinkel, dass Oberkellner Hans von der Seitentür Josef heimlich ein Zeichen gab. Der Pferdepfleger nickte kaum sichtbar. Er winkte Raik zu, ihm zu folgen. Sie blieben neben der Box eines pechschwarzen Hengstes stehen.

Josef fragte: „Wie wäre es mit diesem Rappen? Da Sie sich als Experte geben, dürfte er der Richtige für Sie sein."

Raik ging um das stattliche Tier herum. Der Hengst beäugte den Hünen misstrauisch, nickte heftig mit dem Kopf, schnaufte, scharrte drohend mit dem Hinterlauf.

Anne zupfte Raik am Ärmel und flüsterte: „Der scheint sehr wild zu sein. Nimm lieber ein anderes Pferd."

Er machte mit dem Mund ein seltsames Geräusch. Der Hengst drehte die Ohren in seine Richtung und stand abrupt still.

„Josef, das ist ein Halbblut. Der hat bestimmt mächtig Temperament, nicht wahr? Solche Pferde werden von Sonntagsreitern nicht gerne genommen."

Der Stallknecht zuckte verlegen mit den Schultern. „Sie müssen ihn ja nicht nehmen."

„Schon gut – wie heißt der temperamentvolle Junge?"

„Das ist unser Lennox."

„Der gefällt mir. Lennox ist ein keltischer Name. Ich denke, Lennox und ich kommen gut zusammen. Zeigen Sie mir einen passenden Sattel und das weitere Zubehör."

Eine Viertelstunde später führten sie die gesattelten Pferde aus dem Stall.

Oberkellner Hans stand auf der Terrasse und wartete mit Spannung darauf, dass das Pärchen die Pferde bestieg.
Eine stilvolle, ältere Dame stieß den Kellner an und fragte im Flüsterton: „Ist das nicht dieser wilde Hengst, der in der letzten Woche Ihren Reitlehrer abgeworfen hat?"
Hans sagte verschmitzt: „Ich kenne mich mit Speisen und Getränken aus. Die Pferde unserer Anlage kann ich nicht unterscheiden."
Raik ließ den Zügel von Lennox los und stellte sich im Abstand einiger Schritte vor das stolze Tier. Er schaute anscheinend knapp an dem Hengst vorbei. Mal blickte er nach links, dann wieder nach rechts. Das Pferd führte seltsamer Weise ähnliche Kopfbewegungen aus. Dann ging Raik auf Lennox zu und hielt ihm seine Rechte unter die Nüstern. Die Pferdezunge leckte mehrmals über die geöffnete Hand. Der Hüne trat gefühlvoll in den Steigbügel und schwang sich in den Sattel. Lennox blieb unbewegt stehen. Josef hob seine Kappe an, kratzte sich verwundert am Kopf und tauschte mit Hans stumme Blicke.
Anne bestieg ebenfalls ihre Stute. Beide Reiter setzten sich in Bewegung. Schon bald passierten sie den Waldweg, durch den sie am vorherigen Abend spaziert waren. Als sie die abschüssige Wiese erreichten, ritt Raik neben Anne und hielt sie an. Er zog eine goldene Kette von seinem Hals und reichte diese der Reiterin. „Das ist ein Glücksbringer. Solange du diese Kette trägst, kann dir beim Reiten nichts Schlimmes zustoßen. Wenn du sie nicht magst, dann gib sie mir trotzdem erst heute Abend zurück."
Anne betrachtete den Kettenanhänger, der eine Frauenfigur darstellte.
„Wer soll das sein?"
„Das ist Epona. Einer meiner Urahnen hat das Amulett mit viel Liebe geschmiedet. Es hat immer Glück gebracht."
Schmunzelnd hängte sie sich die Kette um ihren Hals. „Danke, ich gebe sie dir nach dem Ausflug zurück."

Die Reiter genossen das Panorama. Die Wiese vor ihnen führte in ein breites Tal, in dem sich ein Bach schlängelte. Buchenwald begrenzte die Wiese zur Linken. Zur Rechten erhoben sich schroffe Felsen.

Am gegenüberliegenden Bachufer führte ein Waldweg zur nächsten Anhöhe. Dahinter erhob sich ein Berg mit schneebedecktem Gipfel.

„Schauen wir, was dort drüben hinter dem bewaldeten Hügel zu sehen ist!", rief Anne und gab ihrer Stute die Sporen.

Raik besah sich im größer werdenden Abstand ihren Reitstil. Lennox begann unter ihm unruhig zu tänzeln.

„Ruhig, mein feuriger Freund", flüsterte Raik und tätschelte Lennox' Hals. „Gib den Mädels einen kleinen Vorsprung. Danach kannst du mir ja zeigen, was du drauf hast."

Anne blieb vor dem Bach neben dem Buchenwald stehen, drehte sich im Sattel herum und winkte. Auf einmal schallte lautes Bellen durch das Tal. Eine große Bulldogge schoss auf Annes Stute zu und schnappte nach deren Hinterlauf. Das Pferd schlug aus. Die Ärztin konnte sich nur mit äußerster Mühe im Sattel halten. Erneut griff der Hund an.

Raik pfiff schallend auf den Fingern und gab Lennox die Sporen. Der schwarze Hengst ging in einen gestreckten Galopp über.

Während der Hund durch Raiks Pfiffe abgelenkt wurde, ergriff die Stute instinktiv die Flucht. Anne sah darin ebenfalls die beste Lösung und ließ die Zügel locker. Hexe wurde immer schneller, galoppierte ein Stück die Wiese hinauf.

Die Bulldogge folgte ihnen. Der Abstand zwischen ihr und der Stute wurde größer.

Dann machte Hexe eine Wende, galoppierte in die Gegenrichtung. Der Wildbach kam rasch näher.

Anne bekam Panik. Von Weitem hatte das Gewässer schmaler ausgesehen. Die Fluten schäumten über riesige Kieselsteine. Angeschwemmte Baumstämme stauten das Wasser zu tiefen

Becken. Für Anne war es kaum vorstellbar, dass Hexe diesen Bach überspringen könnte.
Der verdammte Höllenhund ließ sich nicht abschütteln.
Zum Ufer waren es noch höchstens fünfzig Meter. Was sollte sie tun? Anhalten oder springen? Die Reiterin musste endlich eine Entscheidung treffen. In ihrer weit vorgebeugten Haltung strich das goldene Amulett über ihre Wange.
Anne presste ihr Gesicht in die Pferdemähne und flehte: „Epona, hilf uns!"
Pfeilschnell schoss das Pferd auf die Uferböschung zu.
Dann schien es wie der geflügelte Pegasus über dem Bach durch die Luft zu gleiten. Gischt spritze Anne ins Gesicht.
Hexe setzte knapp hinter dem anderen Ufer auf. Sie galoppierte noch ein Stück und blieb erst am Waldrand zitternd stehen.
Der Hund überquerte das wilde Gewässer nicht. Er sprang nur bellend am Ufer hin und her.
Anne bekam feuchte Augen. Dankbar tätschelte sie den Hals der Stute. Durch den Tränenschleier sah sie, dass Raik auch den Bach erreichte. Jetzt griff der Hund den schwarzen Hengst an. Lennox bäumte sich auf, keilte nach vorne und hinten aus. Der Hund wich nur kurz zurück. Raik stand wie ein Rodeo-Reiter in den Steigbügeln. Lennox drehte sich um die eigene Achse. Blitzschnell trat er mit beiden Hinterläufen nach dem Angreifer und traf. Der Hund wurde im Bogen durch die Luft geschleudert, blieb jaulend im Gras liegen.
Oberhalb des Buchenwaldes stand ein älterer Mann, der wild gestikulierte. Er rief seinen Hund.
Raik traute dem Frieden nicht. Er nahm mit Lennox Abstand von der Bulldogge.
Mit hochrotem Kopf kam der grauhaarige Halter herbeigelaufen. Er bückte sich zu seinem Hund und tastete ihn besorgt ab. Dann stand er auf und schrie den Reiter an: „Der Hund hat die Rippen gebrochen! Ich werde Sie verklagen!"

Raik zeigte hinter sich zu der Reiterin und erwiderte: „Seien Sie froh, dass die Dame sich nicht das Genick gebrochen hat. Ihr Hund hat einen Maulkorb zu tragen und an der Leine zu gehen."
Der Mann hob drohend die Faust und wetterte: „Das wird noch ein Nachspiel haben."
„Tun Sie, was Sie wollen", sagte Raik gelassen.
Er lenkte Lennox ein weites Stück vom Bachufer zurück, wendete, gab dem Hengst die Sporen. Der schoss lang gestreckt durch die schäumende Gischt, setzte sicher am anderen Ufer auf. Neben Anne blieb er endlich stehen.
Die Reiterin schüttelte den Kopf. „Es ist unverantwortlich, so einen großen Hund ohne Leine laufen zu lassen. Was hat der Mann zu dir gesagt?"
„Er will mich anzeigen, weil Lennox seinen Hund verletzt hat."
„So ein Idiot! So viel Frechheit ist ja unerträglich!"
„Vergiss ihn. Mich hat euer Sprung über den breiten Bach sehr beeindruckt. Hexe und du seid ein gutes Team."
Anne tätschelte der Stute den Hals. „Eigentlich hat Hexe alles alleine gemacht und ich war nur ein Passagier."
Als Raik nochmal zu dem Hundebesitzer zurückblickte, sprach der gestikulierend in sein Handy.

Die Reiter lenkten ihre Pferde zum Waldweg, der sich kurvenreich bis zum höchsten Punkt des Hügels hinaufzog. Dahinter wartete die nächste Bergkulisse. Um diese Zeit waren die Forst- und Wanderwege frei von Touristen. Nur selten begegnete ihnen ein heimischer Mountainbiker. Raik hielt an einem kleinen Bach an, stieg aus dem Sattel.
Anne tat es ihm nach.
„Du brauchst Hexe nicht anzubinden", sagte er. „Solange Lennox hier ist, läuft auch sie nicht weg."
„Und woher weißt du, dass Lennox nicht wegläuft?"

„Er hat es mir geflüstert." Raik blickte Anne tief in die Augen. „Als ich gesehen habe, wie du auf den Bach zugejagt bist, ist mir fast das Herz stehen geblieben. Dein Sprung über diese Distanz war eine grandiose Leistung."
Anne griff demonstrativ nach dem Schmuckanhänger ihrer Halskette und lachte. „Ich habe Epona beschworen und hatte keine Angst mehr. Hexe hat alles alleine gemacht. Ich brauchte mich nur festzuhalten."
Raik zeigte auf die goldene Figur in ihrer Hand, die in der Sonne funkelte. „Diese Figur verkörpert auch die große Muttergöttin in Jugendgestalt. Sie ist voller Kraft, jung und schön. So wie du. Mach sie mit deiner Schönheit nicht eifersüchtig, dann wirkt ihr Zauber nicht mehr."
„Lehrer Wulf, wie vielen Frauen hast du dieses Märchen schon erzählt?" Sie zog die Kette über den Kopf und hielt sie ihm entgegen. „Mit Dank zurück. Es wird nicht hinter jedem Hügel ein bissiger Köter lauern."
Er legte das Amulett in ihre Hand zurück und schloss ihre Finger darüber. „Bitte behalte es. Solange du diesen Anhänger über deinem Herzen trägst, schützt Epona dich und die, die du liebst."
Mit gemischten Gefühlen legte Anne die Kette erneut an. Er zog eine Wasserflasche aus der Satteltasche, reichte sie der Reiterin. Beide setzten sich auf Felsgestein und genossen den Blick ins Tal.
„Ich bin erstaunt, dass im April in dieser Höhe bereits so viele Pflanzen blühen", meinte Anne.
„Ja, schau dort. Die rote und weiße Frühlingsküchenschelle ist winterfest. Sie kommt nur in Europa vor und hat sich vom Süden bis nach Skandinavien ausgebreitet. Auch die Fliegenorchidee, der Seidelbast und die Schneerose kommen mit der Kälte des Frühjahres gut zurecht."
Anne lachte. „Ja, du bist tatsächlich ein Bio-Pauker!" Sie beobachtete die Pferde, die ihre Köpfe zusammensteckten. „Hexe sieht mit

ihren gescheckten Farben wunderschön aus. Da haben die Züchter sich etwas Kreatives einfallen lassen."
„Das ist keine große Kunst. Tue eine Schimmelstute und einen Rappen zusammen und es kommt ein schimmeliges, rappeliges Fohlen heraus."
Sie steckte die Wasserflasche zurück in die Satteltasche und schwang sich auf die Stute. „Komm, meine Schöne, Schulmeister Wulf will uns veräppeln."

Gegen Abend kehrten die müden Reiter zum Hotel zurück. Raik blickte zum Parkplatz. Er pfiff schrill auf den Fingern. Viele Gäste schauten ihn kopfschüttelnd an. Neben der schweren BMW stand der korpulente Junge und trat mehrmals gegen den Seitenständer der Maschine. Die anderen Kinder besahen sich das gefährliche Spiel aus sicherem Abstand.
Der Dicke blickte ertappt zu dem Reiter und bekam rote Wangen.
„Ansgar, lass die Finger von dem Motorrad, sonst setzt es etwas!", schallte Raiks Stimme durch die Anlage.
Oberkellner Hans sprach die Mutter des Jungen an: „Frau Morgenrot, würden Sie bitte nach Ihrem Sohn schauen, ich denke, es gibt ein Problem."
„Mein Gott, der Junge tut doch nichts", echauffierte sie sich. „Kinder benötigen ihren Freiraum." Doch dann stand sie auf, ging zum Ausgang der Terrasse und fragte ihren Sohn: „Ansgar, profilierst du dich gerade wieder?"
Raik richtete sich im Lennox' Sattel auf . „Nein, der liebe Junge profiliert sich nicht, sondern versucht, mein Motorrad zu beschädigen. Wenn das umfällt, könnte er sich auch selbst verletzen."
Die Frau verzog genervt das Gesicht und rief: „Ansgar, du gehst jetzt von dem Motorrad weg. Ich möchte nicht, dass du dich daran verletzt. Habe ich mich klar ausgedrückt?"
Der Dicke gab seiner Mutter keine Antwort, drehte sich um und schlurfte trotzig zum Hauseingang.

Die beiden Reiter führten ihre Pferde in den Stall. Josef kratzte sich unter der Kappe und sprach den Mann mit der Löwenmähne freundlich an: „Respekt, Herr Wulf, wer Lennox reiten kann, muss ein Profi sein. Haben Sie beruflich mit Pferden zu tun?“
Raik begann Lennox abzusatteln und antwortete: „Ich bin Reitlehrer an einer Privatschule. Früher habe ich Turniere geritten, aber das liegt Ewigkeiten zurück.“
Josef ging Dr. Wiesmann beim Absatteln zur Hand. Sie berichtete: „Wir sind heute von einem riesigen Hund angegriffen worden. Es war eine Dogge. Ich konnte mit Hexe über einen Bach flüchten, doch Herr Wulf hat einen Rodeo-Ritt hinter sich. Lennox hat den Hund einen Pferdetritt verpasst, dass dieser verletzt liegen blieb.“
Josef nickte. „Dann waren Sie das also. Heute Mittag war so ein arroganter Mensch im Trachtenanzug hier und hat sich erkundigt, an welchen Gast wir einen Rappen verliehen hätten. Sein Hund wäre vorsätzlich verletzt worden. Er will Anzeige erstatten.“ Josef lächelte Wulf an. „Ich habe dem Kerl keine Auskunft gegeben. Ich wollte zuerst hören, was Sie zu berichten haben.“
„Danke, Josef. Aber wenn dieser Herr sich bei der Polizei gemeldet hat, dann wird das ein Eigentor. Sein Hund war nicht ordnungsgemäß angeleint und trug keinen Maulkorb.“
Die Reiter verließen den Stall und machten sich in ihren Zimmern für den Abend frisch.

Das Abendessen war köstlich. Raik fragte: „Sollen wir uns nach dieser Kalorienbombe gleich die Beine vertreten?“
„Ehrlich gesagt, lieber nicht. Meine Muskeln beklagen sich jetzt schon. Lieber würde ich im Kaminzimmer noch ein Glas Wein trinken.“
„Wäre es Frau Doktor recht, wenn ich mich diesem verlockenden Vorhaben anschließe?“
„Herr Wulf, der Komiker steht Ihnen auf jeden Fall besser als der Schulmeister."

Im Kaminzimmer knisterte ein fleißiges Feuer. Schwere Schals hingen neben den Fenstern. Unter der Holzdecke leuchteten edle Kristalllampen. Instrumentalmusik plätscherte aus den Lautsprechern und Duftkerzen schafften eine heimelige Atmosphäre.
Die Hausgäste saßen in bequemen Polstersesseln und Sofaecken. Ihre monotonen Gespräche wurden hin und wieder von lautem Lachen unterbrochen, da ein angeheiterter Herr anscheinend sein gesamtes Repertoire an Witzen zum Besten gab. Vor dem Kamin hockten Kinder. Sie beobachteten wie hypnotisiert das Spiel der Flammen und die geheimnisvolle Glut.
„Ansgar, bitte lass die Holzscheite im Kamin!", rief Oberkellner Hans zum x-ten Male. „Du verbrennst dir oder den anderen Kindern die Finger!"
Mutter Morgenrot war in ein Gespräch vertieft und ließ ihren Sohn wie gewohnt machen, was er wollte.
Anne und Raik saßen an einem Tisch für zwei Personen. Er stieß mit seinem Glas an. „Hattest du heute das Gefühl, am Bach von Epona beflügelt worden zu sein?"
„Ja, ich gebe zu, genauso fühlte es sich an." Ihre blauen Augen funkelten den Hünen an. „Du möchtest doch bestimmt, dass ich nun zum keltischen Götterglauben konvertiere, nicht wahr?"
„Nein, du musst gar nicht konvertieren. Wir ehren doch unbewusst immer noch die alten Götter. Sonntag und Montag ehren Sonne und Mond. Der Donnerstag ist Donar oder Thor gewidmet. Der Freitag bezieht sich auf die Muttergöttin Freya. Der Mittwoch heißt englisch Wednesday und bezieht sich auf den germanischen Gott Wodan."
„Glaubst du wirklich an die Götter der alten Welt?"
„Ich denke, dass wir Menschen irgendwann die Sehnsucht zu transzendenten Welten entwickelt haben. Alles, was zauberhaft und geheimnisvoll ist, spricht uns an. Es wird dafür wohl keine Worte geben. Aber als sprachbegabte Wesen kleben wir auf alles

ein Etikett. Die alten Mythen haben jedem Menschen die eigene Fantasie gelassen. Erst mit den Religionen kamen regionale Glaubensregeln, Rechthaberei und Leid in die Welt."

Auf einmal zerriss ein Schrei die gemütliche Atmosphäre. Alle Gespräche verstummten. Die Gäste starrten zum Kamin. Ansgar saß wimmernd auf dem Boden, hielt sich unter Tränen die verbrannte Hand.

Dr. Wiesmann eilte zu dem Jungen. Raik folgte ihr. Die anderen Kinder zogen sich hinter die Tische zurück, beobachteten die Situation aus sicherer Entfernung.

Glühende Holzreste lagen vor dem Kamin auf dem Boden. Ein anderes hing qualmend an der Handinnenfläche des weinenden Jungen.

Frau Morgenrot stürzte durch Tische und Stühle auf den Kamin zu. „Ansgar, Liebling, was hat man mit dir gemacht?"

Dr. Wiesmann blickte sich suchend um. Sie ergriff vom Nachbartisch eine volle Weinkaraffe und kniete sich neben den verletzten Jungen. Sie führte seine Hand mit samt der Glut in die Karaffe. Es zischte und Ansgar schrie auf. Wein schwappte auf den Boden.

Frau Morgenrot schrie hysterisch: „Lassen Sie sofort meinen Sohn los! Wo bleibt denn der Arzt? Warum ruft niemand einen Krankenwagen? Ich werde dieses verdammte Hotel verklagen!"

Raik hielt Frau Morgenrot zurück. „Beruhigen Sie sich bitte. Frau Dr. Wiesmann ist eine erfahrene Ärztin und hilft Ihrem Sohn, so gut es ihr möglich ist."

Die hysterische Frau wollte sich losreißen, doch der Hüne hielt sie in seinem Griff.

„Raik, ich brauche unbedingt meinen Arztkoffer!", rief Anne. „Du hast ihn gestern in meinem Zimmer gesehen." Sie hielt ihm ihre Schlüsselkarte entgegen.

„Bin schon unterwegs", erwiderte er und blickte Oberkellner Hans auffordernd an. „Können Sie die besorgte Mutter mal in Schach halten?"

Der Oberkellner erfasste Frau Morgenrots Arm und drückte sie auf einen freien Stuhl. Dann reichte er ihr ein Glas Wasser. „Trinken Sie. Für Ansgar wird gerade alles Notwendige getan."
Die Studiendirektorin trank und wurde ruhiger.
Raik eilte schon kurze Zeit darauf mit einem Ärztekoffer herbei. Anne säuberte die verbrannte Hand des schluchzenden Jungen, legte einen Verband an.
Raik hielt Ansgar ein Taschentuch hin. „Du hast tapfer durchgehalten. In einigen Tagen ist deine Hand wieder okay."
Ansgar stand auf. Ohne sich zu bedanken, ging er zu seiner Mutter und fragte: „Aber schwimmen kann ich damit morgen doch, nicht wahr, Mama?"
Dr. Wiesmann folgte Ansgar und sagte zu Frau Morgenrot: „Schwimmen darf Ihr Sohn mit dieser Verletzung in der nächsten Zeit auf keinen Fall. Bitte fahren Sie mit ihm morgen zum nächsten Unfallarzt zur Kontrolle. Besser wäre in eine Klinik. Die Wunde muss unbedingt fachgerecht weiterversorgt werden."
Der Junge stampfte trotzig mit dem Fuß auf. „Nein, das will ich nicht! Ich gehe morgen schwimmen. Mama, du hast mir das versprochen!" Mit vorgeschobener Unterlippe verließ er den Raum.
Frau Morgenrot blickte zwischen Dr. Wiesmann, Wulf und dem Oberkellner Hans hin und her. Dann seufzte sie: „Ansgar ist extrem hyperaktiv. Das ist bei hochbegabten Kindern besonders der Fall." Sie wandte sich um und folgte ihrem Sohn nach draußen.
Oberkellner Hans legte Wulf kameradschaftlich eine Hand auf die Schulter. „Darf ich Dr. Wiesmann und Sie beide auf einen Drink einladen?"
Beide stimmten zu und folgten Hans in die Hotelbar.

Gegen Mitternacht stiegen sie müde die Wendeltreppe zu den Gästezimmern hinauf. Als Anne ihre Etage erreichte, drehte sie

sich herum und blieb vor Raik stehen. Beide blickten sich eine Zeit lang stumm in die Augen.
Er küsste sie auf die Stirn. „Danke für den wunderbaren Tag mit dir."
Sie gab ihm einen Kuss auf die Wange, bedankte sich für den abenteuerlichen Tag und schritt mit gemischten Gefühlen zu ihrem Zimmer.

Anne hatte in der Nacht unruhig geschlafen. Tollwütige Hunde und seltsame Götter waren durch ihre Träume gereist. Am Morgen betrat sie erst spät den Frühstücksraum. Es duftete nach Kaffee, Tee und frischen Brötchen. Die Tische waren schon alle besetzt. Gerade wurde das Buffet mit neuem Rührei und erlesenen Wurstwaren bestückt.
Raik winkte Anne zu, legte seine Zeitung beiseite. Als sie seinen Tisch erreichte, fragte er: „Na, wie hat Epona geschlafen?"
„Ich habe geträumt, ich wäre auf dem Rücken eines Pferdes über die Berge geflogen."
„Dann bist du wohl auf Pegasus geritten."
„Pegasus gehört aber zu den griechischen Mythen und nicht zu deiner keltischen Götterwelt", erwiderte sie lächelnd und nahm ihm gegenüber Platz.
„Du hast recht. Wo reiten wir heute hin? Hast du einen bestimmten Wunsch?"
Anne flüsterte: „Ehrlich gesagt, möchte ich heute nicht reiten. Mir schmerzt das Hinterteil noch von gestern."
„Dann wäre eine Motorradfahrt wohl auch nicht das Richtige. Wie wäre es mit Wandern?"
„Raik, ich möchte heute faulenzen. So etwas gehört auch zum Urlaub. Ich hoffe, dass du dafür Verständnis hast."
Das Wort "Faulenzen" wirkte auf Raik im ersten Moment anscheinend wie ein Fremdwort. Doch dann schmunzelte er verschmitzt. „Natürlich verstehe ich das."

Anne blickte auf Raiks benutzten Teller. „Du hast schon gefrühstückt?“
„Nur eine Kleinigkeit. Ich wollte ja auf dich warten. Übrigens kann ich das Croissant empfehlen.“

Als das Frühstück zu Ende ging, entschuldigte sich Raik: „Ich muss mal telefonieren. Ich denke, wir sehen uns später noch.“ Er verließ den Speiseraum.
Anne beobachtete, wie Frau Morgenrot angespannt mit ihrem Sohn diskutierte. Der Junge machte ein grimmiges Gesicht. Die Ärztin trank ihren letzten Schluck Kaffee aus, ging auf die beiden zu und fragte: „Ansgar, wie geht es deiner Hand? Soll ich sie noch einmal ansehen und neu verbinden? Oder fährst du mit deiner Mama nach dem Frühstück zum Arzt?“
Frau Morgenrot antwortete: „Das besprechen wir gerade.“
„Die Verletzung muss unbedingt behandelt werden. Da gibt es nichts zu diskutieren. Weil der Unfall hier im Haus passiert ist, werde ich einen medizinischen Bericht an die Hausleitung schreiben und mitteilen, dass ich Sie über die Dringlichkeit der Behandlung Ihres Sohnes aufgeklärt habe.“
Der korpulente Junge schob seinen Stuhl verärgert zurück und stapfte aus dem Frühstücksraum.
Frau Morgenrot erwiderte: „Ich versuche ja, Ansgar davon zu überzeugen, was für ihn richtig ist, aber Sie sehen ja selbst.“
„Frau Morgenrot, ich bitte Sie! Es liegt nicht im Ermessen eines Zwölfjährigen zu entscheiden, was in diesem Fall für ihn das Richtige ist. Sie als Mutter stehen in der Verantwortung. Ich habe gehört, dass Sie Schulleiterin sind. In der Schule lassen Sie sich doch bestimmt nicht von den Schülern auf der Nase herumtanzen. Ziehen Sie bei Ihrem Sohn also gleich!“
Anne verließ den Frühstücksraum. Auf ihrem Weg zum Fahrstuhl erblickte sie Raik im Foyer. Er und die hübsche Bedienstete hatten ihre Köpfe an der Rezeption zusammengesteckt und

flüsterten. Als Raik Anne wahrnahm, wich er zurück, winkte ihr kurz zu und eilte durch den Haupteingang nach draußen.
Die Ärztin hatte bei dem Anblick der geheimnisvollen Flüsterei zwischen Raik und der Schwarzhaarigen einen kleinen Stich der Eifersucht verspürt. Sie ging zur Rezeption und fragte reserviert: „Hat Herr Wulf eine Nachricht für mich hinterlassen?"
„Nein, Frau Doktor, Herr Wulf und ich haben nur etwas Privates ausgetauscht."
Anne stieß abweisend die Luft durch die Nase aus, machte auf dem Absatz kehrt und bestieg den Aufzug. Auf dem Weg zu ihrem Zimmer murmelte sie vor sich hin: „Kann mir doch Wurst sein, was der heute treibt." Tatsächlich fühlte sie sich von Raik versetzt.

Obwohl das Aprilwetter hinaus lockte, griff die Ärztin zu einem Buch und machte es sich in ihrem Zimmer bequem.
Eine halbe Stunde später klingelte das Zimmertelefon. Anne nahm das Gespräch an.
„Frau Dr. Wiesmann", sagte die Dame der Rezeption, „Herr Wulf erwartet Sie vor dem Haupteingang. Sie möchten sich eine Jacke mitnehmen."
„Sagen Sie Herrn Wulf, er kann mich mal …" Anne stutze.
„Hallo?" Niemand war mehr in der Leitung. Sie drückte die Rückruftaste. Es meldete sich nur das Besetztzeichen.
„Verdammt, was bildet der sich denn ein? Der kann doch nicht über mich verfügen, wie es ihm gefällt!"
Unschlüssig stand Anne in ihrem Zimmer. Dann griff sie zu einer Jacke und schloss verärgert hinter sich die Tür. Diese eingebildete Schnepfe an der Rezeption und Wulf würden jeden Moment etwas Passendes zu hören bekommen. Anne nahm die Treppe.
Als sie das Foyer betrat, war die Angestellte nicht zu sehen. Somit konnte Frau Doktor noch keinen Dampf ablassen. Also schritt sie energisch durch den Haupteingang und blickte sich um.

Unterhalb der breiten Treppe stand eine einspännige Kutsche, vor der Hexe angeschirrt war.
Anne blieb vor der Kutsche stehen und stemmte die Hände in die Hüften. Sie suchte nach passenden Worten, um ihren Groll los zu werden.
Raik saß bereits auf dem Bock und hielt die Zügel. „Ich muss euch beide nicht vorstellen. Die Mädels kennen sich bereits vom letzten Ausritt." Er wies auf den freien Sitzplatz neben sich.
Anne schüttelte den Kopf. „Was bildest du dir ein? Du kannst doch nicht über mich bestimmen."
„Das will ich gar nicht." Er zeigte zum fast wolkenfreien Himmel. „Dieses Wetter ist ein Geschenk, das man nicht zurückweisen sollte. Außerdem gehen die Osterferien zu Ende und du hast noch nicht alles gesehen. Ob du nun dort oben im Sessel sitzt oder auf dieser gefederten Sitzbank – das dürfte deinem Muskelkater gleich sein."
„Nein, Lehrer Wulf, ich lasse mich nicht ungefragt irgendwo einplanen. Ich bin nicht Ihre Schülerin."
„Du hast recht. Entschuldige, das war wirklich falsch von mir. Es sollte eine Überraschung und keine Bevormundung sein. Ich wollte dir eine Freude machen, die ja offensichtlich völlig missglückt ist."
Hexe schnaufte und blickte Anne einladend an.
Die Ärztin schüttelte den Kopf, gab sich dann doch einen Ruck und stieg in die Kutsche. Raik gab ihr die Zügel in die Hand. Er schnalzte mit der Zunge. Hexe setzte sich in Bewegung. Beim nächsten Schnalzen ging die Stute zum Trab über.
Anne sagte: „Ich habe noch nie eine Kutsche gelenkt. Was muss ich beachten?"
„Du kennst doch die Zügelführung beim Reiten. Probiere es einfach aus."
Die Hufe klapperten schon bald auf dem Asphalt der Landstraße. Der Fahrtwind griff in Annes offene Haare. Traumhaft schöne

Landschaftsbilder zogen vorbei. Die Luft roch nach Pferd und Frühling. Am blauen Himmel kreiste ein Greifvogel.
Annes Verstimmung wich von Minute zu Minute.
Der Hüne blickte in eine Faltkarte und lehnte sich gemütlich auf der Sitzbank zurück. Seine Mähne wehte im Fahrtwind.
„Raik, hast du ein bestimmtes Ziel oder sollen wir mal dort in den Feldweg einbiegen?"
„Nein, du bist die Pilotin und bestimmst die Richtung."
Die Kutsche bog von der Hauptstraße in den Feldweg. Dieser traf nach einiger Zeit einen Bachlauf und folgte dem plätschernden Element in ein bewaldetes Tal. Links und rechts erhoben sich steile Bergwände, die vor wenigen Wochen noch unter einer hohen Schneedecke geruht hatten. Das Tal wurde schmaler und die schroffen Felsen verstärkten das Rauschen.
„Brrr!", machte Anne.
Hexe hielt vor der Ruine einer verfallenen Mühle.
„Raik, die Mühle würde ich mir gerne mal aus der Nähe ansehen. So alte Gebäude haben etwas Geheimnisvolles. Ich habe das Gefühl, als wäre in ihnen die Zeit eingefroren."
Der schäumende Wasserfall, der einst das Mühlrad angetrieben hatte, rauschte mit einem Gemurmel, als wollte er uralte Geschichten erzählen.
Anne trat an das Bachufer. „Lehrer Wulf, was meinen Sie, was hier einst gemahlen wurde?"
„Gar nichts, denn das war eine Sägemühle, in der Bretter geschnitten wurden. Mit den Mühlen begann eine neue technische Epoche. Bevor es diese Technik gab, mussten die Baumstämme mühsam mit Äxten und Handsägen bearbeitet werden."
„Nur mit Axt und Säge? Das muss Knochenarbeit gewesen sein."
„Ja, ich weiß."
Anne zog fragend die Brauen zusammen. „Du weißt? Das hört sich so an, als hättest du selbst schon so arbeiten müssen."

„Ich wollte damit sagen, dass ich mir vorstellen kann, wie hart die Arbeit früher war. Es gibt Freilichtmuseen, in denen das vorgeführt wird."

Sie betraten die Ruine durch eine niedrige Türöffnung. Es roch nach Modder und Zerfall.

Anne strich über das verwitterte Gemäuer. „Hier wurden zum Bauen schon Bruchsteine benutzt."

„Ja, bei einem großen Mühlrad muss der Sockel der Mühle aus Stein gebaut sein. Nur die oberen Bauteile waren aus Holz. Diese Steinwände haben die Zeit überstanden. Von dem hölzernen Stockwerk ist kaum noch etwas zu erkennen."

„Die antiken Griechen, Ägypter und Römer hatten doch schon lange vor der Zeitenwende mit Steinen gebaut. Warum haben sich die Kelten oder Germanen das nicht abgeschaut und diese Technik übernommen?"

„Wer es sich leisten konnte, wie zum Beispiel die Fürsten, ließen ihre Gebäude aus Stein errichten. Daher stammt auch der alte Begriff "steinreich". Holz war in dieser Region hingegen fast unbegrenzt vorhanden. Noch Ende des Mittelalters war das Land nördlich der Alpen zu zwei Drittel mit Wald bedeckt. Mit der Technik des Fachwerkbaus konnten sich auch einfache Leute ein Haus mit Stallung leisten. Die Bauzeit war relativ kurz."

Anne hätte sich an dem nächsten Türdurchgang fast den Kopf gestoßen und meinte: „Hier sieht man, dass die Menschen früher deutlich kleiner waren als heute."

„Auch im Mittelalter gab es viele Männer, die durch diese Tür nur gebückt hätten gehen können. Karl der Große war sogar zwei Meter lang." Raik verließ die Mühle und trat hinaus ins warme Sonnenlicht.

Anne blieb noch einige Minuten in dem alten Gemäuer und versuchte sich vorzustellen, wie die Menschen dort eins gelebt hatten.

Als sie Raik draußen sah, war sein Lächeln verschwunden. Er schaute mit sehr ernstem Blick über die Ruine.
Anne stellte sich vor ihn. „Du schaust mit einem Mal so bedrückt aus. Woran denkst du gerade?“
„Ich sagte ja, mit dieser Mühlentechnik begann eine neue Epoche. Und wie du siehst, ist diese Epoche längst wieder Geschichte. Die Zeit rauscht durch die Jahrhunderte und ein normales Menschenleben ist darin nur eine kurze Erscheinung. Viele Menschen sind seit der Existenz dieser Mühle gekommen, haben gelebt, sind gegangen und längst vergessen."
„Du sprichst in Rätseln. Es ist doch normal, dass Menschen geboren werden, ihren Platz zwischen den Generationen einnehmen und dann wieder gehen.“
Er wich ihrem Blick aus.
„Stell dir vor, du könntest erheblich länger leben, als ein normales Menschenleben dauert. Sagen wir, knapp tausend Jahre, so wie der biblische Methusalem. Fändest du das erstrebenswert?“
„Eine interessante Frage. Wenn mich die Erinnerung an mein Schulwissen nicht täuscht, dann hätte ein Mensch, der jetzt so alt wie Methusalem wäre, bereits die Ritterzeit mit Richard Löwenherz, Columbus, die Reformation, die Französische Revolution, die Erfindung der Dampfmaschine und unsere heutige Technik kennengelernt.“ Sie lächelte. „Das wäre erstaunlich viel für ein Leben, aber doch auch sehr interessant. In einer so langen Zeit könnte man sich in unglaublich vielen Berufen üben. Ich würde viele Länder bereisen und deren Sprachen erlernen. Viele Talente könnte man ausprobieren, zu denen man in einem normalen Lebenszeitraum keine Zeit finden würde.“ Sie strahlte Raik begeistert an. „Überlege mal, wie viele Instrumente man erlernen könnte. Der Gedanke ist Wahnsinn!"
Der Hüne blieb auffällig ernst. Sie strich ihm über die Wange. „Hey, was bedrückt dich bei diesen Gedanken?“

„Alles, was du aufgezählt hast, ist richtig. Doch es gibt eine Schattenseite. Wenn dieser Methusalem der Einzige ist, der so lange lebt, dann wird er regelmäßig seine Freunde sterben sehen. Wieder und wieder. Und was ist mit den Menschen, die er liebt? Wie oft würde sein Herz brechen?" Er blickte zu einem fernen Felsmassiv, in dem sogar die Jahrtausende zu Stein geworden waren, und erklärte weiter: „Die älteste dokumentierte Frau der Welt war die Französin Jeanne Calment. Sie lebte von 1875 bis 1997. Sie hatte als Kind noch Vincent van Gogh kennengelernt. Ein Mensch, der 122 Jahre alt wird, überlebt alle Freunde, vielleicht sogar seine Kinder und Enkel. Er fühlt sich zum Schluss, als würde er nicht mehr dazugehören. Um wieviel schlimmer trifft es einen Methusalem?"
Anne verzog ihr Gesicht. „Raik Wulf, du bist ein Spielverderber! Ich finde den Gedanken an ein langes Leben nicht uninteressant. Die Medizin arbeitet mit Hochdruck an Möglichkeiten, die durchschnittliche Lebensdauer deutlich zu erhöhen. Je tiefer wir in die Mikrobiologie einsteigen, umso mehr verstehen wir, warum ein Organismus altert." Ihre Stimme nahm einen wissenschaftlichen Ton an. „Ich habe in der Unibibliothek mal die Arbeit von einem Wissenschaftler gelesen, der das Altern recht einfach begründet hat. Er hatte einen italienisch klingenden Namen. Egal, auf jeden Fall hatte dieser Mann angeblich herausgefunden, dass in jeder Körperzelle, laienhaft gesagt, ein Zählwerk eingebaut ist. Diese biologische Uhr gibt vor, wie oft sich eine Zelle teilen soll. Würden wir diese Uhr neutralisieren, dann würde sich diese Zelle unendlich oft erneuern. Der Organismus würde rein theoretisch ewig leben."
Anne und Raik setzten sich in Bewegung und liefen langsam weiter in das Tal hinein. Auf ein Schnalzen mit der Zunge hin trottete Hexe mit der Kutsche hinterher.
Er brach das Schweigen. „Als Ärztin wirst du vom Thanatos-Prinzip gehört haben. Es besagt, dass jede Population sterben muss,

da nur neue Populationen in der Lage sind, sich den ständig verändernden Lebensbedingungen dieses Planeten anzupassen. Anders könnte sich das Leben selbst nicht erhalten."
„Da ist er ja wieder, der Bio-Pauker! Sag mal ehrlich, würdest du nicht gerne lange leben?"
„Mit einem Menschen wie dir könnte ich mir ein sehr langes Leben vorstellen."
„Raik, du steckst voller Widersprüche. Wer sollte es mit dir lange aushalten?"

∞

Anne hatte die Kutsche den gesamten Tag gelenkt und sich von Raik viele fahrtechnische Raffinessen zeigen lassen. Gegen Abend erreichten sie viel zu spät das Hotel Equitana.
Er übernahm die Zügel. „Wenn du möchtest, dann machst du dich schon mal für das Essen zurecht. Ich bringe Hexe in den Stall."
Anne lächelte dankbar und eilte die Stufen zum Haupteingang hinauf.
Als Raik zwanzig Minuten später die Hotelhalle durchschritt, stand der Oberkellner in der Tür zum Kaminzimmer.
Wulf grüßte: „Guten Abend, Hans, entschuldigen Sie unser Zuspätkommen. Wir haben uns verfahren."
„Kein Problem. Auch Frau Dr. Wiesmann soll sich Zeit lassen. Unser Haus ist keine kassenärztliche Kurklinik, in der pünktlich die Küche geschlossen wird."
Im gleichen Moment trat Anne aus dem Aufzug. Sie trug ein tailliertes Kleid.
Die beiden verspäteten Gäste betraten das Kaminzimmer. Das übliche Gemurmel verstummte für einen Moment. Die älteren Herrschaften waren in klassischer Abendgarderobe gekleidet. Die meisten Männer trugen Jackett und Krawatte. Beim Anblick der

Ärztin pfiff jemand. Dr. Wiesmann ärgerte sich, dass sie dieses kurze Kleid gewählt hatte.
Raik flüsterte ihr ins Ohr: „Wenn unter allen anwesenden Frauen eine solch ein Kleid tragen kann, dann bist du das. Entspann dich!" Er schob ihr stilvoll den Stuhl zurecht und entzündete die Tischkerze.
Während des Abendessens setzte Landregen ein. Die Gäste blieben länger als gewohnt an ihren Tischen sitzen, statt noch einen kleinen Verdauungsspaziergang zu machen. Mit zunehmendem Alkoholkonsum stieg der Geräuschpegel. Die Bedienung hatte alle Hände voll zu tun. Anne und Raik unterhielten sich angeregt über Pferderassen. Das Kaminfeuer knisterte fleißig. Es wurde sehr warm im Raum. Raik löste sein Haarband. Seine braune Löwenmähne reichte bis zu den Schultern. Er öffnete die beiden obersten Hemdenknöpfe und krempelte die Ärmel auf.
Am Nachbartisch saß ein älteres Ehepaar, das sich hin und wieder abfällig über andere Gäste unterhielt. Die füllige Dame trug eine Pudeldauerwelle und auffälligen Schmuck. Der Herr hatte eine Halbglatze. Krawatte, Weste und Anzug trieben ihm den Schweiß auf die Stirn. Sie blickte zu Wulf, stieß ihren Gatten an und tuschelte: „Wer sich keinen Friseur leisten kann, der sollte sich eine entsprechende Unterkunft suchen. Er sieht doch aus wie ein Hippie der sechziger und siebziger Jahre."
Ihr Mann kippte bereits den dritten Grappa herunter. Er murmelte: „Das ist die Dekadenz. Die Hotels nehmen mittlerweile die primitivsten Subjekte auf. Von denen kannst du keine Kultur erwarten."
Anne sah in Raiks Augen, dass er die provokanten Bemerkungen vom Nachbartisch gehört hatte, und sagte leise: „Toleranz heißt, anderen das Anderssein gestatten. Doch um tolerant zu sein, muss man einen gewissen IQ haben, und da fehlt es einigen Menschen gewaltig."

Raik beobachtete amüsiert, wie sich das selbstgerechte Ehepaar zuprostete und bei Hans neue Getränke orderte.
Raik flüsterte Anne ins Ohr: „Entschuldige mich mal kurze Zeit. Ich bringe dem ehrenwerten Gästen nun etwas Kultur bei."
Ihre Wangen wurden rot. „Um Gottes Willen, setz dich! Fang bitte keinen Streit an!"
Doch der Hüne ging zum Nachbartisch, klopfte dem Herrn mit der Halbglatze kameradschaftlich auf die Schulter. „Mir ist zu Ohren gekommen, dass die Herrschaften am heutigen Abend etwas Kultur vermissen. Vielleicht kann ich da behilflich sein." Raik schritt weiter durch das Kaminzimmer.
Den älteren Herrschaften stand die Empörung ins Gesicht geschrieben. Sich hinter vorgehaltener Hand über andere Menschen zu äußern, gehörte in der heutigen Zeit zu einer normalen Konversation. Aber fremde Menschen so direkt anzusprechen, das war doch wohl asozial.
Anne atmete tief durch. Was hatte dieser verrückte Kerl denn nun wieder vor? Nervös verfolgte sie, wie Oberkellner Hans mit Raik sprach und dem Hünen dann auf die Schulter klopfte.
Der ging auf ein Klavier zu. Die Gespräche an den Tischen wurden leiser. Mehr und mehr Augen verfolgten, wie sich der hochgewachsene Mann an das Instrument setzte.
Er drehte sich kurz zu der neugierigen Menge herum.
„Sehr geehrte Damen und Herren. Mein Name ist Raik Wulf.
Die freundlichen Herrschaften an meinem Nachbartisch haben soeben zu Recht darauf aufmerksam gemacht, dass es an diesem regnerischen Abend an etwas kulturellem Zauber fehlt. Deshalb möchte ich Ihnen nun ein paar virtuose Klänge zu Gehör bringen."
Die Hände des Pianisten schwebten einen Augenblick konzentriert über den Tasten, dann erklang ein Stück von Tschaikowsky. Wulf spielte Mozart-Sinfonien und sanfte Töne von Frédéric Chopin.

Anfangs applaudierten die Gäste verhalten. Wulf wechselte zum Swing. Der Applaus wurde lauter. Beim Blues standen die jüngeren Gäste auf und klatschten im Rhythmus mit.

Raik bedankte sich mit einer angedeuteten Verbeugung. „Das letzte Musikstück spiele ich für eine Person, die mein Herz mittlerweile höher schlagen lässt."

Zauberhaft romantische Klänge erfüllten den Raum. Anne bekam eine Gänsehaut. Gleichzeitig hörte sie das nachbarschaftliche Getuschel.

Die eine Stimme flüsterte: „Ich bin mir sicher, dass ich den Namen Wulf schon mal gehört habe. Der ist doch als Musiker bekannt."

Eine andere Stimme ergänzte: „Ja, sieh dir den typischen Künstlerhaarschnitt an. Ich habe sofort gesagt, dass das ein Pianist ist. Für solche Leute habe ich ein Auge, auch wenn diese inkognito reisen."

Raik kehrte unter Applaus zu seinem Platz zurück. Er hielt am Nachbartisch an, blickte den geschwätzigen Herrschaften in die Augen und fragte: „War das für Sie Kultur genug?"

Der Herr mit der Halbglatze räusperte sich und stammelte: „Sehr schön. Wirklich sehr schön."

Raik setzte sich zu Anne an den Tisch und lächelte erwartungsvoll. „Hat dir die Musik gefallen?"

„Lehrer Wulf, du möchtest, dass ich von dir beeindruckt bin, nicht wahr?"

Sein Lächeln verschwand. „Also hat dir mein Auftritt nicht gefallen. "

„Dein Auftritt war für viele Gäste mehr als beeindruckend. Während deines Spiels bekam ich sogar eine Gänsehaut. Aber ich frage mich, ob ich die Gänsehaut bekam, weil mich das Klavierspiel bewegt hat oder weil du mir mit deinen Talenten immer unheimlicher wirst."

„Anne, kann es sein, dass dein kritischer Blick vor lauter Analysen die einfachsten Dinge verschleiert? Ich wollte nichts anderes, als

dich mit meinen Aktivitäten für einige Stunden aus deinem grauen Alltag herausholen."
Sie küsste ihn auf die Wange und widersprach: „Nein, du wolltest mich die gesamte Zeit nur beeindrucken." Ihr Mund zog sich zu einem verschmitzten Lächeln. „Und ja, ich bin beeindruckt."

Die Zeit verflog. Eine alte Pendeluhr schlug elfmal.
Anne sagte: „Ich habe drei Gläser Wein getrunken. Normalerweise trinke ich fast gar keinen Alkohol. Ich habe schon lange nicht mehr so viel gelacht wie heute Abend. Ich glaube, ich hab bereits einen Schwips. Wirk' ich vielleicht sogar schon albern?"
„Ganz im Gegenteil, dein Lachen ist ansteckend."
„Wenn es am Schönsten ist, dann soll man gehen. Es war ein wunderbarer Tag. Was ist mit dir? Willst du noch hier bleiben?"
„Nein, ich hab auch genug getrunken und schließ mich an." Er winkte Hans zu, um die Getränke auf die Zimmerrechnung schreiben zu lassen.
Sie verließen das Kaminzimmer, in dem immer noch viele muntere Gäste saßen. Im Foyer war die Rezeption im Moment nicht besetzt. Der zwölfjährige Ansgar stand draußen vor dem gläsernen Haupteingang.
Raik öffnete die Tür und fragte: „Hi, Sportsfreund, musst du noch nicht in die Falle?"
„Nein, wir haben Ferien! Meine Mutter hat mir erlaubt bis Mitternacht aufzubleiben."
Leises Getuschel verriet, dass auch noch andere Kinder draußen herumlungerten.
„Das war früher alles ein bisschen anders", murmelte Raik und ging zurück ins Haus.
Anne lachte. „Früher? Das hört sich so an, als wärst du steinalt."
„So, du hältst mich für steinalt?"
„Das kann man testen!", sagte Anne und eilte an der Aufzugtür vorbei. Sie rannte die Wendeltreppe zu den oberen Stockwerken

hinauf. In ihrer Etage blieb sie keuchend stehen und drehte sich lachend herum. Er war direkt hinter ihr, stand eine Stufe tiefer. Nun begegneten sich ihre Blicke auf Augenhöhe. Um die schlafenden Gäste nicht zu stören, flüsterten beide.
„Frau Doktor, Sie sind ja dank der Stufe um eine Kopflänge gewachsen."
„Lehrer Wulf, ich habe den Eindruck, dass ich in den letzten Tagen ständig gewachsen bin."
„Ach, woher kommt dieser Eindruck?"
„Sehr wahrscheinlich, weil ich heute vom Rotwein beschwipst bin."
Er wollte ihr einen Kuss geben. Sie wich neckisch aus und lief zu ihrem Zimmer. Die Schlüsselkarte entriegelte die Tür.
Raik stand unschlüssig auf der Treppe und blickte sie aus der Ferne an.
Nach einigem Zögern rief sie im Flüsterton: „Erzählst du mir noch, wann du gelernt hast, so gut Klavier zu spielen?"

Die Dame der Rezeption trat um Mitternacht vor die Tür und ermahnte die Kinder, auf die schlafenden Gäste Rücksicht zu nehmen. Da das Herumlungern am Haupteingang sowieso zu langweilig geworden war, liefen Ansgar und seine Bande zur unbeleuchteten Terrasse. Dort stellten sie mit schelmischem Spaß die Tische und Stühle nach ihren Vorstellungen um. Einen geschlossenen Sonnenschirm legten sie quer vor die Tür des Küchenausgangs.
Ansgar freute sich schon darauf, dass spätestens in den frühen Morgenstunden irgendein verträumter Angestellter über den Schirm stolpern und eine Bauchlandung auf die Terrasse machen würde.
Als Nächstes fingerte er eine Packung Zigaretten aus seiner Jackentasche und lud seine beiden Gefährten zum Rauchen ein.

Nach dem erstem Lungenzug husteten die Jungen. Ansgar lachte sie aus.
Auf einmal näherten sich Schritte hinter der Tür zur Terrasse.
Da die Burschen mit ihren Zigaretten nicht zum Haupteingang flüchten wollten, versteckten sie sich am Pferdestall.
Eine junge Angestellte blieb in der geöffneten Tür stehen und zündete sich ebenfalls eine Zigarette an. Um nicht gesehen zu werden, hatte sie im Flur kein Licht gemacht. Unbewusst blieb sie genau vor dem quergelegten Sonnenschirm stehen.
Die jungen Bengel stiegen im dunklen Stall die Treppe zum Heuboden auf und beobachteten durch einen Lüftungsausschnitt in der Holzwand die schattenhafte Gestalt an der Terrassentür.
„Ansgar, was ist, wenn die sich beim Stolpern ein Bein bricht?“, fragte der kleinere Junge.
„Dann ist sie selbst schuld. Die könnte sich ja Licht anmachen. Aber wahrscheinlich raucht die heimlich, so wie wir. Da hat man voll das Risiko.“
„Scheiße!“, fluchte der dritte Junge. „Jetzt ist mir die Kippe heruntergefallen.“ Er tastete hastig auf dem dunklen Boden herum.
Ansgar stieß ihn zur Seite und meckerte: „Du Idiot, hier ist alles voller Stroh.“ Er stampfte mit dem Fuß mehrmals auf den Boden.
„So, die Kippe müsste aus sein. Kommt, wir schauen mal nach den Pferden.“

∞

Raik erwachte aus tiefem Schlaf, hielt seine Augen aber geschlossen. Er hatte geträumt und wollte sich an die Szenen erinnern. In diesem Traum hatte er beobachtet, wie die schöne Göttin Epona auf einer Schimmelstute über die Wolken ritt. Ohne Vorwarnung keilte das geflügelte Pferd aus und die göttliche Schönheit stürzte aus ihrem Sattel. Immer schneller fiel sie zur Erde. Raik fing sie mit seinen Armen auf. Er verlor dabei das Gleichgewicht und rollte mit ihr über die Wiese. Endlich blieb er auf dem Rücken liegen. Sie umklammerte ihn fest und regte sich nicht. Raiks Herz klopfte heftig. Er nahm ihren zauberhaften Duft wahr.

Er öffnete die Augen. Das dunkle Zimmer war fremd. Die Nacht brachte nur wenig Licht herein, doch der zauberhafte Duft lag auch in diesem Raum. Entzückt realisierte er, dass tatsächlich eine Göttin in seinem Arm ruhte. Raik strich zärtlich über Annes Locken. Sie atmete im Schlaf genüsslich ein und aus.

Irgendwie roch es vom Fenster her nach Verbranntem. Kam das von einem Kamin? Nein, es war eher der Geruch eines qualmenden Holzkohlengrills.

Wer würde am Hotel mitten in der Nacht grillen? So ein idiotischer Gedanke!

Raik wollte eigentlich an der Balkontür nachsehen, doch dann wäre die Göttin in seinem Arm wach geworden. Das wollte er auf keinen Fall. Der Geruch wurde bald beißender. Dazu hörte er auch noch das Wiehern mehrerer Pferde. Raik kannte den Klang dieses Wieherns. Die Pferde hatten panische Angst.

Behutsam schob er die Göttin von sich, sprang aus dem Bett und eilte nackt auf den Balkon.

Aus einem Teil des Stallgebäudes stiegen im Schein der Parkplatzbeleuchtung Rauchschwaden auf.

„Anne“, drängte Raik, „werd’ wach! Es brennt im Stall. Zieh dich an und laufe zum Haupteingang. Man weiß nie, ob ein Feuer auf ein Nachbargebäude übergreift. Ich muss die Pferde retten!“

Verträumt richtete sich Anne auf. „Was ist? Wo brennt es? Ich versteh nicht?“

„Zieh dich rasch an und lauf zur Rezeption! Der Stall brennt!“

Noch während Raik durch die Tür stürzte, schloss er Hemd und Hose. Seine Füße polterten die Treppe hinab. Er rief der Dame an der Rezeption zu: „Frau Wesler, der Stall brennt. Informieren Sie die Feuerwehr und scheuchen Sie alle Gäste auf! Ich versuche, die Pferde rauszutreiben!“ Schon war er durch die Tür.

Frau Wesler hastete in das Kaminzimmer, wo Hans und andere Bedienstete immer noch mit Aufräumarbeiten beschäftigt waren.
„Hans, Herr Wulf sagt, dass der Stall brennt. Was soll ich tun?"
Der Oberkellner stellte sein Tablett mit leeren Gläsern ab. „Hast du die Feuerwehr alarmiert?"
„Nein, ich wollte dich zuerst fragen, ob das in Ordnung ist."
„Verdammt, beeil dich! Wirf auch Josef aus dem Bett, die Tiere müssen raus aus dem Stall! Es kann sein, dass wir alle Gäste wecken und ins Freie schicken müssen. Ich seh' nach und gebe dir gleich Bescheid." Hans spurtete durch einen Gang auf die Terrassentür zu. Beim Passieren der Türschwelle stolperte er über einen quergelegten Sonnenschirm. Knackend brach sein Unterarm. Hans schrie vor Schmerz auf.

Raik sperrte das Stalltor weit auf. Die Pferde wieherten und trampelten wild in ihren Boxen. Er band eines nach dem anderen los, rief ihnen etwas in seiner geheimnisvollen Sprache zu und trieb sie nach draußen.
Unter der Stalldecke wurde der Rauch dichter. Flammen züngelten durch Holzspalten.
Endlich kam auch Josef zur Hilfe.
Raik rief: „Treib die Pferde am besten in die Koppel! Stell dort Leute ab, die aufpassen, dass die gestörten Tiere nicht wieder in den Stall zurücklaufen. Ich mach hier hinten weiter."
Reiterinnen und Reiter liefen aus dem Hotel und boten ihre Hilfe an. Sie trieben die Tiere auf die Koppel. Einige Pferde traten um sich. Josef wurde hart getroffen. Er machte mit schmerzverzerrter Miene weiter. Raik band im hinteren Stall immer noch Pferd um Pferd los und trieb sie Richtung Ausgang.
Die Urlaubsgäste sammelten sich nach und nach vor dem Haupteingang. Alle redeten aufgeregt durcheinander.
„Raik, wo bist du?", fragte Anne in den verqualmten Stall hinein.

„Bleib um Gottes willen draußen“, rief er von weitem. „Ich weiß nicht, wann die Decke runterfällt. Über uns brennt die Scheune. Hilf an der Koppel, die Pferde zusammenzuhalten.“
„Hilfe! Wir brauchen dringend einen Arzt!“, rief eine Angestellte auf der Terrasse.
Dr. Wiesmann lief los. Als sie zur Terrassentür kam, sah sie Oberkellner Hans im Licht der Außenbeleuchtung auf dem Boden sitzen. Sein Unterarm war unnatürlich abgewinkelt. Blut rann aus dem weißen Sakko. Ihm war speiübel.
In weiser Voraussicht trug Anne ihren Arztkoffer bei sich und begann mit der Erstversorgung.

Im Heuboden über dem Stall wüteten die Flammen. Sie fraßen sich unter lautem Krachen durch das Dach. Pfannen flogen auf die Gäste zu, zerschellten auf dem Boden.
„Alle Tiere sind draußen!“, rief Raik außer Atem. Er zog sich mit den Bediensteten aus dem Gefahrenbereich zurück. Die Strahlungshitze des brennenden Dachstuhls war im Abstand von zwanzig Metern immer noch unerträglich. Das höllische Knistern wurde vom Krachen berstender Holzbalken übertönt. Es war die Symphonie eines Infernos.
Auf einmal begann Frau Morgenrot hysterisch zu schreien: „Die Kinder haben gesagt, dass Ansgar immer noch im Stall oder in der Scheune sein muss! Tun Sie doch etwas! Holen Sie mein Kind da raus! Wo bleibt denn die Feuerwehr? Ansgar, wo bist du? Ansgar, melde dich!“
Raik beugte sich zu den beiden Jungen, die er am Abend mit Ansgar zusammen gesehen hatte. Er drängte: „Los, erzählt mir, wo euer Freund steckt. Es eilt!“
Die beiden drucksten schuldbewusst herum. Endlich sagte der Kleinere: „Wir haben in der Scheune geraucht. Danach sind wir im Stall gewesen und haben Verstecken gespielt. Ansgar hat den wilden Rappen geärgert und der hat ihn getreten. Ansgar ist

umgefallen. Er hat sich nicht mehr bewegt und müsste dort in der Box liegen. Wir haben Angst bekommen und sind ins Hotel gelaufen."

Raik fasste den Jungen energisch an den Schultern und fragte: „War Ansgar bei dem Rappen Lennox?"

Der Kleine nickte unter Tränen.

„Josef", rief Raik zum Stallknecht, „ich gehe noch mal rein und suche den Jungen!"

In gebeugter Haltung, mit einem Tuch vor Mund und Nase, lief er durch das verqualmte Stalltor.

Josef bekreuzigte sich, kratzte mit dem Finger unter der Kappe und murmelte: „Um Gottes willen, der Stall bricht doch gleich zusammen."

Dr. Wiesmann hatte Oberkellner Hans notdürftig versorgt und ins Haus bringen lassen. Sie lief zur Koppel und schaute sich nach Raik um. Die befestigten Wege wurden von Laternen beleuchtet. Über Wiesen und Wälder lag der dunkle Nachthimmel. Auflodernde Flammen erhellten hin und wieder die schattenhaften Tiere, ließen für Sekunden Gesichter erkennen. Viele Gäste hatten sich in der Eile mit Jogginganzügen bekleidet. Eine Dame trug nur einen Morgenmantel. Einige Kinder fanden das Chaos äußerst unterhaltsam und sprangen vergnügt herum.

Die Pferde wieherten immer noch aufgeregt, doch auf der eingezäunten Koppel schienen sie sicher zu sein.

Anne fragte die herumstehenden Gäste: „Haben Sie Herrn Wulf gesehen?"

Die Leute zuckten die Schultern.

„Ich meine Herrn Wulf, der gestern am Klavier gesessen hat."

Niemand gab ihr einen Hinweis.

Endlich erkannte Anne im Schein der Flammen den Pferdepfleger Josef, der hustend aus dem Stalltor trat. Sie fragte: „Haben Sie Herrn Wulf gesehen? An der Koppel ist er nicht."

Josef konnte vor Husten kaum sprechen. Doch er antwortete: „Wulf versucht den Jungen zu retten."
„Josef, Sie wollen doch nicht sagen, dass Raik noch in dem brennenden Stall ist?"
Er nickte.
Anne wurde kreideweiß.
Von weitem hörte man Martinshörner. Über dem Stalltor brach die Scheune krachend zusammen.
Frau Morgenrot rief hysterisch immer wieder den Namen ihres Sohnes. Die Angestellten konnten sie nicht beruhigen.
Anne lief zu einem Seitenfenster der Stallung. Sie blickte sich nach etwas Brauchbarem um, griff zu einem Stuhl von der Terrasse. Mit aller Kraft schleuderte sie diesen in die Fensterscheibe. Das Glas zerbrach. Nun hörte sie im verqualmten Stall Raiks hustende Stimme und rief: „Raik, ich hab das Fenster zerschlagen. Komm hierher!"
Als schwarzer Schatten kam er näher. „Los, ihr müsst den Jungen annehmen. Er ist bewusstlos. Aber passt bei den Scherben am Fensterrahmen auf!"
Mehrere Männer eilten herbei, hoben den bewusstlosen Ansgar aus den Armen des Hünen durch den Rahmen.
Anne reichte Raik einen weiteren Terrassenstuhl durch das Fenster nach innen und drängte: „Steig darauf. Ich stelle hier draußen noch einen anderen Stuhl auf, damit du dich beim Klettern nicht an den Scherben im Rahmen schneidest. Beeil dich!"
Raik nahm den Stuhl durch das Fenster an. Im gleichen Augenblick krachte das Gebälk. Die Stalldecke über ihm brach zusammen. Eine dichte Staubwolke schoss nach draußen und Anne ins Gesicht.
Polizei und Feuerwehr drängten Gäste und Schaulustige weit aus dem Gefahrenbereich. Mit Äxten und Schippen versuchten sich die Rettungskräfte an der Stelle vorzuarbeiten, wo Raik Wulf verschüttet worden war. Durch herumfliegende Pfannen und

einstürzende Gebäudeteile verletzten sich auch Feuerwehrleute. Dadurch bekamen Rettungsassistenten und Dr. Wiesmann so viel zu tun, dass Anne gedanklich von Raiks Unglück etwas abgelenkt wurde. Unter Blaulicht und Martinshorn verließ der Notarztwagen mit Ansgar den Parkplatz.
Oberkellner Hans war mit einer Unterarmschiene versorgt worden. Ein Kollege fuhr ihn und Ansgars Mutter mit dem Shuttle-Bus des Hotels zur Klinik.

∞

In den frühen Morgenstunden lief Anne im Unfallkrankenhaus nervös vor der Tür des OP-Bereichs hin und her. Ihr gingen die Bilder des Infernos nicht mehr aus dem Kopf. Immer wieder sah sie in ihrer Erinnerung, wie Raik von der Scheunendecke verschüttet wurde.
Die Tür öffnete sich und eine Dame in OP-Kleidung fragte: „Sind Sie Dr. Wiesmann? Ich hörte, Sie sind Chirurgin?"
„Ja, das bin ich. Hat Herr Wulf es geschafft? Haben Sie ihn retten können?"
„Herr Wulf konnte stabilisiert werden. Bevor ich Ihnen mehr sagen kann, möchte ich wissen, in welcher Beziehung Sie zu dem Patienten stehen. Ihnen sind die Vorschriften bekannt."
„Ja, ich weiß. Herr Wulf und ich wohnen im gleichen Hotel. Wir stehen uns nah."
„Nun gut. Herr Wulfs Verbrennungen sind zurzeit nicht lebensbedrohlich. Als Kollegin ist Ihnen aber bekannt, dass bei einer großflächigen Verbrennung ein Hypovolämischer Schock droht."
„Ich verstehe."
„Wir haben Herrn Wulfs Verbrennungen versorgt. Seine Rauchvergiftung stellt eine zusätzliche Komplikation dar. Kollegin Wiesmann, würden Sie bitte die Angehörigen von Herrn Wulf

verständigen? Falls wichtige Entscheidungen getroffen werden müssen, so benötigen wir vielleicht deren Einwilligung."
„Ich muss gestehen, dass ich Herrn Wulfs Familie bis jetzt nicht kennengelernt habe. Aber ich werde seine Angehörigen aufsuchen."
Die Unfallärztin ergriff fürsorglich Annes Hand. „Glauben Sie mir, dass ich auch für Ihre Situation Verständnis habe. Wir werden für Herrn Wulf unser Bestes tun. Ich habe gehört, dass er verunglückt ist, weil er einen Jungen aus dem Feuer gerettet hat. Alleine dieser Gedanke verpflichtet uns, alles denkbar Mögliche für diesen Menschen zu tun. Aber nun ruft mich die Pflicht."
„Wann darf ich Herrn Wulf sehen?"
„Wegen der hohen Infektionsgefahr soll er im Moment so wenig Besuch wie möglich bekommen. Haben Sie Geduld."
Die Tür zum OP-Bereich schloss sich wieder.
Anne erkundigte sich in der Klinikaufnahme nach dem verletzten Oberkellner Hans, fand ihn in der externen Chirurgischen Station. Er lag in einem Zweibettzimmer und winkte Frau Wiesmann mit dem gesunden Arm zu. „Guten Morgen, Frau Doktor. Der Unfallarzt hat mich nach der Operation einfach hier behalten, weil der Bruch kompliziert sein soll. Schön, dass Sie schon in aller Herrgottsfrühe Visite machen. Endlich kommt jemand, der mich jetzt hier herausholt."
„Hallo, Hans, Sie sind schon wieder munter. Schick der Verband, den Sie da haben."
Sie tippte auf die Kunststoffschiene, mit der der gebrochene Arm fixiert wurde. „Ich denke, nach dieser Operation wird Ihr Bruch wieder sehr schnell verheilt sein und Sie können sich wieder als Oberkellner in Ihre Arbeit stürzen."
„Ich hoffe, dass Sie als Ärztin ein gutes Wort für mich einlegen, damit man mich noch heute aus dem Krankenhaus entlässt. Ich muss dringend zum Hotel. Dort wird es drunter und drüber gehen."

„Auch wenn ich Ärztin bin, so habe ich in dieser Klinik nichts zu melden. Außerdem sind Sie hier anscheinend in guten Händen. Wenn Sie dem Hotel Equitana helfen wollen, dann müssen Sie zuerst wieder richtig gesund werden. So ein böser Bruch verlangt nach guter Pflege. Haben Sie etwas von Ansgar Morgenrot gehört?"
Der Gesichtsausdruck des Oberkellners wurde ernst. „Wenn Sie mich fragen, dann haben wir die Katastrophe genau diesem Saubur Ansgar zu verdanken. Nicht nur das Feuer im Stall, sondern auch meinen Armbruch wird er zu verantworten haben. Als ich durch die Terrassentür eilte, stolperte ich über einen quergelegten Sonnenschirm. Das werde ich bei der Polizei auf jeden Fall zur Aussage bringen." Sein verärgerter Gesichtsausdruck wandelte sich in Sorge. „Wie geht es Herrn Wulf?"
„Raik lebt. Wie schwer seine Verletzungen sind, weiß ich noch nicht. Wir können nur beten und hoffen. Hans, ich wünsche Ihnen gute Besserung. Ich schaue morgen wieder zu Ihnen rein."

Der Gedanke an Raik jagte Anne einen Schauer über den Rücken. Die Knie wurden weich. Sie eilte aus dem Krankenzimmer in den Stationsflur. Dort lehnte sie sich mit den Schultern an die Flurwand und schloss die Augen. Sogleich traten die grausamen Erinnerungen an die einstürzende Stallung in ihr Bewusstsein. Wieder sah sie, wie Raik mit einem Schlag im Flammenmeer und einer schwarzen Staubwolke verschwand.
Eine bekannte Stimme holte Frau Wiesmann in die Gegenwart zurück. Einige Türen weiter debattierte Frau Morgenrot mit einer Krankenschwester.
Dr. Wiesmann ging zu der Lehrerin und fragte: „Wie geht es Ihrem Sohn?"
„Ansgar hat eine Rauchvergiftung und schläft jetzt. Gott sei Dank hat er keine Verbrennungen. Ich werde das Hotel verklagen."

„Ich bin froh, dass es Ihren Sohn nicht so schlimm erwischt hat. Aber danken Sie nicht allein Gott, dass Ihr Sohn keine Verbrennungen hat, sondern denjenigen, die ihn unter Einsatz ihres Lebens aus dem Feuer geholt haben. Oberkellner Hans ist übrigens ebenfalls Opfer eines Kinderstreichs geworden." Anne beschrieb den Unfallhergang.
Die Schläfen der Mutter begannen zu pochen. „Was soll das denn heißen? Glauben Sie, dass mein Sohn Ansgar dafür verantwortlich ist? Er ist schließlich das Opfer. Er wäre fast umgekommen!"
In Annes Augen stieg funkelnd der Zorn. „Wenn Sie nicht langsam lernen, Ihrem Sohn notwendige Grenzen zu setzen, dann wird das heute nicht die letzte Katastrophe gewesen sein. Für diese katastrophale Erziehung tragen Sie ganz allein die Verantwortung!"
Frau Morgenrot wollte sich empören, doch die Ärztin machte demonstrativ auf dem Absatz kehrt und ließ die Lehrerin stehen.
Als sie gerade die Station verlassen wollte, rief eine Schwester: „Frau Dr. Wiesmann, Sie möchten bitte zur Intensivstation kommen!"
„Intensivstation?", fragte sich Anne. Ihre Schritte wurden schneller und schneller. Was war jetzt wieder eingetreten? Lag Raik im Sterben? Sie verzichtete auf den Aufzug und hastete die Treppe hinab. Außer Atem klingelte sie an der Eingangstür der Station.
Ein Pfleger öffnete. „Sind Sie Frau Dr. Wiesmann?" Sie nickte stumm und er fuhr fort: „Herr Wulf ist nun bei uns zur weiteren Überwachung. Er hat darauf bestanden, Sie zu sprechen. Sie müssen jedoch zuvor wegen der Infektionsgefahr zum Schutz des Patienten sterile Kleidung überziehen."
Anne legte die Schutzkleidung routiniert an. Der Pfleger führte die Besucherin in ein Einzelzimmer.
Raik lag umringt von unzähligen Überwachungsgeräten im Bett auf dem Rücken. Seine Löwenmähne war anscheinend ein Opfer der Flammen geworden. Er trug einen Kopfverband. Hände und Unterarme waren bis über die Ellenbogen verbunden. Was noch

unter der Bettdecke an Verletzungen verborgen war, wollte Anne im Moment lieber nicht wissen. In Raiks Gesicht sah sie Brandblasen und Kratzspuren.

Mit gequältem Lächeln sagte er: „Es gibt eine gute und eine schlechte Nachricht." Ein Hustenanfall verzerrte seine Miene.

Anne bemühte sich, so gelassen wie möglich aufzutreten. Er sollte sich nicht noch Gedanken um ihren Seelenzustand machen. Also fragte sie lächelnd: „Wie lautet die gute Nachricht?"

„Es ist noch alles dran. Die schlechte Nachricht ist, dass ich eine längere Zeit wie ein Monster aussehe. Unser Tanz in den Mai wird ausfallen."

Ihre Hand strich zärtlich über eine unverletzte Stelle seiner Wange. „Nein, du siehst nicht wie ein Monster aus. Ich denke, deine Verletzungen werden auf Dauer heilen."

„Du musst es wissen. Du bist eine große Druidin."

„Raik, Spaß bei Seite. Was kann ich für dich tun? Wen muss ich verständigen? Welche Angehörige müssen informiert werden? Was ist mit deiner Schule?"

Raik schaute nachdenklich zu den blinkenden Überwachungsgeräten. Ein rhythmisches Piepen übertrug die Herzfrequenz. Seine Augen suchten wieder Annes besorgten Blick.

„Außer dir gibt es keine Angehörigen. Wegen der Schule, die in ein paar Tagen wieder beginnt, muss ich telefonieren. Du könntest mir mein Handy aus dem Hotel holen. Ich benötige auch meine Papiere. Sie sind in meiner Motorradjacke." Nach einem weiteren Hustenanfall fragte er: „Wann musst du zurück in dein Ruhrgebiet?"

„In zwei Tagen müsste ich normalerweise zurückfahren. Ich weiß nicht, ob ich von meiner Klinik spontan noch mehr Urlaub bekomme. Überstunden hätte ich genug. Leider herrscht bei uns permanenter Personalmangel. Wenn es nicht anders machbar ist, dann fahre ich heim und komme so bald wie möglich wieder zu dir."

„Es ist gut, wenn du heim fährst und erst in ein paar Wochen zurückkommst. Bis dahin sehe ich wieder menschlicher aus."
Der Pfleger trat ein und mahnte: „Der Patient braucht Ruhe. Bitte gehen Sie jetzt."
Anne warf Raik einen Luftkuss zu und verschwand.

Als sie das Hotel erreichte, verstauten einige Gäste ihr Gepäck in den Autos. Das Stallgebäude war völlig heruntergebrannt. An einigen Stellen qualmte es noch. Die Feuerwehr suchte immer noch nach Brandnestern. Das Hauptgebäude war zum Teil vom Ruß geschwärzt.
Anne schritt durch das Foyer. Überall stand Gepäck herum. Die meisten Gäste wirkten gereizt. Sie ließ sich Raiks Zimmerschlüssel geben, um dort nach seinem Handy und den Papieren zu sehen. Im Treppenhaus und auch in seinem Zimmer roch es verbrannt. Anne tastete Raiks Motorradjacke nach Ausweisen ab. Sie hielt den Personalausweis in der Hand und wollte einfach mal nach den Daten sehen. Im gleichen Moment klingelte ihr Handy. Sie steckte den Ausweis in die Jacke zurück und nahm das Gespräch an.
Der leitende Oberarzt ihrer Klinik war in der Leitung. „Hi, Anne, wo steckst du? Unsere Kollegin Irina hat eine Frühgeburt. Sie fällt also vorläufig aus. Der OP-Plan platzt aus allen Fugen. Wann kannst du hier sein?"
„Ich bin in Bayern, muss hier noch etwas erledigen und auch noch packen. Ich fahre entweder am frühen Abend oder in der Nacht. Ich melde mich, sobald ich zuhause bin."
Anne raffte Raiks Sachen eilig zusammen und brachte diese in ihren Wagen. Dann holte sie das eigene Gepäck aus ihrem Zimmer. Josef stand mit einem Male neben ihr und fragte: „Wie geht es Herrn Wulf?"

„Er ist auf der Intensivstation. Seine Verbrennungen müssen noch sehr lange behandelt werden. Mehr kann man im Moment nicht sagen."
„Kann ich irgendetwas helfen?"
„Ja, denn ich weiß im Moment nicht, wo ich anfangen soll. Das Hotel wird spätestens morgen früh geschlossen. Ich muss auch aus beruflichen Gründen rasch nach Hause. Irgendwie muss das Gepäck von Raik noch in die Klinik gebracht werden. Dann ist da sein Motorrad."
„Das Motorrad kann ich bei meinem Bruder Xaver unterstellen. Er hat einen Bauernhof und Platz genug."
Dankbar nahm Anne das Angebot an. Josef schleppte Raiks Motorradkoffer zu ihrem Wagen, damit sie diese in der Klinik abgeben konnte.
Dr. Wiesmann checkte an der Hotelrezeption aus. Als ihr Wagen vom Parkplatz rollte, fiel ihr Blick noch einmal auf die Stallruine. Wie eine Spirale schraubte sich eine dünne Rauchwolke zum blauen Himmel, löste sich dort auf ... Löste sich genauso auf wie ihr Urlaub, wie ihre Hoffnung, vielleicht einen Menschen fürs Leben gefunden zu haben ...

Anne parkte vor dem Krankenhaus ein. An der Anmeldung erfuhr sie, dass Herr Wulf inzwischen in eine Spezialklinik verlegt worden war. Da sie keine Patientenvollmacht besaß und keine Angehörige war, gab man ihr keine Auskunft, wo Raik sich inzwischen befand. Auch im Büro für das Patientenmanagement wollte man ihr nicht weiterhelfen. Gleichzeitig hatte sie eine fast 700 km lange Fahrt ins Ruhrgebiet vor sich. Verärgert lief sie zu ihrem Wagen. Zehn Minuten später klopfte sie wieder am Büro des Patientenmanagements an. Ohne eine Reaktion abzuwarten, trat Dr. Wiesmann ein. Verwundert sah der Verwaltungsangestellte, wie diese Frau vor ihm zwei Motorradkoffer abstellte und eine Jacke darüber legte.

„So, mein Herr, da ich keine Auskunft bekomme, wo Herr Wulf hingebracht wurde, überlasse ich Ihnen hiermit sein Gepäck und seine persönlichen Dinge. Ausweispapiere finden Sie in der Jacke. Schönen Tag noch!"
Der Verwaltungsangestellte sprang hinter seinem Schreibtisch auf. „Moment mal, das geht nicht! Sie dürfen die Sachen nicht hier lassen! Wir sind schließlich ..."
Anne hörte seine letzten Worte nicht mehr. Sie knallte die Tür hinter sich zu und eilte durch den Flur zum Haupteingang hinaus. Fluchend griff der Patientenmanager zum Telefonhörer.

Kapitel 2: Spontanheilung

Zwei Tage später

Dr. Wiesmann war zurück in der Heimat. Sie stand im OP ihrer Klinik, stürzte sich in die Arbeit. Die kommenden Tage bestanden ebenfalls nur aus Dienst, Überstunden und zu wenig Schlaf. Anne klagte nicht. Sie war froh, dass ihr kaum Zeit zum Grübeln blieb. Mittlerweile hatte sie recherchiert, in welche Spezialklinik Raik eingeliefert worden war. Deren Fachabteilung behandelte regelmäßig Brandopfer aus Katastrophen- und Kriegsgebieten. Für Raik müsste sie eine optimale Hilfe sein.

Die Ärzte gaben der Kollegin Wiesmann grobe Auskünfte über seinen Zustand. Die Verbrennungen ersten Grades würden wohl gut heilen. Doch er hatte an den Händen und Unterarmen auch Verbrennungen zweiten und dritten Grades. Diese würden den Patienten leider für immer zeichnen. Ans Telefon ließ man Herrn Wulf noch nicht.

Zwei Wochen nach dem Inferno sendete Raik endlich eine WhatsApp-Nachricht: Liebe Epona, ich hoffe, dass es dir gut geht. Telefonisch konnte ich dich heute nicht erreichen, da dein Handy ständig ausgeschaltet ist. Mir geht es deutlich besser. Ich kann mich fast schon wieder im Spiegel erkennen. Meine Finger funktionieren jetzt ebenfalls. Wenn die Regeneration so gut weiter verläuft, dann sehe ich in fünf Wochen vielleicht ganz passabel aus. Du und deine Stimme fehlen mir.

Als Dr. Wiesmann in ihrer Mittagspause das Smartphone einschaltete und diese Nachricht las, bekam sie feuchte Augen. Als Chirurgin wusste sie, dass Raiks Zuversicht völlig überzogen war. Verbrennungen zweiten und dritten Grades hinterließen immer tiefe Spuren. Das würde sie ihm aber nicht sagen.

Anne wählte seine Handynummer.

Er nahm das Gespräch gleich an. „Allen Göttern sei Dank, du bist es wirklich! Wie geht es dir? Lässt dir deine Arbeit noch Zeit zum Atmen?"
„Hallo, Raik, ich freue mich auch, dich endlich zu hören. Bei mir ist alles in Ordnung. Nur der übliche Stress. Wichtiger ist, wie es dir geht. Hast du noch starke Schmerzen?"
„Ich kann mich an die ersten Tage in der Klinik kaum erinnern. Vermutlich wurde ich medikamentös in einen Tiefschlaf versetzt. Statt Schmerzen hab ich das Gefühl, dass mir überall das Fell juckt. Die Ärzte sind erstaunt, wie gut alles bei mir heilt. Ich mach jeden Tag Gymnastik und hoffe, dass ab nächste Woche das Sportprogramm beginnt. Ich möchte schließlich wieder fit sein, wenn wir uns sehen. Wann kannst du kommen? Oder möchtest du, dass ich dich besuche?"
„Hey, du sprühst ja vor Zuversicht. Das ist prima. In drei Wochen kann ich vielleicht ein verlängertes Wochenende freimachen. Bis dahin bleibt uns nur das Telefon. Am besten ruf ich dich an. Tagsüber ist mein Handy aus, da ich mich im Dienst nicht stören lassen darf."
„Weißt du, wie es Ansgar geht?"
„Du hast sein Leben gerettet. Er war in derselben Klinik wie du. Übrigens hat sich Hans den Arm gebrochen, da er am Ausgang der Küche zur Terrasse über einen absichtlich quergelegten Sonnenschirm gefallen ist. Das war wohl auch ein Kinderstreich. Es ist unglaublich!"
„Was ist mit dem Hotel?"
„Das Equitana ist vermutlich noch geschlossen. Übrigens hat Josef dein Motorrad bei seinem Bruder untergestellt. Hast du dein Gepäck bekommen?"
„Der Sozialdienst der anderen Klinik hat es mir bringen lassen."
Dr. Wiesmanns Melder gab Signal. „Raik, ich muss Schluss machen. Ich muss in den OP. Ich wünsch dir von Herzen alles Gute. Bis bald."

Eine Woche später erhielt Anne von Raik einen Brief. Seine liebevollen Zeilen waren mit einer erstaunlich kunstvollen Handschrift verfasst worden. Eine solche tadellose Schrift kannte sie nur noch von ihrem Großvater, da dessen Generation die letzte gewesen war, in der die Menschen ihre Handschrift noch als persönliche Etikette wertschätzten. Etwas peinlich berührt dachte sie an ihre eigene Schrift und dass die Ärzte der heutigen Zeit den Ruf hatten, auf ihren Verordnungen eine unleserliche Sauklaue zu hinterlassen.
Auch in diesem Brief sprühte Raik vor Zuversicht, dass er bald komplett genesen würde.

∞

Fünf Wochen lag die Brandkatastrophe im Hotel Equitana zurück. Anne hatte endlich mal ein paar Tage frei. Sie hatte immer wieder mit sich gerungen, ob sie Raik in der bayerischen Klinik besuchen sollte oder nicht. Dem Menschen, den sie damals in romantischen Stunden kennengelernt hatte, würde sie so nicht mehr antreffen. Er selbst war viel zuversichtlicher als sie.
Autobahnbaustellen sorgten für Staus. Stoßstange an Stoßstange kroch die Blechlawine Richtung Süden. Anne klopfte auf das Lenkrad.
Sie erinnerte sich an das Telefongespräch mit Raik vor drei Tagen. Er war bester Laune und hatte geschwärmt, dass die Ärzte von seinem Heilerfolg fasziniert wären.
Sie flüsterte vor sich hin: „Mein lieber Raik, ich weiß, welcher Anblick mich in einigen Stunden erwarten wird, und ich hoffe, dass ich das auch gefasst durchstehe."
Am späten Nachmittag parkte ihr Wagen vor der Fachklinik ein, in der Raik behandelt wurde. Erschöpft machte sie den Motor aus, rieb sich über das Gesicht. Im Innenspiegel wirkte sie übermüdet.

Egal! Übermüdung war vergänglich. Doch in welchem grauenhaften Zustand würde sie Raik wohl vorfinden?
Beklemmung hielt Anne noch einige Sekunden auf dem Sitz. Dann stieß ihre Hand entschlossen die Tür auf. Blumenduft wehte ihr entgegen. Beete standen in voller Blüte. Alte Bäume schmückten sich mit frischem Grün. Wollte ihr der Gruß der Natur Kraft und Mut geben? Raik hätte diesen Eindruck genau so interpretiert.
Viele Patienten saßen bei dem schönen Maiwetter draußen. Einige ins Gespräch vertieft, andere lasen Zeitung oder hielten ihr blasses Gesicht in die Sonne. Mit jedem Schritt, mit dem sich Anne dem Haupteingang näherte, wuchs ihre Sorge. Was für ein Bild wartete auf sie?
Eine Männerstimme rief von fern ihren Namen. Hatte sie richtig gehört?
„Anne, ich bin hier hinten!"
Sie wendete sich suchend um, erkannte aber niemanden. Im Schatten der Bäume winkte ein hochgewachsener Mann. Er trug eine Sonnenbrille, hatte einen Kurzhaarschnitt. Zögerlich schritt sie auf den Fremden zu, der auch ihr entgegen kam. Er war mit schwarzer Jeans und kurzärmligem Hemd bekleidet. Je näher er kam, umso mehr strahlte sein Lächeln. Dicht vor Anne nahm er die Sonnenbrille ab. „Epona, du siehst müde aus. Bei allen guten Göttern, ich bin so froh, dass du endlich da bist!"
Völlig sprachlos strichen ihre Finger über seine Unterarme und Hände. Keine Wunden oder Narben waren zu sehen. Die Haut war nur gescheckt, weil die regenerierten Stellen bis jetzt kaum Sonnenlicht bekommen hatten.
Da die Ärztin immer noch keine Worte fand, sagte Raik: „Meine Arme sehen zurzeit noch aus, wie deine gefleckte Hexe, nicht wahr? Aber die hellen Stellen werden auch wieder braun."
Er hob sanft ihr Kinn an, damit sie ihm in die Augen sehen musste. Auch die Wunden, die Anne nach der Katastrophe in seinem Gesicht gesehen hatte, waren verschwunden.

Sein Blick sprühte vor Lebendigkeit. „Sag doch mal etwas, oder sehe ich so furchtbar aus?“
Sie strich über sein braunes Stoppelhaar. Dabei schossen ihr Tränen in die Augen.
Raik schloss Anne fest in die Arme. Schluchzend brach alles aus ihr heraus, was sich in den letzten Wochen angestaut hatte.
Leise sagte er: „Alles wird gut. Aber bis meine Mähne nachgewachsen ist, wird der Sommer vorbei sein.“
Sie löste sich aus seiner Umarmung. „Raik, was ich hier sehe, das gibt es normalerweise nicht. Deine extreme Regenerierung ist ein medizinisches Wunder.“
„Wie wäre es, wenn du dem medizinischen Wunder zuerst einmal Hallo sagen würdest?“
Ihre Hände umschlangen seinen Hals. Ihr Kuss sagte mehr als Worte.

Nachdem sie sich lange umarmt hatten, setzten sie sich auf eine Bank. Raik erzählte über seinen Krankenhausaufenthalt. „Man hat Gewebeproben von meiner Haut genommen und viele Blutuntersuchungen gemacht. Bei der Visite steckten die Ärzte ständig die Köpfe zusammen und haben sich in ihrem Fachchinesisch unterhalten. Ich verstehe zwar die lateinische Sprache, aber mir fehlen die Fachausdrücke. Der Chefarzt hat mich gebeten, an einer Studie teilzunehmen. Man möchte wissen, wieso es bei mir zu einer Spontanheilung gekommen ist. Sie erhoffen sich durch meinen Fall neue Erkenntnisse. Doch ich werde ablehnen.“
„Wenn du damit anderen Menschen helfen kannst, dann wäre das doch sinnvoll.“
„Nein, ich habe meine Gründe. Sag’, wie lange du bleiben kannst.“
„Ich baue Überstunden ab und kann noch bis nächste Woche Mittwoch bleiben. Ich habe der Verwaltung erzählt, dass ich einen kranken Verwandten in Bayern versorgen muss.“
Er hob Anne auf seine Arme und drehte sich mit ihr im Kreis.

Ihr wurde schwindelig und sie beschwor ihn, sie endlich herunter zu lassen. Außer Atem sagte sie: „So habe ich mir das nicht vorgestellt! Dir geht es viel zu gut!“
Die Patienten und Besucher, die das Pärchen beobachteten, lachten. Nur wenige schüttelten die Köpfe.
„Raik, ich habe noch keine Unterkunft. Ich denke, ich werde mir ein Hotel hier im Ort suchen.“
„Josef, der nette Stallbursche aus dem Hotel Equitana hat mich hier besucht. Er hat mir erzählt, dass mehrere Pferde nach dem Feuer bei seinem Bruder untergestellt wurden. Hexe und Lennox sind auch dort, ebenso mein Motorrad. Josefs Bruder und seine Frau vermieten Gästezimmer. Wie wäre es, wenn wir uns bei ihnen einquartieren? Diese natürlichen Landleute sind mir am liebsten.“
„Ich muss erst einmal umdenken. Ich kam mit dem Gedanken an, einen Schwerkranken vorzufinden. Hat man deinen Entlassungstermin denn schon besprochen?“
„Nein, aber da du nun hier bist, werde ich mich notfalls selbst entlassen. Mir geht es gut. Du kannst dir ja meine medizinischen Werte zeigen lassen. Wenn die mich weiter hierbehalten wollen, dann liegt der Grund nur in deren eigenem Interesse.“
„Wir werden sehen. Jetzt hab ich Kaffeedurst und etwas Hunger.“
Raik hatte sich von Josef die Kontaktdaten von dessen Bruder Xaver Feudl geben lassen. Er sendete diese an Annes Smartphone. Während er im Klinik-Café Kuchen aussuchte, buchte Anne telefonisch in der Bauernhofpension zwei Zimmer.

Der Nachmittag war wie im Flug vergangen. Nur schweren Herzens hatte sich Raik von Anne lösen können. Sie machte sich auf den Weg zu ihrer Unterkunft. Bergausläufer, Hügel und Täler gaben den Straßenverlauf vor. Bäche begleiteten manchen Weg. Nadelwälder und Wiesen standen in saftigem Grün. Hin und wieder

verrieten weiße Flecken, dass sich mitten in dieser urwüchsigen Natur einsame Gehöfte versteckten.
Anne glaubte schon, sie hätte sich trotz Navi verfahren. Sie folgte einer schmalen Bergstraße, einer Holzbrücke, einem Kiesweg. Auf der Höhe breitete sich eine Weide aus. Kühe schauten dem fremden Wagen nach. Vor ihr lag ein einsamer Bergbauernhof. Das musste das Haus von Xaver Feudl sein.
„In dreihundert Metern haben Sie Ihr Ziel erreicht", bestätigte das Navi.
Anne parkte ihren Wagen neben einem großen Traktor, stieg aus und ging zur Haustür. Noch bevor sie die Klinke erreichte, schwenkte die Tür auf. Ein stämmiger Mann mit Vollbart strahlte sie an. „Grüß Gott, Frau Doktor, kommen Sie herein. Wir freuen uns, dass Sie da sind." Er herzte die Ärztin, als würden sie sich seit Jahren kennen.
Bäuerin Leni Feudl ging ebenso unbefangen auf den neuen Gast zu. Sie war Ende Dreißig und hatte ihre braunen Haare zu einem Pferdeschwanz gebunden. In Trachtenbluse und Jeans wirkte sie eher wie eine Städterin. Leni sagte: „Josef hat uns über Sie und Raik Wulf so viel erzählt, dass wir schon ganz gespannt sind. Sie beide haben ja im Equitana die Pferde gerettet und sich um die Verletzten gekümmert."
Während die Bäuerin Anne das Gästezimmer zeigte und weiter berichtete, was sie im Zusammenhang mit der Feuersbrunst gehört hatte, trug Xaver das Gepäck ins Haus. Das Zimmer war genauso rustikal eingerichtet, wie das gesamte Haus. Möbel, Stoffe und Dekor waren geschmackvoll gewählt.
Anne bedankte sich, schloss hinter sich die Tür und ließ sich erschöpft auf das Bett fallen.

Der Abend kam. Der neue Gast erfrischte sich unter der Dusche und meldete sich dann bei der Gastgeberin.

Die Bäuerin bestand darauf, dass die Ärztin in der Küche mit der Familie zu Abend aß. Die drei freundlichen Söhne im Alter von elf bis fünfzehn Jahren aßen rasch, um danach draußen noch etwas unternehmen zu können.
Als die Jungen durch die Tür waren, fragte Xaver: „Wie geht es Herrn Wulf? Man spricht im Ort von einem Wunder. Man erzählt sich, dass Herr Wulf am gesamten Körper verbrannt war und nun wieder fast geheilt sei. Stimmt das?"
„Ja, das ist richtig. Ich habe als Ärztin selbst noch nie eine solche Spontanheilung gesehen."
Leni sagte: „Unser Herr Pfarrer möchte Herrn Wulf auch gerne kennenlernen. Er meint, es wäre gut für unsere Kirche, dass in dieser Region so ein Wunder geschehen ist."
„Als Ärztin denke ich, dass es für jedes Wunder Erklärungen gibt. Wenn wir bestimmte Phänomene nicht erklären können, dann liegt es daran, dass unser Wissen zurzeit noch nicht ausreicht. Ich will damit nur sagen, dass Herr Wulf vielleicht eine außergewöhnlich widerstandsfähige Natur besitzt. Hautverbrennungen ersten Grades zeigen Rötungen und Schwellungen, die völlig abheilen. Verbrennungen zweiten Grades zeigen Blasenbildungen und sind oft reversibel. Das heißt, sie heilen ebenfalls ab. Doch bei den meisten Menschen bleiben Narben zurück. Herr Wulf hatte anscheinend Glück im Unglück."
Leni fragte: „Frau Doktor, glauben Sie an Gott?"
Xaver schüttelte peinlich berührt den Kopf. Landfrauen und ihre Kirche.
„Nennen Sie beide mich bitte nur Anne. Was Gott betrifft, so glaube ich nicht an einen wunderwirkenden Mann mit weißem Bart. Aber ich glaube an eine allem zugrunde liegende positive Lebenskraft, in der religiöse Menschen etwas Göttliches erkennen."
„Dieser Satz verlangt nach einem schönen Schnaps!", sagte Xaver und schenkte den Frauen und sich Obstler ein.

Danach wollte Anne Hexe sehen. Xaver führte sie stolz durch den Hof. Endlich kamen sie zu den Pferden. Anne erblickte ihre Stute. Begeistert eilte sie auf Hexe zu, strich ihr liebevoll über die zottelige Mähne. Nicht weit entfernt schnaufte ein Rappe. Anne erkannte Lennox.
Erleichtert sagte sie: „Gott sei Dank sind alle Tiere heile aus dem brennenden Stall herausgekommen und haben sie hier einen guten Platz gefunden."
Als sie ins Freie traten, setzte die Dämmerung ein. Die Bergspitzen reflektierten mit ihren Schneekappen das letzte Tageslicht. Anne atmete die klare Luft tief ein. „So ein wunderschönes Frühjahr hatten wir schon lange nicht mehr. Ich hoffe, dass Raik und ich noch einige Tage das gute Wetter genießen können. Bei euch hier oben scheint die Welt noch in Ordnung zu sein."
Xaver legte seine Hand auf ihren Unterarm. „Wir werden dafür sorgen, dass euer Aufenthalt bei uns in bester Erinnerung bleibt. Und nun trinken wir noch einen Schnaps."

∞

Die Dame im Büro des Patientenmanagements reichte Dokumente über den Schreibtisch. „Herr Wulf, schade, dass Sie sich selbst entlassen haben. Ich wünsche Ihnen weiterhin gute Genesung."
„Ich bin Ihrem Klinikpersonal sehr dankbar für die optimale Behandlung. Mein weiterer Aufenthalt hätte aber nichts mit meiner Genesung zu tun. Danke und leben Sie wohl."
Raik verließ das Büro. Vor der Tür wartete Anne neben den Motorradkoffern, die sein gesamtes Reisegebäck beinhalteten.
„Frau Dr. Wiesmann, Herr Wulf, einen Moment bitte!", rief ein älterer Herr im weißen Kittel, der rasch näher kam. Er streckte Anne und Raik die Hand entgegen. „Herr Wulf kennt mich bereits.

Landauer ist mein Name. Ich bin der leitende Arzt der Klinik. Herr Wulf, gestatten Sie, dass ich mich kurz noch mit der Kollegin Wiesmann unterhalte?"
Raik nickte zustimmend.
Anne folgte dem Chefarzt in dessen Büro.

Eine halbe Stunde später lenkte Anne ihren Wagen vom Klinikparkplatz und fädelte sich in den fließenden Verkehr ein.
Raik saß auf dem Beifahrersitz, machte ein ernstes Gesicht und fragte: „Warum hat dich der Chefarzt alleine sprechen wollen? Es ging doch sicherlich um meine Person. Wenn er dir ohne meine Zustimmung meine Patientendaten gezeigt hat, dann werde ich rechtliche Schritte einleiten."
„Landauer ist nicht auf den Kopf gefallen. Da ich Chirurgin bin, hat er mir nur allgemein und anonym von einem Patienten berichtet, der in seinem Haus behandelt wurde. Sozusagen als fachlicher Informationsaustausch. Das ist zwischen Kliniken heutzutage nicht unüblich. Alle Patientenstudien werden ja auch anonym behandelt."
„Und worum ging es bei seinem anonymen Patientenbericht?"
„Er zeigte mir Fotos mit Verbrennungen ersten bis dritten Grades an Armen und Beinen. Ferner die Dokumentationen über Therapien und die Regenerierung aller Verletzungen. Das Ergebnis der Heilungen grenzt an ein Wunder. Diese Dokumentation wird übrigens schon in Fachkreisen gelesen und diskutiert."
„Anne, reden wir nicht drumherum. Was will Landauer von dir?"
Sie lächelte schelmisch. „Er sieht auch bei dir so einen wundersamen Heilungsprozess und erhofft sich von mir, dass ich dich davon überzeuge, an einer medizinischen Studie teilzunehmen. Deine Spontanheilung hat viele Fragen aufgeworfen und wissenschaftliches Interesse geweckt."

„Die sollen doch nicht so ein Theater um mich machen. Was ist denn passiert? Ich habe mich an Armen und Beinen ein bisschen verbrannt. Alles ist wieder gut verheilt."
„Wenn die anonymen Fotos, die ich gesehen habe, tatsächlich deine Verletzungen betreffen, dann ist deine Darstellung nicht richtig. Bevor ich diese Fakten kannte, bin ich von Verbrennungen ersten und zweiten Grades ausgegangen. Solche Verletzungen können im besten Fall ohne Narbenbildung verheilen. Der sogenannte anonyme Patient hatte aber an einigen Stellen, zum Beispiel an der linken Hand, Verbrennungen dritten Grades. Solche Verletzungen hinterlassen extreme Spuren und verheilen erst recht nicht innerhalb von wenigen Wochen." Sie zeigte auf seine linke Hand, an der die Haut ganz hell war. „Deine Wunden sind wunderbar verheilt."
„Quatsch, das liegt daran, dass die Beschreibungen meiner Verbrennungen übertrieben dargestellt wurden."
Anne lenkte den Wagen außerhalb der Stadt auf die Landstraße. Er schaute demonstrativ in die Ferne. Unzählige Lkw rollten durch das grüne Tal.
Raik schwieg einige Zeit nachdenklich, dann erwiderte er: „Wenn du im Internet unter Spontanheilung googlest, dann wirst du auf unzählige Berichte stoßen. Ich hatte schlicht und ergreifend Glück."
Anne bog in den Feldweg ein, der zum Feudl-Hof führte.
Zehn Minuten später parkte ihr Wagen neben dem Haus. Anne verschränkte die Arme vor der Brust. „Ich gebe zu, dass ich dich sehr mag. Aber ich will absolute Ehrlichkeit zwischen uns. Es gibt Spontanremissionen bei bösartigen Bluterkrankungen, und es gibt Spontanregressionen bei Tumoren. Eine Spontanheilung ist bei hochgradigen Verbrennungen nirgendwo dokumentiert. Du bist ein biologischer Sonderfall. Ich glaube nicht, dass dir diese Eigenschaft nicht schon lange bekannt ist. Menschen verletzen sich im Laufe ihres Lebens immer wieder. Jeder achtet auf

schnellstmögliche Heilung." Sie schaute ihn fordernd an. „Also, wie lange weißt du schon von deiner außergewöhnlichen Gabe?"
Raik wischte sich mit der Hand über das Gesicht. Sein Brustkorb hob und senkte sich beim tiefen Atmen. Er nahm ihre Hand. „Ich will dich nicht verlieren. Ja, ich weiß, dass sich mein Körper nach Verletzungen sehr rasch regeneriert. Solange ich nicht den Kopf, Arme oder Beine verliere, wächst das Gewebe meistens wieder ordentlich nach. Aber du hast in einer gewissen Nacht auch gesehen, dass ich trotzdem einige Narben am Körper habe."
Unzufrieden zog sie die Hand aus seiner. „Das ist noch nicht alles. Ich habe die MRT- und CT-Untersuchungsberichte gesehen. Die werfen die nächsten Fragen auf. Die große Narbe an deinem Bauch muss einmal eine äußerst schwere Verletzung gewesen sein. Man könnte glauben, man hätte dir ein Schwert in den Bauch gerammt. Wo hast du diese Verletzung her?"
„Ich glaube, da bin ich als Kind mal auf einen spitzen Zaun gefallen. Aber solche Ereignisse verdrängt man im Laufe der Zeit." Er beugte sich vor und küsste sie auf die Schläfe. „Komm, lass uns aussteigen. Ich bin auf den Bauernhof gespannt. Ich möchte Hexe und Lennox wiedersehen."
„Moment noch. Die Kollegen dieses Krankenhauses waren sehr gründlich. Auch dein Kopf ist in der Röhre untersucht worden. Was glaubst du, was sie dort Seltsames gesehen haben?"
„Was weiß ich? Vielleicht, dass ich hundert kleine Knochen mehr habe als ein normaler Mensch, weil mein Gehirn mechanisch arbeitet?"
„Mir ist gerade nicht nach Humor. Nein, dein Gehirn scheint unauffällig zu sein. Du hast eine verheilte Kopfverletzung, die künstlich herbeigeführt worden ist. Sie stammt von einer Trepanation. Diese künstliche Eröffnung des Schädels, wie sie bei dir vorgenommen wurde, entspricht nicht der gängigen Medizin unserer Tage. Diese Methode verwendeten die Schamanen in der Antike und im Mittelalter bei Anschwellungen des Gehirns. Selbst für

mich als Chirurgin ist es ein Wunder, dass einige Menschen so etwas überlebt haben."
„Anne, bitte hab' Vertrauen zu mir. Ich weiß über dich auch nicht alles. Ich werde dir zu gegebener Zeit mehr über mich erzählen."
Ein bestechendes Lächeln zog auf seinen Mund.
„Okay, Raik Wulf, ich werde aber herausfinden, was dein Geheimnis ist!"
Er stieg aus dem Wagen und betrachtete die herrliche Bergkulisse rund um den Feudl-Hof. Die Bauersleute kamen aus dem Haus und begrüßten den neuen Gast herzlich.
Die Männer drückten sich kräftig die Hände. Leni bat den neuen Gast ins Haus.
Raik sagte jedoch: „Ich habe eine Bitte. Ich möchte zuvor die Pferde sehen, die Sie vom Hotel Equitana hier untergebracht haben."
Xaver ging zum Stall voraus. Anne und Raik folgten ihm. Als Wulf eintrat, wieherte der Rappe und schlug aufgeregt mit dem Schweif.
„Epona sei Dank, alle Pferde sind rechtzeitig dem Feuer entkommen. Das war sehr knapp."
Anne schmiegte sich an Raik. „Ja, ich denke, die Pferde wissen, dass du sie gerettet hast."

Die Mai-Sonne strahlte von einem wolkenfreien Himmel. Xaver und Leni Feudl luden ihre neuen Gäste zum Kaffee ein. So saßen alle vier auf der Bank vor dem Haus. Das Panorama der gegenüberliegenden Berge zog die Blicke immer wieder auf sich.
„Wie läuft es mit dem Tourismus bei Ihnen?", fragte Raik den Bauern.
„Die Osterferien waren in diesem Jahr so spät, dass die Ski-Gäste ausgeblieben sind. Auch zurzeit ist wenig los. Neben dem Skiprogramm im Winter und dem Sommerprogramm mit dem Wandern oder Mountainbiken will die Gemeinde seit einigen Jahren auch

andere Angebote schaffen. Ganz in der Nähe ist ein Keltendorf entstanden. Die geschichtlich Interessierten werden auf ihre Kosten kommen. Dann sollen auch traditionelle Keltenfeste gefeiert werden. Der Einzige, der Bedenken hat, ist unser Pfarrer. Er befürchtet, dass die alten Götter zurückkehren, dass sich einige seiner Schäfchen verirren könnten."

Raik lächelte. „Knapp 400 Jahre vor Christus hatten die Kelten unter ihrem Anführer Brennus Rom geplündert. Hätten sie Rom besetzt und damit den Aufstieg der Römer verhindert, dann sähe unsere Welt heute ganz anders aus. Das Christentum wäre vielleicht keine Staatsreligion geworden. Wir hätten keine Religionskriege geführt. Wir wären immer noch im Einklang mit der Natur."

Xaver rührte nachdenklich in seiner Kaffeetasse. „Diese Kelten haben tatsächlich Rom besiegt? Ich dachte, dass wären alles nur Barbaren gewesen."

„Nein, die Kelten waren Indogermanen und verteilten sich bereits tausend Jahre vor Christus über ganz Europa. Sie hatten ihren kulturellen Höhepunkt bereits 800 vor Christus. Geographisch gar nicht so weit von hier. Am österreichischen Ort Hallstatt gab es eindeutige Funde dieser Kultur. Die Kelten stellten hochwertige Eisenwerkzeuge und -Waffen her. Sie betrieben Handel mit den Griechen und Etruskern in Italien. Der Handel reichte bis nach Ägypten. Im Westen reichten die Handelswege bis nach England. Hier in Bayern gab es 400 vor Christus in der Latènezeit eine keltische Stadt mit zehntausend Einwohnern. Als Cäsar seine gallischen Kriege begann, da brachen die Handelsrouten nach Westen weg und die große keltische Stadt nördlich der Alpen ging unter."

Leni bemerkte: „Unser Herr Pfarrer hat gesagt, dass die Kelten Kopfjäger waren. Also dann müssen sie doch grausame Menschen gewesen sein."

Raik erwiderte: „Die Kelten nahmen die Köpfe ihrer Feinde, so wie die Indianer sich von ihren Feinden einen Skalp nahmen. Nach unseren heutigen Maßstäben waren alle alten Völker grausam. Doch wenn wir aktuell einen Blick in ein Jagdzimmer der gehobenen Gesellschaft werfen, dann sehen wir reihenweise Trophäen an den Wänden hängen. Einige sind stolz, wenn sie ein Bärenfell samt Kopf besitzen. Robben wird am lebendigen Leib das Fell abgezogen. Elfenbeinjäger töten nur aus reiner Profitgier. Ist das nicht auch grausam?"

„Das sind schwierige Themen", antwortete Leni diplomatisch. Sie setzte ein Lächeln auf. „Hätten Sie nicht Lust, unser neues Keltendorf zu besichtigen?"

„Ja gern ... Vielleicht möchte Frau Doktor mit mir dorthin reiten?"

Knatternd hielt auf dem Parkplatz ein Mofa. Der junge Fahrer zog den Helm vom Kopf. Er nahm eine Gitarrentasche vom Gepäckträger.

„Grüß Gott, ich bin der Kurti", sagte er freundlich. Zu Raik gewandt fragte der Junge: „Sind Sie der Mann von Frau Doktor Wiesmann?"

„Ich bin ein guter Freund von Frau Wiesmann. Im Übrigen kannst du Raik zu mir sagen." Er wies auf die Gitarrentasche. „Wo hast du damit gespielt?"

„Ich war zum Gitarrenunterricht. Ich musste wieder so ein langweiliges klassisches Stück spielen. Andere Musik wäre mir viel lieber."

Anne lächelte den jungen Mann an. „Würdest du uns mal etwas vorspielen? Ich liebe handgemachte Musik."

Kurti blickte verunsichert in die Runde. Frau Feudl nickte ihrem Sohn auffordernd zu. Also zog er die Konzertgitarre aus der Tragetasche und setzte sich neben die Ärztin auf die Bank. Seine Finger zupften eine klassische Melodie. Alle Erwachsenen applaudierten. Kurti wurde mutiger. Er spielte und sang den alten Song von John Denver "Take me Home, Country Roads".

„Das war super!“, begeisterte sich Anne. „Ich hatte auch mal eine Gitarre. Aber über drei Akkorde bin ich nie hinausgekommen.“
Kurti blickte seine Eltern auffordernd an. „Wenn ich eine echte Westerngitarre hätte, dann würden meine Lieblingsstücke viel besser klingen. Auf der ollen Konzertgitarre kann man nur klassische Stücke klimpern.“
„Darf ich die Gitarre mal sehen?“ Raik streckte seine Hand aus.
Der Junge übergab ihm das Instrument.
Raik klopfte gefühlvoll auf die Oberfläche des Resonanzkörpers. „Das ist eine massive Fichtendecke.“ Er drehte die Gitarre herum. „Der Boden besteht aus massivem Sapele. Weißt du, was das für eine Holzart ist?“ Der Junge schüttelte den Kopf und Raik fuhr fort: „Sapele gehört zu den Edelhölzern und ist mit dem Mahagoni verwandt. Diese Bäume wachsen an der Elfenbeinküste. Dein Instrument ist hervorragend verarbeitet und war gewiss recht teuer.“
Kurtis Eltern nickten stumm. Der Junge erwiderte: „Ja, aber man kann nur Klassik darauf spielen.“
In diesem Moment ließ Raik seine Finger fächerartig über die Saiten schnellen. Er ging von einem spanischen Rundumlauf in einen Flamenco-Rhythmus über.
Als er spielerisch zum Blues-Muster wechselte rief Kurti: „Das ist ja voll geil! Kann ich so etwas auch lernen?“
Raik reichte ihm das Instrument zurück. „Du hast viel Talent. Selbstverständlich kannst du das lernen. Es ist nur eine Frage intensiver Übung.“
Im Augenwinkel sah Raik, dass Anne ihn nachdenklich beobachtete.
Kurti drängte: „Raik, zeigst du mir ein paar Spieltechniken?“ Er strahlte den Hünen an.
„Das mache ich gern, aber erst heute Abend. Ich möchte gleich mit Anne ausreiten.“
Der Junge brachte seine Gitarre stolz ins Haus.

Xaver sagte: „Jetzt hol ich uns erstmal etwas zu trinken. Dann sollten wir alle auf Du und Du anstoßen."

∞

Am Nachmittag sattelten Anne und Raik die Pferde. Sie machten sich auf zum Keltendorf. Ihr Weg führte über Feldwege, Trampelpfade, grüne Wiesen und durch dichte Wälder. Die Pflanzen versprühten verlockende Düfte. Der Wind rauschte in den Ästen. Fleißige Bienen summten um die Köpfe der Reiter.
Im Tal lenkte Raik Lennox über ein breites Kiesbett. Sie hielten an einer Stelle an, wo die Pferde aus dem klaren Bach trinken konnten. Er sprang aus dem Sattel und streckte Anne seine Hände entgegen. Sie ließ sich aus dem Sattel direkt in seine Arme fallen. Die Reiter schöpften das Wasser mit den Händen und tranken. Nur Plätschern und vereinzeltes Schnaufen der Pferde war zu hören.
Raik brach nach einiger Zeit das Schweigen: „Ein himmlischer Platz der Ruhe, nicht wahr? Kein Straßenlärm, kein Stadtlärm, nur die Geräusche der Natur. Ich liebe das!"
Anne blickte nachdenklich über das Panorama der Bergwelt. Unerwartet fragte sie: „Wo hast du so gut Gitarre spielen gelernt?"
„Ich freue mich, dass es dir gefallen hat. Ich kann Kurti verstehen. Auch ich habe mich immer zu Musikern hingezogen gefühlt, von denen ich mir etwas Neues abschauen konnte. Mit der Zeit wird man dann immer besser."
„Nein, das, was du gespielt hast, erlernt man nicht nebenbei. Ich war einmal mit einem Musikstudenten befreundet, der spanische Gitarre studiert hat. Um so zu spielen, wie du es vorhin vorgetragen hast, braucht man jahrelange, tägliche, intensive Übung. Ebenso ausgefeilt ist dein Klavierspiel. Du bist ein brillanter Reiter. Du hast sehr viele Fächer studiert. Wie alt müsstest du sein, um die Zeit gefunden zu haben, das alles zu erlernen? Raik Wulf, du hast mir dein Alter nie genannt."

Als Antwort wollte er ihr einen Kuss geben.
Sie drehte ihr Gesicht zur Seite. „Nein, so geht das nicht! Du verheimlichst mir irgendetwas. Bevor du mir nicht die Wahrheit sagst, gibt es keinen Kuss mehr."
Sie ging auf Hexe zu, schwang sich in den Sattel und trabte an.
Raik strich Lennox über die Nüstern und trat in den Steigbügel. Er rief ihr hinterher: „Ich weiß nicht, was du hören möchtest. Ich war mehrmals in Spanien in Urlaub und habe mir dort ein paar Spieltechniken abgeschaut."
„Ja klar, deshalb spielt ja auch jeder nach ein paar Urlauben in Spanien perfekt Flamenco!" Anne gab Hexe verärgert die Sporen.
Raik holte die Reiterin ein. Sie blickte nur stur geradeaus, sprach nicht mehr mit ihm.

∞

Das künstlich angelegte Keltendorf stand am Fuß eines bewaldeten Hügels. Es bestand aus mehreren Holzhäusern.
Hexe und Lennox wurden an einem Querbalken angebunden. Einzelne Touristen und Familien streiften durch die Gassen der Anlage. Texttafeln informierten über Gebäude und Ausstellungsstücke. Ein Souvenir-Laden lockte mit Postkarten und keltischem Schmuck. Pommes-Geruch lag in der Luft.
Anne und Raik schlossen sich einer geführten Schülergruppe an. In dem größeren Gebäudeteil bestaunten die Teenager vor allem die alten Waffen, Rüstungen und Helme. Sie tuschelten, lachten und alberten teilweise herum. Anne beobachtete mitfühlend den Klassenlehrer, der von Ermahnung zu Ermahnung nervöser wurde.
Die Ärztin flüsterte Raik ins Ohr: „Der gute Mann steht bei seiner Rasselbande kurz vor einem Nervenzusammenbruch. Da arbeite ich lieber in der Chirurgie."

Der Museumsführer erfasste ein Eisenschwert. Er hielt es vor den Schülern demonstrativ hoch. „Wer möchte diese Waffe mal vorsichtig anheben?"
Ein großer Junge trat vor und ließ sich das Schwert in die Hand geben. „Ist ja voll geil! Dieses Teil ist mega schwer!", sagte er und schwenkte die Waffe wie bei einem Schattenkampf herum.
Der Museumsführer fuhr fort: „Jetzt kannst du dir vorstellen, wie viel Kraft und Kondition ein Krieger damals haben musste, um damit einem längeren Kampf standhalten zu können."
„Das war und ist alles eine Übungssache", sagte Raik. Er trat aus der Besucherreihe hervor und erklärte weiter: „Die Jungen, die das ehrenvolle Ritterhandwerk erlernen durften, begannen bereits ab dem sechsten Lebensjahr mit Holzwaffen zu trainieren. Das taten sie über mehrere Stunden am Tag. Mit fünfzehn Jahren waren sie bereits gefährliche Kämpfer." Der Hüne zog blitzschnell ein Schwert aus einer Halterung und schwenkte die Waffe rauschend im Kreis. Ohne Vorwarnung warf er sie hoch in die Luft. Das Schwert überschlug sich mehrmals. Als die Waffe zu Boden schoss, fing Raik sie am Griff wieder auf.
Die Schüler starrten den Fremden, dessen Haut an den nackten Unterarmen seltsam gescheckt war, verwundert an.
Der Bedienstete des Museums war bei dieser gefährlichen Darbietung kreideweiß geworden. Nach Luft ringend stieß er hervor: „Stellen Sie sofort das Schwert zurück in die Halterung. Sind Sie wahnsinnig? Sie hätten jemand verletzen können!"
Ein Schüler fragte den seltsamen Fremden: „Wo haben Sie gelernt, wie man so gut mit einem Schwert umgeht?"
Raik sah Annes forschenden Blick. „Ich war mal Akrobat beim Zirkus. Macht so etwas also nicht ohne Anleitung nach. Wer meinem Rat nicht folgt, der riskiert abgeschnittene Ohren oder Schlimmeres."
Der Museumsführer sagte scharf: „Und wer noch einmal unaufgefordert etwas anfasst, der darf diese Kulturstätte sofort verlassen.

Folgen Sie mir nun in den nächsten Raum. Dort zeige ich Ihnen, wie geschickt die Kelten das Kunsthandwerk beherrschten."
Während des weiteren Rundgangs berichtete er über den Kampfgeist, den Fernhandel, die Bräuche, die Mythen, auch über die ausgelassenen Feste der Kelten. Die Führung endete in dem Stollen eines rekonstruierten Grabhügels.
Unter lautem Geschwätz entfernte sich die Schülergruppe. Sie bestieg einen wartenden Reisebus.
Der Museumsführer stellte sich sichtlich erschöpft neben Anne und Raik. „Ja mai, war des eine Rasselbande. Die weiß jetzt schon nicht mehr, was ich gerade erzählt habe."
Eine junge Frau mit schwarzen Haaren und südländischem Teint kam näher. Sie blickte den Museumsführer an. „Holla, habla usted espanol?"
Der zuckte mit den Schultern. Er schaute Anne fragend an.
Anne sprach nur Französisch und Englisch. Sie fragte die Touristin: „Do you speak English? Can I help you?"
Die Spanierin schüttelte den Kopf und stellte in ihrer Sprache weitere Fragen.
Anne zuckte ebenfalls mit den Schultern.
Raik sagte: „Die Dame fragt, ob hier irgendjemand Spanisch spricht. Sie gehört zu einer spanischen Reisegruppe und möchte mit ihren Leuten gerne das Museum besichtigen."
Die Südländerin wies zu einem Kleinbus auf dem Parkplatz, vor dem sich mehrere junge Frauen laut lachend in ihrer Sprache unterhielten. Raik reichte der auffällig schönen Spanierin die Hand und stellte sich in ihrer Sprache vor.
Sie strahlte den Hünen mit funkelnden Augen an.
Der Museumsführer strich sich verunsichert über das Gesicht. „Ja mai, wir haben heuer niemand, der Spanisch spricht. Das hätte vorher angemeldet werden müssen." Dann kam ihm eine Idee. Er blickte Wulf hoffnungsvoll an: „Sie waren so sehr an unserer

Ausstellung interessiert und Sie sprechen anscheinend Spanisch. Würden Sie bitte ein bisschen dolmetschen?"

Die temperamentvolle Südländerin schien die Gedanken des Bediensteten zu lesen. Sie ergriff Wulfs Hand und bat ihn, ihre Gruppe durch das Museum zu begleiten.

Anne entging nicht, dass Raik vom Anblick der Spanierin fasziniert war. Ja, mit dem makellosen Gesicht und den strahlend weißen Zähnen müsste diese Frau jede Kinoleinwand erobern können.

Raik fragte Anne: „Ist das okay für dich, wenn ich mit den spanischen Mädels mal kurz durch die Ausstellung laufe?"

„Die Fortbildung dieser Dame scheint dir ja offensichtlich am Herzen zu liegen. Also möchte ich dich in deinem Bemühen nicht aufhalten." Sie drehte sich auf dem Absatz herum und lief im Stechschritt auf die Pferde zu.

Hexe wurde rasch losgebunden. Dann schwang sich Anne mit einem Satz in den Sattel und gab der Stute die Sporen.

Der Museumsführer strich sich schuldbewusst durch das Gesicht. Er murmelte: „Kruzifix, da habe ich wohl etwas angerichtet. Jetzt habe ich Ihre Frau verärgert, nicht wahr?"

„Das ist nicht meine Frau. Sie haben soeben Epona persönlich kennengelernt. Eine zornige Göttin sollte man nicht aufhalten."

„Oh, Sie meinen die keltische Pferdegöttin?"

Der Museumsführer blickte der Reiterin verwundert nach. Die jagte im Galopp einen Hügel hinauf. Anne erreichte mit Hexe den höchsten Punkt. Sie drehte sich herum und beobachtete, wie Raik von einer fröhlichen Frauenschar umringt in einem der Holzhäuser verschwand.

Verärgert wetterte sie vor sich hin: „Wulf, du bist nicht besser als alle übrigen Kerle! Deine Schulmeisterei, dein Geschwätz über Götter, Bräuche und Natur ist nichts anderes, als eine Masche, um sich interessant zu machen. Jetzt hast du ja ein neues Publikum

gefunden! Ich muss verrückt gewesen sein, dass ich wegen dir noch einmal nach Bayern gekommen bin!"
Sie klopfte Hexe auf den Hals, dann lenkte sie das Pferd in einen Waldweg hinein.

∞

Raik erreichte erst gegen Abend den Feudl-Hof. Hexe stand im Stall an ihrem Platz. Er sattelte Lennox ab und rieb dessen Fell trocken. Da öffnete Kurti die Stalltür und rief: „Ich hatte schon Sorge, dass du zu spät kommst und heute keine Gitarre mehr mit mir spielst! Raik, du zeigst mir doch noch etwas, nicht wahr?"
Raik wusch sich am Waschbecken die Hände und nickte. „Versprochen ist versprochen. Doch damit ich keinen Ärger bekomme, vergisst du jetzt, dass wir uns hier getroffen haben. Du stellst mir die gleiche Frage noch einmal, wenn Anne dabei ist. Sie ist stinkig auf mich, weil ich mich heute Nachmittag um ein paar andere Damen gekümmert habe. Okay, mein Freund?"
Der pfiffige Junge begriff sofort, verschwand leise.
Raik betrat die appetitlich duftende Küche. Die Bauersleute saßen mit Anne zusammen. Leni zog ihren Gast sogleich an den Esstisch, auf dem frisch zubereitete Wurstbrote warteten.
Xaver drückte Raik kräftig die Hand. „Na, hat sich der Ausritt gelohnt? Wie gefällt dir das Keltendorf?"
„Die Rekonstruktion der Keltenhäuser ist recht gut gelungen. Leider sahen diese Wohnstätten vor tausend Jahren nicht so romantisch aus. Heute kann sich niemand mehr vorstellen, wie karg und mühsam das Leben der einfachen Bevölkerung damals war. Selbst die Fürsten lebten nicht so sorgenfrei, wie die heutige Wohlstandsgesellschaft."
Anne bemerkte ironisch: „Nein, das kann sich niemand vorstellen, außer Herr Wulf natürlich. Er weiß mehr, als in den Geschichtsbüchern steht. Man könnte meinen, er wäre dabei gewesen."

Raik blickte ihr fest in die Augen und fragte tonlos: „Hatte Frau Doktor einen angenehmen Ausritt?"
„Oh, danke für das große Interesse!" Sie stand auf, legte ihre Hand auf Xavers Schulter und sagte deutlich freundlicher: „Danke für eure nette Bewirtung. Eure Hausmacherwurst ist einsame Spitze. Ich ziehe mich zurück auf mein Zimmer", und schon war sie in der Tür.
Kurti versperrte ihr zufällig den Weg und fragte in die Küche: „Raik, du denkst daran, dass du mir noch etwas auf der Gitarre zeigen willst, nicht wahr?"
Anne strich dem Fünfzehnjährigen über den Arm. „Oh, der große Gitarrist Raik Wulf wird den gesamten Abend für dich Zeit haben. Ich wünsche euch viel Spaß."
Sie stieg die Treppe zu ihrem Zimmer hinauf.
Frau Feudl schüttelte den Kopf: „Kurti, du kannst nicht einfach über unsere Gäste verfügen."
Raik lächelte dem Jungen zu. „Wie gesagt, versprochen ist versprochen. Geh raus und spiele dich schon mal warm. Ich komme bald nach." Er biss beherzt in ein großes Wurstbrot.
Nachdem Kurti hinausgestürzt war, fragte Leni Feudl besorgt: „Raik, habt ihr euch gestritten? Anne ist ja lange vor dir zurückgekehrt."
„Nein, gestritten haben wir nicht. Nachdem wir das Keltendorf zum Teil besichtigt hatten, kam eine spanische Reisegruppe an. Es fehlte ein Dolmetscher. Euer Mitarbeiter bat mich um Hilfe, und da bin ich eingesprungen. Das gefiel Frau Doktor offensichtlich nicht. Sie ist umgehend heimgeritten."
Leni erwiderte: „Das ist eine Frage der Betrachtung. Anne hat mir erzählt, dass du voller Begeisterung eine Gruppe junger Spanierinnen begleitet hast. Sie denkt, dass du bei einer Seniorengruppe nicht so engagiert gewesen wärst."
„Oh, das stimmt nicht. Ich bin immer nett zu alten Damen."

„Entschuldige meine Direktheit, aber ich glaube, ihr beide seid frisch verliebt. Da kommt die Eifersucht schneller auf, als wenn man einige Jahre zusammen ist. Anne fühlt sich verletzt. Gehe also auf sie zu."
Die Bäuerin nahm einen Korb und verließ ebenfalls die Küche.
Xaver füllte zwei Stamperl mit Schnaps auf und schob den einen zu seinem Gast. „Leni ist immer sehr direkt, aber meistens hat sie recht. Anne wird sich bis morgen wieder beruhigt haben. So sind die Dirndl nun mal, prosit!"

∞

Anne setzte sich nach dem Duschen auf den obersten Balkon vor ihr Zimmerfenster. Die duftenden Balkonblumen leuchteten in bunten Farben. Das Dach zog sich schützend weit über den Balkon hinaus. Fern sonnten sich die Berggipfel im Abendrot. Mit zunehmender Dämmerung verblasste die Welt.
Unter den Balkonen hörte Anne Kurtis und Raiks Stimme.
Worüber hatte sie sich am Nachmittag eigentlich so echauffiert? Hatte Raik sie wirklich missachtet oder wollte er gegenüber der Spanierin nur hilfsbereit sein? Keltengeschichten waren immerhin seine Domäne.
Kurtis disharmonische Gitarrenübungen verzerrten die romantische Abendstimmung. Doch nach einer kurzen Pause erklangen harmonische Töne. Die Melodie wurde so geschickt in ein Zupfmuster eingebettet, als würden zwei Gitarren gleichzeitig spielen. Tremolo und variabler Basslauf schufen einen Klangteppich, der Sehnsuchtsgefühle weckte. Das Instrument verstummte nach wenigen Minuten, doch die sehnsuchtsvolle Melodie klang weiter in Annes Kopf.
Kurti fragte nach dem Liedtitel. Raik sagte: „Recuerdos de la Alhambra heißt das Stück. Es wurde vom Spanier Francisco Tárrega komponiert."

„Was heißt der Titel übersetzt?“
„Erinnerung an Alhambra. Es ist eine Erinnerung an eine alte Festungsanlage in der andalusischen Stadt Granada. Solche Stücke kann man nur auf einer Konzert- oder Flamenco-Gitarre spielen. Welche Musikstile interessieren dich denn am meisten?“
Anne achtete nicht auf die Antwort des Jungen. Gedanklich war sie wieder bei Raik.
Er war ein perfekter Reiter, er spielte tadellos Klavier und jetzt auch noch Gitarre. An seiner Schule unterrichtete er angeblich Altgriechisch und Latein. Er sprach fließend Spanisch.
Um das alles zu erlernen, benötigten normale Leute ein gesamtes Menschenleben. Doch Raik war erst ... Ja, wie alt war er eigentlich? Sie hatte ihn nach seinem Aussehen auf Mitte Dreißig geschätzt. Er hatte sein Alter nie erwähnt. Nach dem Hotelbrand hatte sie seine Papiere und persönlichen Dinge in die Klinik gebracht, aber in der Hektik die Chance verpasst, mal zufällig in seinen Ausweis zu schauen.
Raik sang den Refrain eines Songs von Milow zur Gitarre: „You don't know, you don't know anything about me ...“
Anne dachte: Genau das ist es. Ich weiß so einiges von dir, doch ich werde das Gefühl nicht los, dass ich nichts Wesentliches über dich weiß. I don't know anything about you.

Raik spielte auf einer kleinen Konzertgitarre, die Kurtis jüngerer Bruder Franz zu Weihnachten bekommen hatte. Franzl taten nach wenigen Minuten spielen die Fingerkuppen weh. Ihm reichte das Üben. Der fünfzehnjährige Kurti hingegen beherrschte inzwischen viele Akkorde und Zupfmuster. Raik demonstrierte ihm die Anschlagtechnik von Milow.
Kurti setzte das Gesehene voller Begeisterung in einen mitreißenden Rhythmus um. Raik spielte mit ihm im Duett. Kurtis Brüder klatschten zum Takt der Musik. Xaver saß mit Leni auf der Bank und drückte sie mit einem Arm herzlich an sich.

Die Bäuerin lächelte ihren Gast verschmitzt an. Der erwiderte ihren Blick irritiert.
Im gleichen Moment schlangen sich von hinten zwei Arme um Raiks Hals. Annes frischer Parfümduft hüllte ihn ein.
„Ihr spielt wunderschön." Sie zwinkerte Kurti zu.
Xaver erhob sich. „Es wird frisch. Es ist Zeit für einen Schnaps!" Der Bauer verschwand im Haus.
Raik spürte Annes Wange neben seinem Gesicht und flüsterte: „Es tut gut, dich zu spüren. Hast du einen Musikwunsch?"
„Okay, dann spiel Bamboleo von den Gipsy Kings."
Raik spürte in der kühlen Abendluft die Wärme ihrer Umarmung. Er ließ seine Gefühle für sie in die Schwingungen der Saiten fließen. Anne bekam eine Gänsehaut.
Als er das Lied ausklingen ließ, trieb Mutter Feudl ihren Jüngsten an: „Peter, morgen ist Schule. Also aufi, waschen und dann ins Bett!"
Enttäuscht stapfte der junge Mann los und stieß Papa Xaver in der Haustür fast das Tablett mit den Schnapsgläsern aus der Hand.
„Habt ihr schon eine Idee, was ihr morgen unternehmt?", fragte Leni die Gäste und reichte Gebäck.
Anne blickte Raik an. „Ich würde gerne noch einmal eine Motorradtour durch die Berge machen. Ich empfand die Fahrt vor einigen Wochen sehr spannend."
„Prima, also machen wir eine Tour. Wo möchtest du hin? Hast du einen bestimmten Wunsch?"
„Die Strecke soll viele Serpentinen und ein romantisches Panorama haben."
Raik erhob sein Glas. „Das ist ein ausgezeichnetes Ziel. Genau dort fahren wir hin." Er fragte Leni: „Können wir gegen 07:00 Uhr frühstücken? Ich muss noch die Maschine checken."
Sie nickte zustimmend.

Gegen Mitternacht verabschiedeten sich die Bauersleute, da sie am nächsten Morgen wieder früh an ihr Tageswerk gehen mussten. Anne wollte sich nach dem langen Sitzen bei Wein und Gebäck noch etwas die Beine vertreten. Sie hüllte sich in eine warme Jacke. Raik trug einen dicken Pullover. So schritten sie Hand in Hand in die Dunkelheit. Über ihnen wölbte sich der Sternenhimmel. Ein blinkender Satellit zog seine Bahn. Im fernen Tal quakten Frösche. Der Weg war bald nur noch zu ahnen. Hier und dort raschelte es im Unterholz.
Als sie die beleuchteten Fenster des Bauernhauses kaum noch sahen, blieb Raik stehen. „Du warst heute Nachmittag ein bisschen eifersüchtig, obwohl ich dir dafür keinen Grund geben wollte. Wenn doch, dann tut es mir leid."
„Wenn du ehrlich wärst, dann würdest du zugeben, dass dir bei dem Anblick dieser feurigen Spanierin fast die Augen herausgefallen sind. Du kannst mir nichts vormachen, Raik Wulf."
Der Hüne nahm ihre Hände, drückte sie sanft. „Ja, ich gebe zu, dass Sofia Cortez ein bildschönes, schwarzhaariges Geschöpf ist. Doch es liegt in meiner Natur, dass ich mich nur in blonde Göttinnen verliebe." Sein Händedruck wurde kräftiger. „In der Nacht, als das Feuer im Reitstall ausbrach, hatte ich einen Traum. Epona, die schönste aller Göttinnen, ritt über die Wolken. Da scheute ihr Pferd und sie stürzte zur Erde. Ich fing sie mit meinen Armen auf und wir rollten eine Wiese hinab. Ich wurde wach und hielt die Göttin immer noch im Arm. Kannst du dich daran erinnern?"
Anne nahm sein Gesicht zwischen ihre Hände. Sie tauschten einen innigen Kuss. Dann blickten sie Arm in Arm zum Firmament und genossen die Stille der Nacht.
Raik fragte leise: „Erkennst du dort oben den großen Wagen?" Sie nickte stumm und er flüsterte weiter: „Verlängerst du den Bogen der Wagendeichsel, dann triffst du auf das Frühlingsdreieck, das aus den Hauptsternen der Jungfrau, des Löwen und des Bärenhüters gebildet wird."

„Welches ist dein Sternzeichen, mein Astronom?“
„Ich bin Skorpion, ein Sinnbild für Treffsicherheit.“
„Ja, ich dachte mir schon so etwas. Wann ist dein Geburtstag?“
„Elfter Monat, elfter Tag. Ob ich auch um elf Uhr elf das Licht der Welt erblickt habe, weiß ich nicht.“
„Du darfst mir jetzt auch dein Geburtsjahr nennen. Ich werde es nicht verraten.“
„Ach, Anne, das liegt schon so weit zurück, dass ich mich daran gar nicht erinnere.“
„Du weichst meiner Frage aus. Lass das alberne Spiel und verrate mir, wie alt du bist.“
„In meinem Personalausweis steht: Reiner Wulf, geboren am 11.11.1979 in Stralsund, DDR.“
„Du bist also im Ostblock geboren? Ich denke, deine Vorfahren wären hier aus dem Alpenland.“
„Ja und nein. Meine Familie und ich sind ziemlich rumgekommen. Themenwechsel. Wie wäre es mit einem kuscheligen Doktorspiel, Dr. Wiesmann?“
„Du hast vergessen, dass die Frau Doktor gerade Urlaub hat und nicht im Dienst ist. Andererseits wolltest du früh aufstehen und Motorrad fahren.“
Eng umschlungen machten sie kehrt und schritten den fernen Lichtern des Feudl-Hofs entgegen.

Mit der aufgehenden Sonne flogen Schwalben zwischen dem Landhaus und der Scheune hin und her. Munter trotteten die Kühe im Freilaufstall zur Tränke. Sie warteten auf Futter, das der Bauer aus den Deckenluken in die Tröge purzeln ließ. Auch in der Küche war bereits Betrieb.
„Peterle, hast du bei Anne und Raik geklopft, damit sie zum Frühstück kommen?“, fragte Mutter Feudl ihren Elfjährigen.
„Ja, bei Raik habe ich mindestens fünfmal geklopft, aber er hat sich nicht gemeldet. Dann habe ich in sein Zimmer geschaut. Da

war er nicht. Danach habe ich an der Tür von Anne geklopft. Sie hat gesagt, dass sie in wenigen Minuten kommt." Peter lachte. „Ich bin mir fast sicher, dass ich die Stimme von Raik in Annes Zimmer gehört habe. Was macht der denn dort?"
„Ich weiß nicht. Vielleicht hat er sich bei Anne ein Duschmittel geholt."
„Tja, ich werde ihn mal fragen."
„Nein, das wirst du nicht tun! Sei nicht so neugierig wie ein Mädchen!"
„Guten Morgen, zusammen", grüßte Anne mit strahlendem Lächeln in die Küche. „Das ganze Haus duftet einladend nach Kaffee und frischen Brötchen."
„Grüß Gott, Anne, nimm in der Stube Platz und bediene dich. Kommt Raik auch?"
„Er ist kurz draußen an seiner Maschine und bereitet irgendetwas vor."
Die Gäste genossen schon kurz darauf das Frühstück und freuten sich über die guten Wetterprognosen im Radio.

Eine Stunde später bestiegen sie das Motorrad. Xaver und Leni winkten. Die leuchtenden Helme verschwanden hinter der Kurve zur Bergstraße. Der Sound des Boxermotors hallte an den felsigen Wänden wider. Die Sozia schmiegte sich etwas müde an ihren Vordermann, der sich mit ihr gefühlvoll in die Kurven legte. Als Raik in eine unübersichtliche Linkskurve fuhr, raste ihnen mitten auf dem Weg ein schwarzer Geländewagen entgegen. Der Hüne reagierte rechtzeitig, doch ihm blieb nur ein Ausweichmanöver in die Büsche übrig. Raik hielt an. Die schwere Maschine begann bedrohlich zu kippen. Sein Fuß fand auf dem lockeren Schotter kaum Halt. Anne ließ sich rechtzeitig von der Sitzbank gleiten und rollte geschickt in die Grasböschung. Ohne das Gewicht der Sozia fing Raik den Sturz der Maschine ab. Er stellte das Motorrad auf

den Ständer, stieß die Faust in die Luft und fluchte dem schwarzen Geländewagen hinterher.
Anne war bereits auf den Beinen.
Er fragte: „Hast du dich verletzt? Tut dir vom Sturz etwas weh?“
„Nein, alles okay! So ein Arschloch! Den Kerl sollte man anzeigen!“, fluchte sie ebenfalls Richtung Staubwolke, hinter der der Wagen verschwunden war.
Raik amüsierte sich über Annes Wutausbruch. „Sollen wir zurückfahren und den Spinner zur Rede stellen?“
Sie winkte ab. „Wir lassen uns doch nicht auf das Niveau dieses Vollidioten herab. Steig auf dein Pferd, mein keltischer Krieger.“
Ein verschmitztes Lächeln huschte über ihr Gesicht.

Kapitel 3: Mörderische Flucht

Der schwarze Geländewagen parkte auf dem Feudl-Hof ein. Er hinterließ eine lange Staubwolke. Zwei breitschultrige Männer um die Dreißig und Vierzig stiegen aus. Sie trugen dunkle Kleidung und Sonnenbrillen.
Bauer Feudl ging verärgert auf die Fremden zu. Er hatte gerade Holz gehackt, hielt seine Axt in der Hand und fragte: „Seid ihr närrisch, so auf meinen Hof zu rasen? Was wollt ihr hier?"
Der größere der Männer nahm lässig seine Sonnenbrille ab. Er blickte dem bärtigen Bauern unbeeindruckt in die Augen. „Wir suchen einen Mann namens Reiner Wulf. Er soll sich bei Ihnen einquartiert haben."
Feudl fuhr mit einem Finger demonstrativ an der Schneide der Axt entlang. „Und was wollen Sie von Herrn Wulf?"
Der zweite Mann nahm ebenfalls seine Sonnenbrille ab und erklärte: „Herr Wulf ist hier in der Nähe in einer Klinik behandelt worden. Bei seinen Untersuchungen sind die Ärzte zu sonderbaren Ergebnissen gekommen. Deshalb müssen wir ihn noch einmal in die Klinik bitten. Es ist nur zu seinem Besten."
Frau Feudl trat neben ihren Mann und fragte: „Können Sie sich ausweisen? Wenn nicht, dann frage ich nämlich in der Klinik nach oder ruf bei der Polizei an."
Der Größere musterte die Frau herablassend, zog einen Ausweis hervor. „Ich bin vom LKA. Die Polizei, Ihr Freund und Helfer steht vor Ihnen. Also, wo ist Wulf?"
Bauer Feudl schaute über den Weg, der aus seinem Hof hinausführte. „Herr Wulf ist nicht hier. Er ist fortgefahren. Er macht eine Tagestour."
Der LKA-Beamte schaute sich auf dem Parkplatz um, erkannte ein Kennzeichen aus dem Ruhrgebiet und fragte: „Ist das der Wagen von Dr. Wiesmann?"

Die Bauersleute blickten sich an und schwiegen.
Die Stimme des LKA-Beamten wurde fordernder: „Sind die beiden zusammen unterwegs?“
Leni und Xaver antworteten nicht.
Nun fragte der andere Fremde: „Waren das die beiden auf der BMW, die gerade ins Tal gefahren ist?“ Er zeigte mit dem Daumen hinter sich.
Xaver schulterte seine Axt. „Macht‘s, dass ihr vom Hof kommt! Ich hab zu tun!“
Die fremden Männer sprangen in ihren Wagen, wendeten und staubten davon.
Leni Feudl rief: „Xaver, das bedeutet nichts Gutes. Ich versuche Anne oder Raik auf ihrem Handy zu erreichen. Sie sollen vorsichtig sein und die Augen aufhalten. Diese beiden Kerle machen mir Angst.“ Sie eilte ins Haus, um die Telefonnummern von Anne und Raik herauszusuchen.

∞

Am späten Nachmittag hielt die BMW vor einer Ampel. Die Gipfel der Bergkulisse reckten sich über tausend Meter hoch in den Himmel. Unter der Brücke, die sie soeben überquert hatten, strömte ein grünlich schimmerndes Gewässer.
Anne krabbelte ihrem Vordermann neckisch am Bauch und fragte: „Ist das der Inn?“ Sein blauer Helm nickte. „Wohin entführt mich mein keltischer Krieger?“
Raik klappte sein Visier hoch. „Ich werde dich gleich das Gruseln lehren. Wir sind auf dem Weg zu einem uralten Ungeheuer, das seit Jahrhunderten immer wieder Menschen anlockt und verschlingt. Es versteckt sich dort im Mangfallgebirge.“ Er zeigte voraus.

Neben ihnen hielt ein alter Sportwagen. Der junge Fahrer spielte provokant mit dem Gaspedal und schaute auffordernd zu der BMW hinüber. Sein Beifahrer lachte und gestikulierte.
Raik rief gegen den Lärm der Motoren an: „Anne, unser schwarzer Hengst möchte mal in einen gestreckten Galopp übergehen! Halte dich jetzt gut fest!"
Sie hörte, wie er klickend den Gang einlegte und umfasste seine Taille. Die Ampel gab grünes Licht. Der Sportwagen schoss mit quietschenden Rädern vor. Doch dann hob sich das Vorderrad der BMW einige Zentimeter von der Straße und die Biker katapultierten an dem Sportwagen vorbei. Anne bekam eine Gänsehaut, gab einen Freudenschrei von sich. Die ungeheure Beschleunigung weckte ihre Abenteuerlust.
Außerhalb der dicht besiedelten Ortschaften wurde die Straße kurvenreicher, die Landschaft urwüchsiger, die grünen Hänge steiler. Das Motorrad bog von der Hauptstraße ab, fuhr in ein düsteres Tal hinein. Mächtige Berge drängten das Tal zu einer Schlucht zusammen. Nadelbäume klammerten sich an karge Steilhänge. Ein Wildbach schlängelte sich unterhalb der Straße.
Raik hielt an, stellte den Motor ab und fragte: „Hörst du das Fauchen des Ungeheuers?"
Anne zog ihren Helm vom Kopf, schüttelte die blonden Locken und lauschte. Irgendwelche Wassermassen tobten in der Ferne, die tatsächlich an einen fauchenden Drachen erinnern konnten.
„Raik, lass uns weiterfahren. Jetzt möchte ich das Untier auch sehen!"
„Ich weiß nicht, ob das eine so gute Idee ist. Schon seit dem 11. Jahrhundert fürchten sich die Menschen dieser Gegend vor einem Lindwurm, der sich mit Vorliebe von schönen Jungfrauen ernährt. Er soll ein Maul mit spitzen Zähnen haben, das größer ist, als das eines Krokodils. Der Sage nach dringt aus seinen Nüstern feuriger Rauch. Sein Schuppenpanzer glänzt in Regenbogenfarben. Sechs

stämmige Beine tragen seinen Körper. Also, willst du immer noch dort hin?"
„Wie du weißt, bin ich keine Jungfrau mehr. Außerdem kann ich von meinem keltischen Krieger erwarten, dass er mich beschützt, oder nicht?"
„Gut, also ziehen Epona und Raik in den Kampf gegen einen Drachen!"
Er startete die Maschine. Nach mehreren Kehren stellten sie das Motorrad wieder ab. Die Helme verschwanden in den Packtaschen.
Hand in Hand wanderte das Pärchen einen Waldweg entlang, folgte dem lauter werdenden Rauschen. Weiter oberhalb stieg vor ihnen eine Gischt auf. Das Grollen wurde ohrenbetäubend.
„Anne, pass auf, der Drache muss jeden Augenblick zu sehen sein!", rief Raik gegen das Donnern der Wassermassen an.
Der weitere Pfad führte durch den Nebel der Gischt zum Kessel eines gewaltigen Wasserfalls. Das schäumende Element ähnelte einem Lindwurm, der sich durch den Berg wälzte. Anne hörte Raiks Stimme kaum noch. Er wies zum Wanderweg. Sie stiegen weiter bergan. Völlig außer Atem erreichten beide eine künstliche Plattform. Dort bot sich die Aussicht über zwei gewaltige Wasserfallstufen.
„Das ist der Tatzelwurm", erklärte Raik. „Der Wasserfall stürzt aus einer Höhe von fünfundneunzig Metern. Die Fluten rollen dann durch die Gupei-Klamm. Es ist das Wasser des Auerbachs, das später in den Inn mündet."
Anne schwärmte: „Sieh dort den traumhaft schönen Regenbogen!"
Raik nickte, ging auf dem schmalen Pfad voraus. Anne folgte ihm langsam.
Er erklärte während des Abstiegs weiter: „Ich sagte dir ja, dass das Ungeheuer einen Panzer aus Regenbogenfarben hat. Der Dichter Joseph Viktor von Scheffel hat dem Drachen ein Gedicht

gewidmet. Ich schlage vor, wir gehen im Restaurant einen Kaffee trinken. Diese Bewirtschaftung gibt es schon seit einigen hundert Jahren. Im Restaurant hängt ein Bild vom Drachen.“ Seine weiteren Worte gingen im Rauschen des Wasserfalls unter.

Raik hörte hinter sich einen Schrei. Er blickte sich verwundert um. Was er sah, ließ ihn erstarren. Ein kräftiger Mann beugte sich am Wanderpfad über das Geländer. Er hielt Anne nur noch an ihrem Handgelenk. Unter ihr gähnte der Abgrund.
Sie zappelte, schrie panisch.
Ein weiterer Mann zielte mit einer Waffe auf Raik. Er nickte mit dem Kinn zu einem schwarzen Geländewagen, der auf dem Kiesweg zwischen Bäumen stand. Er befahl: „Wulf, du steigst jetzt ganz brav und ohne Tricks in den hinteren Teil des Wagens. Wenn nicht, dann wird der Drache deine kleine Ärztin verschlingen. Hast du das verstanden?“
Raik blickte dem Angreifer ohne mit der Wimper zu zucken in die Augen. Sein Gesicht war wie versteinert. Mit sonorer Stimme sagte er: „Zuerst holt dein Kumpane Anne zurück auf den Weg, sonst mache ich gar nichts.“
Der Mann mit der Pistole grinste spöttisch. „Wulf, nur weil deine Verletzungen äußerst schnell heilen, musst du nicht meinen, dass du hier den Ton angibst. Ein Schuss ins Knie wird auch dich eine Zeit lang außer Gefecht setzen. Los, steig in den Wagen und wir lassen die kleine Ärztin laufen.“
„Wohl kaum. Sobald ich im Wagen eingesperrt sein sollte, lasst ihr Anne fallen. Ich kenne solche skrupellosen Typen wie euch. Die wachsen seit Generationen wie Unkraut nach. Ich denke, euer Auftraggeber hat einen klaren Befehl erteilt. Dieser Befehl heißt, den Gefangenen unversehrt abzuliefern. Sollte ich mich irren, dann schieß doch!“

Der Mann mit der Waffe schrie zu seinem Kollegen: „Zieh Wulfs Fickfrosch zurück auf den Weg!" Er ließ Raik keine Sekunde aus den Augen.
Grob wurde Anne nach oben gerissen und über das Geländer auf den Pfad gezerrt. Zitternd kam sie auf die Beine.
Raik befahl seinem Gegenüber: „Sag dem Typ, dass er Anne sofort laufen lässt, sonst werde ich mich von euch auf keinen Fall mitnehmen lassen. Außerdem stellt sie nur eine Belastung für euch dar."
Der Mann mit der Waffe rief zu seinem Partner: „Die Frau brauchen wir nicht mehr. Lass sie laufen. Wir sollen ja nur Wulf abliefern!"
Anne stand die Angst immer noch ins Gesicht geschrieben. Sie lief Raik direkt in die Arme und fragte: „Wer sind diese furchtbaren Menschen? Was wollen die von uns?"
Der Hüne schob sie von sich. „Du läufst jetzt, so schnell du kannst, zur Tatzelwurm-Gaststätte. Die Herren hier möchten gerne einen Ausflug mit mir machen. Dabei bist du überflüssig!" Dann küsste er sie auf die Wange und flüsterte ihr ins Ohr: „Lauf rasch zum Motorrad und warte dort."
Anne rannte den kurvenreichen Pfad hinunter. Immer wieder rutschten ihre Schuhe auf dem Kiesweg bedrohlich weg. Hinter ihr fauchte der Tatzelwurm. Ihre Gedanken überschlugen sich, doch außer zu rennen, fiel ihr nichts Hilfreiches ein. Sie lief und lief. Das Herz pochte wie wild. Endlich kam das Motorrad in Sicht. Kein Mensch war zu sehen. Kein Auto kam vorbei. War die Einsamkeit mit Raik vor einer Stunde noch romantisch gewesen, so wünschte sich die Ärztin inzwischen als Schutz einen Touristenbus voller schnatternder Menschen. Sie tastete nach ihrem Handy und schaute auf das Display.
Ein entgangener Anruf wurde gemeldet. Die Rufnummer gehörte Bäuerin Feudl. Auch eine SMS war vermerkt. Anne öffnete mit zitternden Fingern das Menü. Schon erschien Lenis Nachricht im

Display: Achtung, 2 seltsame Männer verfolgen euch mit einem schwarzen Geländewagen. Sie machen keinen seriösen Eindruck. Meldet euch bei nächster Gelegenheit.

∞

Der Mann mit der Pistole schnauzte Wulf an: „Los, steig endlich in den Wagen. Wir wollen hier nicht überwintern. Wir haben deine Kleine gehen lassen, jetzt bist du an der Reihe!"
Raik nickte: „Okay, okay, ich komme schon!" Er machte auf dem steilen Pfad einen Schritt nach vorne, rutschte auf dem Schotter aus und stürzte zu Boden. Er fluchte: „So eine Scheiße! Verdammt, tut das weh!" Mit schmerzverzerrtem Gesicht machte er eine Faust und rieb sich das Handgelenk.
„Wulf, stell dich nicht so an!", rief der Mann, der Anne über den Abgrund gehalten hatte. „Man hat uns gesagt, dass du ein Sonderfall bist und deine Verletzungen blitzschnell verheilen. Los, jammere nicht herum, steh auf und steig in den Wagen. Von mir aus kannst du auch hineinkriechen."
Raik machte ein gequältes Gesicht, drehte sich auf allen Vieren zum Aufstehen herum.
Die Kidnapper grinsten sich kopfschüttelnd an.
Im gleichen Augenblick öffnete Raik seine Faust und schleuderte dem Mann mit der Pistole einen großen Kieselstein an die Schläfe. Der Getroffene brach bewusstlos zusammen, ließ seine Waffe fallen. Noch bevor der andere sich danach bücken konnte, sprang Raik ihn an. Der Kidnapper versuchte seine eigene Pistole aus dem Holster zu ziehen, doch Raik war schneller. Er schlug ihm die Waffe aus der Hand. Die fiel zu Boden. Raiks Fuß kickte sie in den Abgrund des Wasserfalls.
Die Männer rangen miteinander. Der wütende Kidnapper drückte Wulfs Oberkörper weit über das Geländer. Raik blickte hinter sich in die nebelige Tiefe, in der der hungrige Drache sein Maul weit

geöffnet hielt. Der Kidnapper erkannte seine Chance und holte zu einem mächtigen Schlag aus. Raik wich aus und ließ sich rückwärts zum Abgrund fallen. Dabei hielten sich seine Füße in den Querstangen des Geländers fest. Der wuchtige Schlag des Angreifers ging ins Leere. Mit eigenem Schwung sauste er über Wulf hinweg in den Abgrund. Sein langgezogener Schrei verstummte erst im Rachen des Drachen.
Raik hangelte sich mühsam am Geländer hoch, kletterte zurück auf den Pfad und eilte zu dem anderen Kidnapper. Der lag immer noch bewusstlos im Gras. Raik untersuchte dessen Jackentaschen und war verblüfft. Er hielt einen Polizeiausweis in der Hand. Raik steckte den Ausweis in seine Hosentasche.
Die andere Waffe nahm er vom Boden auf und schleuderte auch diese in die Tiefe.

∞

Anne lief nervös neben dem Motorrad hin und her. Sie hatte einen langen Schrei gehört. War der von Raik? War der von einem seiner Angreifer gekommen? Diese verfluchte Unwissenheit und Ohnmacht zerrten an ihren Nerven. Was hatte sie soeben erlebt? Das durfte doch alles nicht wahr sein! Jemand hatte sie grundlos in den Rachen des Lindwurms stürzen wollen. Der Schmerz in ihrem Schultergelenk bewies, dass dieser grausame Albtraum kein Traum gewesen war. Raik sollte gekidnappt werden. Was wollten diese brutalen Leute von ihm?
Kaum hatte Anne sich diese Frage gestellt, da wurde ihr die Antwort klar: Raik würde mit seinen besonderen Genen als experimentelles Objekt benötigt, um mit Hilfe der Untersuchungsergebnisse neue Medikamente und Therapien zu entwickeln, an denen wiedermal Milliarden verdient werden konnten.
„Epona ... ich komme!“

Als Raik den Parkplatz erreichte, stürmte ihm Anne mit Tränen in den Augen entgegen. „Gott sei Dank. Ich habe einen entsetzlichen Schrei gehört und dachte, dir wäre etwas Furchtbares zugestoßen."
Er küsste sie auf die Stirn und drängte: „Keine Zeit für Erklärungen! Aufsteigen und los! Anne, du hältst dich jetzt bitte bei mir so gut du kannst fest. Es wird ein teuflischer Ritt!"
Sie nickte stumm, zog ihren Helm über und kletterte hinter ihm auf die Sitzbank.
Raik drückte auf den Starter, doch die Maschine sprang nicht an. Er versuchte es noch einmal. Wieder nichts.
„Scheiße und nochmal scheiße!", fluchte Raik.

Beim nächsten Start knallte der Auspuff mit einer Fehlzündung. Dann sprang der Motor endlich an.
Anne klammerte sich an Raik. Das Vorderrad hob sich, hinter dem Hinterrad spritzte der Schotter meterweit auf. Das Zweirad schoss los. Neben ihnen wandte sich der weiß schäumende Lindwurm in der Klamm und verfolgte die Flüchtenden mit bösem Fauchen. Raik schwenkte die Maschine durch die Kurven, so dass sich Anne wie auf einer Achterbahn fühlte.
Sie erreichten eine belebte Hauptstraße. Touristen zuckelten gemütlich mit ihren Autos über die Bahn, genossen das herrliche Bergpanorama. Immer wieder wagte Raik sehr riskante Überholmanöver. Jedes Mal, wenn Anne zurückblickte und einen dunklen SUV sah, bekam sie eine Gänsehaut.
Inzwischen war es ihr sogar recht, dass Raik permanent die Verkehrsregeln brach. Voller Vertrauen umschlang sie die Taille ihres Vordermanns und schloss bei gefährlichen Manövern vertrauensvoll die Augen.
Sie passierten Hinweisschilder mit den Namen "Schliersee" und "Tegernsee". Die übrigen Ortsnamen waren Anne fremd. Am Himmel zogen Wolken auf, ferner Donner grollte. Das Motorrad raste

eine Passstraße hinauf. Schwere Regentropfen platschten auf die Helme, verschleierten die Visiere. Der Regen wurde noch heftiger. Wo wollte Raik hin? Anne blickte sich um. Hatte dort nicht ein Hinweisschild zur Landesgrenze gestanden?
Die Biker verließen die asphaltierte Straße. Sie wichen geschickt den Pfützen aus, die sich in den Mulden der Feldwege sammelten. Anne spürte, wie das Regenwasser durch die Nähte ihrer Lederjacke quoll. Der Stoff ihrer Jeans war triefnass. Ein heftiger Donnerschlag ließ sie zusammenzucken. Ihre eiskalten Finger klammerten sich reflexartig in Raiks Jacke.
Er rief: „Halte dich jetzt gut fest. Es wird sehr unwegsam!"
Noch bevor Anne etwas erwidern konnte, fuhr das Motorrad so steil an, dass sie fast hinten runtergefallen wäre. Ihre Finger krallten sich noch fester in Raiks Jacke. Er folgte mit der schweren Maschine einem schmalen Wanderpfad, auf dem sich der Regen zu einem Bach sammelte. Die Steigung nahm ständig zu. Das Antriebsrad krallte sich in den Lehmboden, riss große Brocken heraus und schleuderte diese von sich. Mal trieb es das Gefährt ruckartig vor, dann drehte es wieder kurz durch. Der Motor heulte aggressiv.
Die Äste der Nadelbäume peitschten Helme und Oberarme. Der Wald war finster wie in tiefer Nacht. Nur Blitze erhellten für Sekunden die unwirkliche Umgebung. Donner und Sturm begleiteten das Trommeln der Regentropfen. Das Geländemotorrad fühlte sich anscheinend in seinem Element, ließ sich nicht aufhalten. Es stieß endlich jaulend aus dem Wald hervor und erklomm eine steile Weide, über der eine Almhütte thronte.

Raik hielt die Maschine vor dem Haus an und rief Anne zu: „Lauf zur Haustür! Ich muss einen festen Untergrund für den Ständer finden, sonst kippt das Motorrad auf dem nassen Boden um."

Anne stieg steif von der Sitzbank. Der Jeans-Stoff klebte ihr an der Haut. Dankbar blickte sie zu dem weit vorgezogenen Dach auf, das den Regen von ihr abhielt.
Knarrend öffnete sich die Haustür. Eine weißhaarige Frau blickte die Besucherin misstrauisch an. Ihre pechschwarzen Augen funkelten. Mit heiserer Stimme fragte sie: „Wieso erlauben Sie sich, mit einem Motorrad zu dieser Jausenstation heraufzufahren? Außerdem haben wir geschlossen."
„Entschuldigen Sie bitte. Wir sind vor dem Unwetter auf der Flucht."
„So ein Schmarren! Wenn Sie auf der Straße geblieben wären, hätten Sie überall Schutz vor dem Wetter finden können. Noch nie ist hier ein Motorrad heraufgekommen!"
Die alte Dame hatte die Hände auf die Hüften gestemmt und füllte so den gesamten Türrahmen aus.
Doch mit einem Mal stand der Motorradfahrer vor ihr und sagte unter seinem Helm: „Rilana, hier war schon einmal ein Motorrad an deinem Haus. Mach Platz. Es ist nass und stürmisch!"
Da die Sennerin nicht reagierte, zog er den Helm vom Kopf und fragte: „Willst du nicht endlich einen alten Freund ins Haus hineinlassen?"
Die Lider der alten Dame begannen zu flattern. Sie hielt sich vor Schreck eine Hand vor den Mund und taumelte rückwärts. Raik griff ihr rechtzeitig unter den Arm und auch die Ärztin fasste zu. Sie setzten die Sennerin auf einen Stuhl.
Sie bekreuzigte sich, fand nur langsam ihre Sprache wieder. „Wulf ...? Das kann doch nicht wahr sein! Sind Sie wirklich Raik Wulf?"
Er nickte und schloss die Frau herzlich in die Arme. Dann zeigte er auf Anne. „Und das ist Frau Dr. Wiesmann, an die ich mein Herz verloren habe."
Die Sennerin fasste sich wieder und reichte Anne die Hand: „Mein Name ist Rosemarie Untermeyer. Seien Sie mir willkommen, Frau Doktor."

„Sagen Sie bitte Anne zu mir. Hatte Raik Sie nicht gerade mit dem Namen Rilana angesprochen?"
Die Weißhaarige winkte ab: „Das war mal ein Spitzname von mir. Ich denke, darüber sprechen wir später. Sie müssen unbedingt aus den nassen Sachen raus. Haben Sie trockene Kleidung dabei?"
„Nein, wir wollten nur eine Tagestour machen und hatten uns nicht auf so ein Wetter eingestellt."
Raik schloss die schwere Haustür und hängte seine nasse Jacke an einen Haken. Mit einem Lappen rieb er seine Lederhose trocken, verhielt sich, als wenn er hier zuhause wäre.
Die Sennerin zeigte Anne das Bad, in dem sie sich frisch machen konnte.
Als Rosemarie in die Stube zurückkehrte, blickte sie Raik fest in die Augen. „Das letzte Mal, dass mich jemand Rilana genannt hat, liegt rund achtzig Jahre zurück. Da hat ein mutiger Mann ein sechsjähriges Zigeunermädchen vor den Nazis gerettet und mit einem Motorrad bis zu dieser Hütte gebracht. Dieser Mann sah genauso aus wie Sie."
„Rilana bedeutet die Schönheit. Deshalb hatte Ihnen Ihr Vater Ricardo diesen Namen gegeben."
Rosemarie setzte sich nachdenklich auf die Ofenbank und fuhr fort: „Der Mann, der mich gerettet hatte, hieß Raik Wulf. Sie können dieser Mann nicht sein. Sie sind viel zu jung. Sie waren im zweiten Weltkrieg nicht einmal geboren."
Raik zog einen der massiven Holzstühle vom Tisch zurück und nahm Platz. Er blickte die alte Dame warmherzig an und bat: „Erzählen Sie bitte weiter. Was geschah, nachdem Sie hier als Mädchen abgesetzt worden waren?"
„Maria und Franz Untermeyer haben mich adoptiert. Sie hatten keine eigenen Kinder. Nach ihrem Tod habe ich diese Almhütte von ihnen geerbt." Sie musterte Wulf immer noch misstrauisch und fragte: „Wo kommt Ihre verblüffende Ähnlichkeit mit Raik Wulf her? Sind Sie ein Enkel von ihm?"

Der Hüne strich sich über die nassen Haare. Sein Blick wanderte durch die rustikale Stube. Die Hütte war über fünfhundert Jahre alt. Die massiven Holzwände schienen versteinert zu sein. Jedes noch so starke Unwetter hatte vergeblich an diesem Haus gerüttelt. Über dem Kachelofen hing ein Bild von Rosemaries Adoptiveltern. Jagdtrophäen zierten die Wände. Vor den kleinen Fenstern hingen liebevoll genähte Gardinen, hinter denen Blitze aufhellten. Die Luft roch nach geräuchertem Speck und verbranntem Holz. Eine pechschwarze Katze sprang auf die Ofenbank und legte schnurrend ihren Kopf in Rosemaries Schoss. Unbewusst begann deren Hand das Fell zu kraulen.
Raik brach das Schweigen. „Es ist erstaunlich, wie schnell die Zeit vergeht, und schon wieder ist ein halbes Jahrhundert herum. Hat Maria Untermeyer mit Ihnen über Raik Wulf gesprochen?"
Die alte Dame schob nervös mit der Zunge ihr Gebiss zurecht, dann begann sie zu erzählen ...

∞

Anne legte im Bad ihre nasse Kleidung bis auf den Slip ab. Die Sennerin hatte ihr dankenswerter Weise einen Kittel zum Überziehen gereicht.
So könnte sie ihre nasse Wäsche über dem Ofen trocknen. Mit der nassen Kleidung über dem Arm schritt Anne durch den Flur auf die Stubentür zu. Dahinter war die Stimme der Sennerin zu hören. Instinktiv hielt Anne vor der angelehnten Tür an und lauschte.
Rosemarie erzählte Raik: „Meine Mutter hat mir als Kind eine Mär erzählt. Sie handelt von einem Ritter, der sich für die Schutzbedürftigen eingesetzt hat. Gute Ritter hat es immer gegeben, doch dieser hatte etwas Außergewöhnliches an sich. Er wurde im 12. Jahrhundert geboren. Obwohl sich das Christentum längst durchgesetzt hatte, hielten seine Eltern wie ihre Ahnen am keltischen Glauben fest. Sie nannten ihren Sohn Raika, der Gerechte. Da der

Junge einen Wolf gezähmt hatte, der ihn wie ein Hund begleitete, bekam Raika den Beinamen Wulf. Sein Vater war ein bekannter Pferdezüchter und seine Mutter eine Druidin. Wenn die Ärzte bei schweren Erkrankungen keinen Rat mehr wussten, dann wandten sich die Menschen Hilfe suchend an die keltische Priesterin. Obwohl die Kirche es verboten hatte, heilte sie die Kranken mit Zaubersprüchen und geheimen Kräuterrezepten. Ich denke, Raikas Mutter war eine sehr gelehrte Kräuterfrau, wie meine Adoptivmutter Maria oder die heutigen Naturheilkundler."
Anne wollte gerade die Stube betreten, da fuhr die Sennerin mit ihrer Geschichte fort: „Als Raika zwölf Jahre alt war, geschah ein Unglück. Bei einem Bogenschießen trat seine kleine Schwester in die Schusslinie. Raika warf sich schützend vor das Mädchen. Dabei wurde er am Hinterkopf getroffen und bekam nach heutigen Erkenntnissen eine Gehirnschwellung. Kein Arzt traute sich an diese lebensgefährliche Erkrankung heran. Andererseits wäre Raika ohne einen operativen Eingriff sowieso gestorben. So musste die keltische Schamanin ihrem eigenen Kind den Schädel öffnen."
Hinter der angelehnten Stubentür bekam Anne eine Gänsehaut. Sie musste an das Röntgenbild von Raiks alter Kopfverletzung denken, dass ihr der Chefarzt in der Unfallklinik gezeigt hatte. Dort war eine Trepanation nach uralter Heilkunst vorgenommen worden. Raik hatte ihr erklärt, dass das eine Verletzung aus seiner Kindheit gewesen sei. Gab es einen Zusammenhang zwischen ihrem leibhaftigen Raik Wulf und der kindlichen Sagengestalt?
In der Stube erzählte Rosemarie weiter: „Nach dem erfolgreichen Eingriff bekam der Junge ein lebensbedrohliches Fieber. Die verzweifelte Druidin mixte einen gefährlichen Zaubertrank. Dieses Rezept hatte sie von wandernden Zigeunern erworben. Diese Medizin stammte angeblich von dem sagenhaften ägyptischen Arzt Imhotep, einem ägyptischen Mediziner der frühen Antike. Bei den meisten Menschen hatte dieses Zaubermittel zum Tode geführt,

doch wer die Behandlung überlebte, verwandelte sich zu einem Wesen, dessen Zellen sich immer wieder erneuern konnten."
„Das ist eine sehr interessante Geschichte, Rosemarie. Ich denke, Ihre Adoptivmutter wusste viele spannende Geschichten zu erzählen."
„Die Geschichte ist noch nicht zu Ende. Die alte Mär sagt, dass Raika ein guter und kräftiger Krieger wurde, der die Armen gegen die Raubritter verteidigte. Als er aber nach hundert Jahren immer noch jung aussah, glaubte man, dass er mit dem Teufel im Bunde sei. Ein Priester behauptete, dass er gesehen hätte, dass Wulf mit einer Schwefelwolke in einer Erdspalte verschwunden sei. Raika wurde danach in dieser Gegend nie mehr gesehen."
Die Sennerin stand auf und klatschte in die Hände: „Wie gesagt, es ist eine seltsame Mär." Dann lächelte sie Raik freundlich an. „Es ist schon ein komischer Zufall, dass Ihr Großvater Raik Wulf geheißen hat und Ihnen völlig ähnlich sah. Er war auch so ein guter Ritter. Wie ist eigentlich Ihr Name?"
„Ich heiße Reiner Wulf." Im gleichen Augenblick sah er Anne im Kittel in der Tür stehen und klatschte sich lachend auf die Schenkel. „Das sieht sexy aus. Trägst du da etwas drunter?"
Die Sennerin lächelte ebenfalls beim Anblick der Ärztin. „Ich habe Ihrem Mann von seinem Großvater erzählt. Er hieß auch Raik Wulf. Aber davon berichte ich Ihnen beim Essen. Sie müssen doch bestimmt Hunger haben." Rosemarie verließ die gute Stube.
Anne hängte ihre nasse Wäsche auf das Trockengestell über dem Ofen.
Raik blickte auf ihre nackten Beine. „Ich würde brennend gerne mal deinen Kittel näher untersuchen."
„Da das nicht mein Kittel ist, wirst du schön deine Finger davon lassen. Erzähle mir lieber mal etwas über deinen glorreichen Großvater, den Rosemarie so in ihr Herz geschlossen hat."
Die Sennerin trug frisches Brot, Käse und Schinken zum Stubentisch. Dabei erzählte sie: „Das war im zweiten Weltkrieg. Meine

Eltern waren Zigeuner und reisten durch ganz Europa. Mein Vater Ricardo verdiente sich sein Geld mit Gitarre spielen. Er gab auch Unterricht. Einer seiner Schüler war Raik Wulf. Der könnte damals Mitte Dreißig gewesen sein. Vater und Wulf saßen abends oft noch lange vor dem Wohnwagen und musizierten. Wir Kinder mussten schon schlafen. Eines Nachts gab es entsetzlichen Lärm. Als ich aus unserem Wohnwagen trat, brannten bereits viele andere Wagen. Alle schrien durcheinander. Schüsse fielen. Ehe ich wusste, was los war, hatte Raik mich auf seine Arme genommen und rannte mit mir aus dem Lager. Er setzte mich auf den Tank seines Einsitzer-Motorrads. Wir rasten davon. Regen setzte ein. Es begann zu donnern. Ich weiß nicht mehr, wie lange wir fuhren, doch irgendwann steuerte Raik seine Maschine bis hier vor diese Almhütte. Die frommen Leute nahmen mich auf. Wulf verschwand nach zwei Tagen. Ich hab ihn danach nie wiedergesehen."
Die Sennerin blickte über den Tisch zu Raik und bekam feuchte Augen.
„Rosemarie, was ist mit Ihren leiblichen Eltern geschehen?", fragte Anne.
„Ich habe auch sie nie wieder gesehen. Maria und Franz Untermeyer nahmen mich als Tochter an. Sie versteckten bis zum Ende des Krieges immer wieder Menschen, die von den Nazis verfolgt wurden. Franz hatte erwähnt, dass Wulf von den Nazis als Widerstandskämpfer verfolgt worden wäre und Europa verlassen hätte." Die Sennerin blickte Wulf auffordernd an: „Aber das müsste uns nun Ihr Mann beantworten. Da er hier ist, muss sein Großvater ja überlebt haben, nicht wahr?"
Die alte Dame ging noch einmal hinaus in die Küche und holte eine Teekanne mit passenden Bechern. Beim Einschenken des Tees verbreitete sich aromatischer Duft in der Stube. Zusätzlich stellte sie eine kleine Flasche Strohrum auf den Tisch.

Raik griff gedankenverloren zur Rumflasche und schenkte gluckernd in jeden Becher ein. Beherzt biss er in ein Schinkenbrot. Beide Frauen rührten klappernd in ihren Teebechern und warteten gespannt auf seine Antwort.
In Annes Lederjacke klingelte das Smartphone. Die Ärztin hätte lieber Raiks Antwort gehört, doch sie stand auf und nahm das Gespräch an. „Wiesmann, ja bitte?“, fragte sie genervt. Ihre Stimme wechselte in einen freundlicheren Tonfall: „Leni, du bist es. Ich habe deine SMS erhalten. Ich konnte mich noch nicht melden, da wir flüchten mussten.“
Leni Feudl beschrieb die suspekten Personen, die mit dem schwarzen SUV auf ihrem Bauernhof aufgetaucht waren. Anne nickte. „Ja, genauso sahen sie aus. Es waren zwei Männer in dunkler Kleidung. Einer von ihnen wollte mich in einen Wasserfall werfen. Jetzt sind wir in einer Almhütte. Moment, ich muss fragen, wie die Adresse hier heißt.“
Raik sprang auf, hielt seinen Finger demonstrativ vor die Lippen und blickte auch die Hüttenwirtin warnend an. Die nickte schweigend.
Anne hatte ebenfalls verstanden und sagte ins Smartphone: „Leni, wir sind hier hoffentlich in Sicherheit und melden uns wieder bei euch. Grüße Xaver und die Jungen. Und Danke!“
„Was hat Leni gesagt?“, fragte Raik.
„Die beiden Kerle vom Tatzelwurm waren am Feudl-Hof und haben sich nach dir erkundigt. Das waren auch die Idioten, wegen denen du bei der Talfahrt ausweichen musstest. Einer von ihnen hatte einen Polizeiausweis. Xaver hatte den Eindruck, dass die Dreck am Stecken haben. Deshalb hatte Leni mir eine Warnung per SMS gesandt. Raik, wir sind bis jetzt nicht einmal dazu gekommen, zwischen uns auszutauschen, was am Tatzelwurm zum Schluss geschehen ist.“
Die alte Dame legte mütterlich ihre raue Hand auf Annes Unterarm. „Dieses Haus hat schon immer Menschen Unterschlupf

gewährt, die in Not waren. Außerdem ist es für mich selbstverständlich, dem Enkel von Raik Wulf und seinen Freunden zu helfen." Sie wies zum dunklen Fenster, hinter dem hin und wieder ein Blitz zuckte. „Bei diesem Wetter wird sich niemand hierher verirren. Auch für morgen Vormittag ist schlechtes Wetter gemeldet. Sie beide haben viel Zeit, alles in Ruhe zu besprechen. Und bitte, sagen Sie einfach Rosemarie zu mir."
Anne drückte dankbar die Hand der Sennerin und forderte Raik auf, endlich zu erzählen, was am Tatzelwurm geschehen war.
Er beschrieb Rosemarie die Wanderung am Wasserfall bis zu der Szene, als Anne über den Abgrund gehalten wurde. Er fuhr fort: „Nachdem Anne endlich frei war und zum Parkplatz rannte, setzte ich den Mann mit der Waffe mit einem Steinwurf außer Gefecht. Der andere wollte mich über den Abgrund drängen, doch der Drache hat ihn verschluckt."
Anne hielt sich schockiert die Hand vor den Mund. „Du meinst, der zweite Mann ist in den Wasserfall gestürzt? Du meinst, er ist tot? Hast du ihn absichtlich umgebracht?"
„Ich hing bei seinem Angriff bereits genauso über dem Abgrund wie du. Als er mir den letzten Stoß versetzen wollte, bin ich ausgewichen und er flog über mich hinweg. Danach habe ich seinem bewusstlosen Kollegen den Ausweis abgenommen und seine Waffe in den Wasserfall geworfen."
Raik zog den fremden Ausweis aus der Hosentasche und legte ihn auf den Tisch.
Alle schwiegen nachdenklich. Nur das Klingeln der Teelöffel unterbrach hin und wieder die Stille.
Anne nahm den Polizeiausweis in die Hand und las vor: „Marcus Römer, Landeskriminalamt." Sie blickte von Rosemarie zu Raik und fragte: „An wen sollen wir uns wenden, wenn sogar die Polizei Menschen umbringen lässt?"
Er winkte ab: „Erstens ist nicht sicher, ob der Ausweis echt ist und zweitens können diese beiden Kerle gekaufte Polizisten sein. Auf

jeden Fall war das der Grund, warum ich auf schnellstem Weg hinter die deutsche Grenze gefahren bin. Hier haben wir vielleicht ein bisschen mehr Zeit, weitere Schritte zu planen. Der überlebende Angreifer wird uns auf jeden Fall suchen. Ich denke, hinter ihm stehen noch gefährlichere Drahtzieher."
Rosemarie fragte: „Wisst ihr den Grund der Verfolgung?"
Raik nickte mit dem Kinn zu Anne: „Das lasse dir von unserer Ärztin erklären. Wenn es den Damen recht ist, dann verschwinde ich jetzt auch mal ins Bad." Schon schritt er durch die Stubentür zur Diele hinaus.
Anne sah den neugierigen Blick der weißhaarigen Dame und überlegte, wo sie mit ihrem Bericht beginnen sollte.
Sie erzählte also, wie sie Raik beim Scheuen ihres Pferdes kennengelernt, wie einfühlsam er ihr seine Beziehung zur Fauna und Flora näher gebracht hatte und dass er anscheinend über einen unbegrenzten Erfahrungsschatz verfüge. „Man könnte meinen, Raik gehöre zu den steinalten Männern im Rat der Weisen. Wenn man ihn ansieht, seine Lebendigkeit und Kraft spürt, dann ist er aber so jung wie ich."
Die Sennerin lächelte mütterlich. „Die Augen des Menschen sind die Fenster zur Seele. In deinen Augen sehe ich, dass du große Zweifel hast, was Raik betrifft. Gleichzeitig liebst du ihn, nicht wahr?"
Anne ignorierte die Frage. Sie berichtete über das Inferno am Reiterhof, die Rettung des jungen Ansgars, Raiks Verbrennungen und seine wundersame Spontanheilung.
Rosemaries Gesichtsausdruck verriet, dass ihr in diesem Zusammenhang etwas Wichtiges einfiel. Sie stand auf und schaute am Fenster in die Dunkelheit hinaus.
Anne wurde ungeduldig. „Rosemarie, woran denkst du gerade?"
„Meine Mutter Roxane, ich meine, meine leibliche Mutter, war eine Heilerin. Sie verstand sich im Handlesen, Kartenlegen und besaß sogar eine Wahrsagerkugel. Unter den Zigeunern wurde

sie sehr verehrt. Die Zigeuner ziehen seit grauer Vorzeit durch die Welt und sammeln in jedem Land Wissen und Erfahrungen. Auch wenn die Wissenschaftler oft darüber lächeln, so gibt es viele Dinge zwischen Himmel und Erde, die wir nicht oder noch nicht verstehen. Ich war damals erst sechs Jahre alt und konnte das Wissen meiner Mutter leider nicht übernehmen. Aber Maria Untermeyer, meine Stiefmutter, hat mir viel über die Natur- und Kräuterkunde der Antike und des Mittelalters erzählt. Sie hatte auch eine Vorliebe für historische Romane, Sagen und Märchen. Als du mir von Raiks spontaner Heilung berichtet hast, fiel mir eine Geschichte ein, die Mutter mir vor langer Zeit erzählt hat."

∞

Raik stand im Bad und inspizierte den Polizeiausweis, den er seinem Angreifer beim Tatzelwurm abgenommen hatte. Dieser sah echt aus. Marcus Römer hieß der LKA-Beamte.
Raik betrachtete das Passbild und fragte in Gedanken: Marcus Römer, was willst du von mir? Wer hat dich geschickt? Bist du bestechlich?
Raik wusch sich Hände und Gesicht. Als er das Bad wieder verließ, passierte er eine Tür mit der Aufschrift "Kuhstall". Er drückte die Klinke, blickte in einen leeren Stall. In den Wänden und Fenstern war die Zeit stehen geblieben. Er schloss die Stalltür wieder und ging durch die Diele auf die Stube zu.
Die Frauen waren im Gespräch vertieft. Er hielt hinter der angelehnten Tür inne, lauschte.
Rosemarie sagte: „Die Verrohung der Menschen muss vor einigen Jahrhunderten noch grausamer gewesen sein als heute. Meine Ziehmutter Maria hat mir eine gruselige Geschichte über einen Magister Reinholdus Lupus erzählt."

Anne unterbrach die alte Dame. „Moment mal, hat sie wirklich Magister Reinholdus Lupus gesagt? Das würde ja übersetzt Lehrer Reinhold Wolf heißen."

„Ja, dieser Lupus war angeklagt worden, dass er eine junge Frau geschändet und erstochen hätte. Es gab aber auch noch einen zweiten Verdächtigen. Es war der Sohn des Grafen Schöneck. Magister Lupus war als Durchreisender fremd in der Gegend und hatte niemanden, der ihm ein Alibi gab. Der Grafensohn war in dieser Gegend als Schwerenöter bekannt. Seine Trinkkumpane gaben ihm für die Tatzeit ein Alibi. Der Richter war ein gottesfürchtiger Mann, der sich der Wahrheit verpflichtet fühlte. Er ließ das Alibi des jungen Adeligen nicht gelten. Lupus schlug vor, dass sich die Wahrheit durch ein Gottesurteil im Zweikampf auf Leben und Tod ergeben sollte. Er wusste nicht, dass ein Inquisitor dem Gericht beisaß. Der Kirchenmann fand an dem Gedanken eines Gottesurteils großen Gefallen.

Sein Vorschlag zur göttlichen Wahrheitsfindung sollte jedoch grausamer als ein fairer Zweikampf werden. Der Inquisitor setzte sich vor dem Richter und dem sensationslustigen Publikum theatralisch in Szene und verkündete mit lauter Stimme: Wenn Gott ein Urteil fällen soll, dann müssen für beide Angeklagten die Bedingungen gleich sein. Niemand kennt den Magister Lupus. Vielleicht ist er ein Fechtmeister und besiegt den Grafen Schöneck mit ungleichen Mitteln. Vielleicht ist aber auch Graf Schöneck dank seiner ständigen Raufereien dem Magister gegenüber im Vorteil. Wer außer Gott kann das wissen? Wer hier vor dem ehrwürdigen Gericht die Wahrheit spricht, den wird Gott bei einem wirklich gerechten Exempel zur Seite stehen.

Der Richter bat den Inquisitor um einen entsprechenden Vorschlag. Der antwortete spontan: Die Angeklagten werden hier vor aller Augen ihren entblößten rechten Arm in ein Fass mit siedendem Wasser tauchen. Der, der seinen Arm ohne Verbrennungen aus dem Wasser herauszieht, der wurde von Gott verschont, der

ist unschuldig. Der Angeklagte, der jedoch seine Teilnahme an diesem Exempel verweigert, ist noch heute dem Scharfrichter zu übergeben.
Die sensationsgierigen Menschen im Gerichtssaal jubelten. Der alte Graf hatte seinen Sohn mit einer extrem hohen Geldsumme freikaufen wollen, doch der Richter ließ sich nicht darauf ein. Kaum ein Richter hätte es zu damaliger Zeit gewagt, sich dem Spruch eines Inquisitors zu widersetzen."
Die Sennerin schenkte Tee mit Rum nach.
Anne sagte empört: „Das ist barbarisch. Das hat mit Gott und Gerechtigkeit nichts im entferntesten Sinne zu tun! Wie ging die Geschichte für die Angeklagten aus?"
„Der Sohn des Grafen fiel vor dem Richter auf die Knie und winselte um Gnade. Ein Folterknecht brachte ihn in ein Verlies."
„Hat man Lupus daraufhin freigelassen?"
„Der Magister war der Meinung, dass durch das feige Verhalten des jungen Adeligen der wahre Schuldige ermittelt sei und bat um seine Freilassung.
Der Inquisitor ließ das nicht gelten. Schon bald wurde ein Fass mit siedendem Wasser auf einem Leiterwagen in den Gerichtssaal geschoben.
Magister Lupus tauchte seinen nackten Arm in das kochende Wasser. Er zog seinen Arm erst wieder heraus, als der Inquisitor ihm das Zeichen dazu gab. Die Haut des Mannes war krebsrot und aufgequollen, sein Gesicht schmerzverzerrt.
Der Vater des geschändeten und ermordeten Mädchens rief: ‚Er hat sich verbrannt, also ist er auch schuldig!'
Die Menge forderte für den Fremden den Strick. Der Richter war sicherlich davon überzeugt, dass der Grafensohn der tatsächliche Mörder war. Doch er schwieg. Längst hatte der Inquisitor diesen Prozess in eine Machtdemonstration der gottesgerechten Kirche verwandelt. Lupus wurde in einen finsteren Kerker gesperrt. Sonderbarerweise erholte sich der Magister innerhalb eines Monats.

Die Haut und das Fleisch seines verbrannten Arms verheilten. Der Stadt-Medikus sprach von einem Gotteswunder. Der Vater des ermordeten Mädchens klagte Lupus jedoch auch noch der Hexerei an. Der Inquisitor war sich nicht sicher, ob Gott an dem Magister Wunder gewirkt hatte oder ob Lupus mit dem Teufel im Bunde war. Noch bevor ein neues Urteil fiel, verschwand Lupus aus dem Kerker und ward nie mehr gesehen."

Anne erblickte Raik im niedrigen Türrahmen. „Sieh an, wenn man vom Teufel spricht."

Er setzte sich zu den Frauen an den Tisch. „Ich habe Rosemaries Märchen nur zum Teil mitgehört. Ihr habt also den Verdacht, dass dieser Magister Reinholdus Lupus ein Verwandter von mir sein müsste? Bevor ihr hier irgendwelche Zusammenhänge konstruiert, schlagt mal das Telefonbuch von München auf und seht nach, wie viele Reiner Wulf oder Wolf es dort gibt. Die Namen Reiner und Reinhold sind steinalt und wurden in jedem Jahrhundert unzählige Male vergeben. Ich denke, Maria Untermeyer hatte damals versucht, zwischen ihrem Bekannten Raik Wulf und einigen Sagengestalten eine Verbindung herzustellen, damit ihre Geschichten bei der kleinen Rilana noch geheimnisvoller klingen."

„Der Name Reinholdus steht synonym für rein oder gerecht. Steht er nicht auch synonym für Raika oder Raik?"

„Das wird so sein, passt aber sicherlich rein zufällig zu Marias Sagengestalt."

Die Ärztin schüttelte den Kopf: „Nicht so schnell. Die wundersame Heilung des verbrühten Arms des Magister Lupus erinnert mich an ein ähnliches Erlebnis, das ich mit eigenen Augen gesehen habe. Soll das auch ein Zufall sein? Wie viele Reiner Wolf oder Wulf in München werden deiner Meinung nach eine schwere Verbrennung wohl so unbeschadet überstehen wie Magister Reinholdus Lupus und Lehrer Reiner Wulf?" Anne durchbohrte ihr Gegenüber mit analytischem Blick.

Der Hüne wich ihrem Blick aus und griff zur Haustürklinke. „Ich kann mich jetzt nicht um Märchen und Sagen kümmern. Ich muss nach dem Motorrad sehen. So eine Fehlzündung, wie heute Nachmittag, könnte vielleicht schon morgen unser Verhängnis sein. Rosemarie, wenn du erlaubst, dann stelle ich die Maschine hinten in den leeren Stall, okay?"
Die Sennerin nickte und Raik verschwand in der Dunkelheit.

Nachdem Anne eine Zeit lang auf die leere Tür geschaut hatte, blickte sie die weißhaarige Dame an. „Als ich vorhin aus dem Bad kam, da habe ich zufällig mitgehört. Du erzähltest eine Geschichte über einen Ritter Raika Wulf. Dieser Mann sei aufgrund einer geheimen Medizin zu einem Menschen mutiert, dessen Zellen sich unbegrenzt regenerieren können. Wenn das so wäre, dann hätte dieser Mensch theoretisch die Chance, ein biblisches Alter zu erreichen."
„Ja, so ähnlich hatte meine Adoptivmutter Maria über die alte Mär auch gedacht."
„Rosemarie, weißt du was das für uns bedeutet?"
Die alte Dame zuckte stumm die Schultern.
Anne fuhr fort: „Wenn ich alle Teile dieses Puzzles zusammenlege, dann taucht ein ungeheurer Verdacht auf. Ein Verdacht, der unseren Raik betrifft."
Rosemarie legte ihre Hand auf die der blonden Frau. „Du meinst, dass unser Raik Wulf der Ritter aus der alten Sage ist? Dann müsste er ja etwa neunhundert Jahre alt sein. Also fast so alt wie Methusalem." Die alte Dame lachte laut. „Anne, du vergisst, dass ich Raiks Großvater im Krieg kennengelernt habe. Ja, er sieht ihm sehr ähnlich, aber das ist bei Nachkommen oft so."
„Als wir dein Haus betreten haben, hat Raik dich sofort mit Rilana angesprochen und du hast ihn als den Raik von damals erkannt, richtig?"

„Nee, nee, ich dachte zuerst, er wäre es. Aber das kann ja gar nicht sein."
„Ist ja gut! Aber wenn bekannt würde, dass ein Methusalem unter uns lebt, dann würden unsere Presse, die Pharmakonzerne der Anti-Aging-Produkte und, ich weiß nicht wer noch, Jagd auf ihn machen."
Rosemarie schenkte Rum und Tee nach. Die Löffel kreisten klingelnd in den Bechern.
Anne griff einen neuen Gedanken auf: „Ich war mit Raik vor einigen Wochen an der Ruine einer alten Sägemühle. Dort fragte er mich, ob ich es toll finden würde, wenn ich so alt wie Methusalem werden könnte. Ich antwortete, dass ich viele Talente ausüben würde, zu denen man in einem normal langen Leben keine Zeit hat."
„Was hat er dazu gemeint?"
Er sagte, dass dieser Methusalem, wenn er der Einzige wäre, der so alt würde, ständig seine Freunde sterben sieht. Das Gleiche geschehe mit den Menschen, die er liebt. Immer wieder würde sein Herz brechen. Bei dieser Antwort klang Raik so, als wäre er selbst davon betroffen."
„Ich denke auch, dass ein Methusalem auf Dauer nicht glücklich würde", sagte Rosemarie. Sie ergriff lächelnd Annes Hand und zog mit ihrem rauen Finger über eine lange Linie der Handinnenfläche. „Du weißt, dass Zigeunerinnen die Zukunft aus der Hand lesen können. Hier steht, dass dir ein langes Leben bestimmt ist."
Ihr Finger fuhr über eine andere Handlinie. „Dieser Zweig betrifft deine große Liebe. Solange du an sie glaubst, wird sie bestehen bleiben."
Ein Knarren unterbrach das Gespräch. Die Stubentür öffnete sich. Der Hüne beugte seinen Kopf unter dem niedrigen Rahmen hindurch: „Ein Scheißwetter ist da draußen. Donar hat sicherlich wieder seinen Spaß daran, ganze Kübel über uns auszugießen!"

Gegen Mitternacht hatte sich das Unwetter immer noch nicht beruhigt. Anne blickte in die kleine Dachkammer, die Rosemarie ihr zum Schlafen bereitet hatte. Die spartanisch eingerichtete Stube besaß unter der Schräge eine Liege mit Bettzeug, einen wackeligen Stuhl und einen kleinen Wandschrank. Die schwache Deckenlampe erzeugte schummeriges Licht. Der Sturm rüttelte am Dachstuhl. Donnerschläge hallten zwischen den Bergen hin und her.

Annes Blick fiel auf ein gerahmtes Bild, auf dem eine junge Frau zu sehen war. Sie hatte ein schönes Gesicht, hohe Wangenknochen, schwarze Haare und schwarze Augen.

„Das ist Rilana“, murmelte Raik, der hinter Anne stand.

Sie schaute zwischen dem Hünen und dem Foto verwundert hin und her. „Woher willst du das wissen, wenn du sie in ihren jungen Jahren nie gesehen hast?“

„Sieh dir die dunklen Augen an. Auch wenn Rosemarie heute weiße Haare hat, so ist ihr feuriger Blick wie eh und je.“

Annes Augen wanderten weiter zur Zimmerdecke. In deren Ecke wartete eine große Hausspinne neben ihrem Netz auf Beute.

Raik sah Annes Anspannung und pflückte das Tierchen von der Wand. „Ich setze sie nach draußen, okay?“

„Danke! Wo schläfst du heute Nacht?“

„Rosemarie hat mir unten in der Stube mehrere dicke Decken hingelegt. Sie sagte, ich soll es mir irgendwo im Haus gemütlich machen. Dann ist sie in ihrem Schlafzimmer verschwunden.“

Wieder rüttelte Donnergott Donar bedrohlich am Gebälk. Die Deckenlampe flackerte.

Raik lachte. „Du musst keine Angst haben. In dieser Gegend gibt es nur Kobolde. Aber die kommen nicht in ein so altes Haus wie dieses.“

„Und warum nicht?“, fragte Anne. Sie beobachtete mit Unbehagen, wie die Spinne sich aus Raiks geschlossenen Fingern befreien wollte.

„Weil es in diesen alten Hütten immer einen Urahnen als Hausgeist gibt. Aber nun bringe ich das krabbelige Haustier nach draußen."
Anne wirkte nervös. „Moment, Moment! Raik, ich habe eine Idee. Du legst deine Decken vor meine Liege und schläfst hier in der Kammer. Einverstanden?"
Er winkte ab. „Ich bin doch nicht dein Bettvorleger! Ich werde mal sehen, ob Rosemarie noch Platz in ihrem Doppelbett hat. Alte Scheunen brennen heiß."
Knarrend entfernten sich seine Schritte auf der Treppenleiter.

Anne wurde von einem bedrohlichen Geräusch geweckt. Sie öffnete die Augen. In der Dachkammer war es stockfinster. Mit klopfendem Herzen lauschte sie in die Ferne. Knurren und Fauchen erfüllte die Nacht. Konnte der Sturm in den Bergen Geräusche wie ein riesiges Raubtier erzeugen?
Rhythmische Erschütterungen kamen näher. Rumps, rumps, rumps, rumps, rumps, rumps …
Anne zählte das Stampfen mit. Rumps, rumps, rumps, rumps, rumps, rumps.
Das Knurren und Fauchen mischte sich mit dem Stampfen, kam bedrohlich näher und näher.
Anne zog die Bettdecke bis zur Nasenspitze hoch. Ihr Herz pochte alarmiert. Gänsehaut machte sich breit. Sechs bebende Schritte stampften ganz in der Nähe. Die Dachbalken knarrten dazu im Takt. Woran erinnerte dieses Fauchen und Stampfen? Vielleicht an den Film Jurassic Park?
Rumps! Das Dach wurde über Anne heruntergerissen. Sie setzte sich mit weit aufgerissenen Augen im Bett auf und schrie: „Raik, der Tatzelwurm!"
Annes nächster Schrei wurde sanft erstickt. Sie spürte, dass Raik ihr Gesicht an seine Brust drückte.

„Hey, ich bin da. Du hast geträumt. Alles okay?" Der Hüne kniete vor ihrem Bett auf seinem Wolldeckenlager und strich ihr liebevoll über die Locken. „Hallo, ich bin es, Ritter Raika. Ich habe den Tatzelwurm schon erlegt. Er liegt ausgestreckt vor dem Haus. Morgen machen wir eine gigantische Grillparty."
Anne zog Raik auf ihre Liege und kuschelte sich eng an ihn. Schon bald schlief sie mit einem erleichterten Seufzer ein.

Am Morgen wölbte sich ein grauer Himmel über dem Dachfenster. Anscheinend hatte es aufgehört zu regnen. Kaffeeduft drang durch die Tür in die Kammer. Anne hörte Raiks Stimme im Erdgeschoss. Sie schwenkte ihre Füße aus dem Bett. Sofort hatte sie wieder die bedrohlichen Bilder des Lindwurms vor Augen und musste über sich selbst lachen.
Als sie das Bad betrat, lagen ihre getrockneten Kleidungstücke ordentlich gefaltet auf einem Hocker. Anne machte sich frisch und zog sich an.

Rosemarie und Raik frühstückten bereits genüsslich in der gemütlichen Stube.
Anne trat ein. „Guten Morgen, zusammen."
Sie strich der Sennerin dankbar über die Schulter und gab Raik einen Kuss. „Ich habe heute Nacht vom Tatzelwurm geträumt. Hoffentlich wird der heutige Tag weniger aufregend." Sie schenkte sich Kaffee ein.
Er wollte gerade etwas sagen, da stand Rosemarie alarmiert auf und eilte zum Fenster. Rasch drehte sie sich zu ihren Gästen herum und rief: „Raik, da kommen drei Männer den Hang herauf. Sie tragen Gewehre bei sich. Einer von ihnen sieht wie der Mann aus, von dem du mir den Polizeiausweis gezeigt hast."
Raik war mit einem Satz ebenfalls am Fenster und fluchte: „Scheiße, du hast recht! Ich gehe in den Stall und verschwinde mit dem Motorrad. Halte die Kerle eine Weile auf!"

Er zog die Lederjacke vom Türhaken, eilte zur Dielentür und sagte zu Anne: „Du bleibst hier. Sie werden dir nichts tun. Sie wollen nur mich.“ Er stürmte durch die Diele Richtung Stallung.
Bald darauf klopfte es energisch an der verschlossenen Hüttentür. Jemand drückte vergeblich die Klinke. Rosemarie stand von innen neben der Tür und wartete ab.
„Öffne nicht“, flüsterte Anne.
Rosemarie sagte leise: „Wenn ich zu lange mit dem Öffnen warte, dann laufen sie ums Haus und finden Raik am Stallausgang.“ Zur Tür gewandt rief sie: „Kruzitürken! I kimm ja scho!“
Umständlich klapperte sie an dem Türschloss herum, um noch mehr Zeit zu gewinnen. Endlich öffnete sich die Tür einen Spalt. Die alte Dame sagte grimmig: „Wir haben geschlossen. Gehen Sie wieder zurück.“
Ein hochgewachsener Mann um die Vierzig schob die Tür energisch weiter auf. „Grüß Gott, Frau Wirtin. Wir suchen einen Bekannten. Er müsste bei Ihnen zu Gast sein.“
„Wie wäre es, wenn Sie sich erstmal vorstellen? Wieso erlauben Sie sich, mit einer Waffe in meine Stube einzudringen?“
Der Mann tauschte kurz einen Blick mit seinen beiden Begleitern und stellte sich dann vor: „Mein Name ist Römer. Ich bin vom LKA Bayern. Reicht Ihnen das?“
„Herr Römer, ich will Ihren Ausweis sehen. Außerdem befinden Sie sich auf österreichischem Staatsgebiet und haben hier keine polizeiliche Befugnis.“
„Die Person, die wir suchen, hat meinen Ausweis gestohlen.“ Er richtete die Mündung seines Gewehrs auf die alte Dame. „Kommen wir zur Sache. Ist Wulf noch im Haus? Wir haben Reifenspuren eines Motorrads gefunden, die zu dieser Hütte führen.“

∞

Raik rannte durch die Diele in den Stall, öffnete dessen Außentür. Er setzte den Helm auf, rollte das Motorrad hinaus. Die Luft war feucht, der regennasse Boden rutschig. Unweit stieg hinter der Hütte ein Schutzwald auf. In den Bäumen hingen Nebelschwaden. Raik schwang sich auf die Sitzbank, betätigte den Elektrostarter. Der Motor sprang dieses Mal sofort an. Als er den Gang einlegte, sprang jemand hinter ihm auf die Sitzbank und umklammerte seine Taille.

„Anne, bist du wahnsinnig? Du bringst dich in Lebensgefahr! Diese Kerle sind skrupellos!"

„Wenn du nicht sofort losfährst, bringst du uns erst recht in Gefahr. Gib Gas!" Annes Stimme klang dumpf unter ihrem Helm. Sie klammerte sich noch fester an den Biker.

Der Motor brüllte. Das Hinterrad spritzte Lehmbrocken bis in den Stall. Die BMW machte einen gewaltigen Satz nach vorne. Die Stollenreifen der Geländemaschine krallten sich in die Wiese. Das Motorrad erklomm den Hügel.

Ein Schuss peitschte an den Bikern vorbei.

„Bleibt stehen, sonst knallen wir euch ab!", schrie eine Männerstimme neben der Hütte.

Die Biker erreichten den Waldrand. Wieder peitschte ein Schuss. Im Schutz der Bäume folgte das Zweirad einem schmalen Wanderpfad. Die groben Reifenstollen sprengten den Lehmboden wie eine Fontaine hinter sich. Nasse Zweige griffen nach Helmen und Schultern. Bange Minuten vergingen. Endlich erreichten sie einen Höhenweg, von dem aus das Tal weit zu überblicken war. Die Bergspitzen verloren sich in grauen Wolken.

Raik zeigte hinab. Das Dach von Rosemaries Haus war unterhalb des Schutzwalds zu erkennen. Auf der Wiese entfernten sich drei Figuren. „Na bitte, die Kerle laufen zurück. Sie haben ihren Wagen irgendwo im Tal stehen lassen. Das ist gut. Von dort gibt es nämlich keine kurze Verbindung zu unserer Route."

Anne lächelte diebisch. „Ja, denen haben wir es gezeigt. Raik Wulf, kein Jahr war bisher so spannend, wie die wenigen Wochen mit dir."
Der Hüne zog den Helm vom Kopf und blickte sie ernst an. „Anne, das hier ist kein Kinofilm. Das ist bitterer Ernst. Ich könnte mich schon jetzt ohrfeigen, dass du mit in dieser Geschichte drin hängst."
Auch sie nahm ihren Helm ab. Die blauen Augen funkelten ihn fordernd an. „Von welcher Geschichte sprichst du? Du hast mich bis jetzt noch nicht in deine Geheimnisse eingeweiht."
„Was willst du hören? Dass ich die Sagengestalt bin, von der Rosemaries Adoptivmutter erzählt hat? Ein Raik Wulf, der durch die Jahrhunderte wandelt und ewig lebt?"
„Ja, warum nicht? Es würde zwar meine medizinischen Kenntnisse völlig über den Haufen werfen, aber alle aktuellen Puzzleteile zusammenfügen."
„Anne, wenn ich diese Sagengestalt wäre, dann wärst du mit einem neunhundert Jahre alten Mann im Bett gewesen. Hat sich das etwa so angefühlt?"
Sie gab ihm einen Kuss. „Du bist unmöglich, Ritter Wulf!"
„So wird es sein. Lass uns weiterfahren."

∞

Gegen Mittag fand die Sonne eine Lücke in der Wolkendecke und spiegelte sich in den Wellen eines riesigen Bergsees. Die Luft war angenehm warm. Anne zog ihre Lederjacke aus, warf sie auf die Sitzbank der geparkten BMW. Sie streifte Schuhe und Strümpfe ab und setzte sich auf die Ufermauer. Ihre nackten Füße platschten im kühlen Wasser. Gerüche aus Seeluft, Blütendüften und den Abgasen der rollenden Touristenkolonne mischten sich.
Raik kehrte von den belebten Verkaufsständen der anderen Straßenseite zurück. Er reichte dem blonden Lockenkopf ein

Waffeleis. Sie nahm dankend an und drehte sich wieder dem smaragdgrünen See zu. Ein vorbeiziehendes Ausflugsschiff mit fröhlichen Touristen erzeugte Wellen, die bis an Annes Knien schwappten. Am anderen Seeufer stiegen pyramidenartige Berge auf.
„Wir sind hier am Achensee", erklärte Raik und lutschte an seinem Eis. „Die Seekarspitze und die Seebergspitze dort drüben gehören zum Karwendelgebirge ..."
Anne hörte nicht mehr zu. Sie erblickte nämlich in großer Ferne einen schwarzen Geländewagen, der die kurvenreiche Uferstraße entlang raste. „Raik, schau dort hinten! Sind das unsere Verfolger?"
Raik hielt sich wegen der Sonne die Hand über die Augen und fluchte: „Scheiße, du hast recht! Sofort aufsitzen!"
Sein Eis flog ins Wasser. Er schwang sich auf die Sitzbank und zog den Helm über. Anne stopfte ihre Strümpfe in die Jackentasche, schlüpfte barfuß in die Schuhe, schloss ihre Lederjacke und krallte sich auf der Sitzbank an Raik fest. Der Motor sprang schreiend an. Die Maschine schoss auf die Straße. Touristen blickten sich entsetzt um und schüttelten die Köpfe ...
Die BMW jagte die Serpentinen zum Inntal hinab. Immer wieder hupten verärgerte Fahrer Wulfs riskanten Überholmanövern hinterher. Bevor die Flüchtenden den grünen Fluss überqueren konnten, musste Wulf an einer Baustelle anhalten. Der Verkehr wurde auf der einspurigen Straße nur im Wechsel durchgelassen. Die rote Ampelphase erschien den Flüchtenden endlos lang.
Raik drehte seinen Kopf zur Seite und rief: „Ich weiß nicht, wie uns diese Kerle bei Rilana und am Achensee gefunden haben. Es ist wie verhext!"
Annes Blick wanderte von den schneebedeckten Gipfeln der fernen Tauernkette zum bewölkten Himmel hinauf und sie fragte: „Kann man uns eventuell über Satellit beobachten?"

„Du hast recht. Ich muss so schnell wie möglich das Motorrad untersuchen. Die Verfolger können auf dem Parkplatz am Tatzelwurm einen versteckten Sender angebracht haben.“
Die Ärztin schaute nervös zurück. „Raik, etwa zehn Autos hinter uns steht der schwarze Geländewagen in der Schlange. Genau dort, wo die Kurve beginnt.“
Der Hüne schaute in den Rückspiegel und drehte angespannt am Gasgriff: „Halte dich gut fest. Jetzt wird es sehr eng!“
Er ließ die Kupplung kommen. Das Motorrad passierte verbotenerweise die rote Ampel und raste an fluchenden Arbeitern vorbei. Es zwängte sich haarscharf durch den entgegenkommenden Verkehr und die Baustellenabsperrung. Auf der anderen Flussseite stieg die Straße wieder an.
Willkommen im Zillertal, grüßte ein Transparent, das quer über die Fahrbahn gespannt war. Der bewölkte Himmel klarte auf und schmückte sich mit blauen Flecken. Nur die Gipfel der Dreitausender hielten sich verschleiert.
Anne vergaß für einen Moment ihre Flucht. Das traumhafte Bergpanorama, die Tiroler Häuser mit wuchtigen Balkonen und bunten Blumen lenkten ihre Gedanken ab.
Raiks Eindruck war weniger romantisch. Wider seiner Natur raste er wie eine Wildsau durch den idyllischen Ort, um endlich die gut ausgebaute Landstraße zu erreichen. Wenn ein Sender an seinem Motorrad versteckt war, dann musste er so schnell wie möglich irgendwo hin, wo es keinen direkten Satellitenkontakt gab. Er musste einen Unterstand finden, wo er die Maschine in Ruhe nach dem verräterischen Teil absuchen konnte. Andererseits waren ihnen die Verfolger so dicht auf den Fersen, dass sie sehr schnell jedes Versteck aufspüren würden. Wäre es nicht strategisch besser, sich den Kerlen im Kampf zu stellen? Zwei von ihnen könnte er sehr wahrscheinlich überwältigen. Aber das Risiko, dass Anne dabei verletzt würde, war zu gewagt. Sie musste zuerst aus der Schusslinie gebracht werden.

Das Zweirad verlangsamte nach einiger Zeit seine Fahrt und lenkte von der Landstraße in einen Waldweg. Es rollte so weit, dass die Straße im Rückblick nicht mehr zu sehen war. Raik hielt an und stellte den Motor aus. Er zog den Helm vom Kopf und fragte: „Kann es sein, dass du mal für kleine Mädchen musst? Wer weiß, wann bei dieser Flucht wieder eine so gute Gelegenheit kommt."

Anne nahm erleichtert den Helm ab. „Du kannst anscheinend Gedanken lesen. Meine Blase platzt nämlich gleich."

Sie stieg vom Motorrad und wandte sich den Büschen zu. Raik hielt sie fest und nahm ihr Gesicht zwischen seine Hände. Er küsste sie auf den Mund. In seinen Augen standen Sorge und Sehnsucht.

Anne lachte. „Hey, was soll dieser Dackelblick? Ich bin doch gleich wieder zurück." Sie löste sich von ihm, bog nach einigen Metern in einen schmalen Pfad ein und öffnete im Schutz der Sträucher ihren Hosengürtel. Als sie in der Hocke saß, jaulte der Motor der BMW auf. Der Sound des Boxermotors entfernte sich rasch.

Anne zog sich noch während des Laufens die Hose hoch und rief: „Nein ... Raik! Nein, warte auf mich!"

Als sie durch die Bäume die asphaltierte Straße sehen konnte, war die BMW bereits verschwunden. Im gleichen Moment jagte der schwarze Geländewagen an dem Waldweg vorbei.

Anne erreichte keuchend die Hauptstraße. In der Ferne wurde die BMW kleiner und kleiner und schließlich zu einem schwarzen Punkt. Der Geländewagen war ihr auf der Spur.

Tränen der Wut und Verzweiflung füllten Annes Augen. Die Schläfen pochten. Die Gedanken überschlugen sich. Ihr gelber Helm leuchtete am Rand des Waldwegs. Anne ging auf ihn zu und sah, dass daneben etwas mit einem Zweig in den feuchten Boden geritzt worden war.

Sie las: Sorry.

Was sollte sie nur tun? Auch wenn einer dieser Verfolger zur Polizei gehörte, so musste doch irgendjemand diese verdammten Kerle aufhalten. Sie überlegte weiter. Raiks neue Strategie war vielleicht wirklich am besten.
Ohne Sozia konnte er mit dem Motorrad besser flüchten. Er würde diesen Typen bestimmt entwischen und sie sobald wie möglich auf dem Handy anrufen.
Der Himmel verdunkelte sich wieder. Immer mehr Tropfen platschten auf den Boden.
„Oh nein! Nicht das auch noch!", klagte Anne. „Ich muss ein Dach über dem Kopf bekommen."
Mit dem Helm unter dem Arm stellte sie sich als Anhalterin in Richtung Zell am Ziller an den Straßenrand.

Kapitel 4: Suche und Recherche

Raik durchfuhr eine lange Kurve und konnte dabei die tiefer liegende Straße überblicken. Für einen Moment erkannte er die Zufahrt zu dem Waldweg, in dem er Anne zurückgelassen hatte. Die Verfolger jagten daran vorbei.
Epona sei Dank – sie fahren weiter!, dachte Raik. Anne ist in Sicherheit. Okay, Jungs, dann schnuppert mal an meinem Auspuff! Er nahm sich vor, noch einige Minuten für seine Verfolger in Sichtweite zu bleiben, dann waren sie so weit von Anne entfernt, dass diese sich unbemerkt aus dem Wald heraustrauen konnte. Sie war selbständig und klug genug, um sich in dieser Situation selbst zu helfen. Bei nächster Gelegenheit würden sich beide per Smartphone verständigen.
Schwere Regentropfen zerplatzten auf dem Asphalt. Raik schloss sein Helmvisier und zog den Reißverschluss der Lederjacke zu. Vor ihm krochen niederländische Wohnwagengespanne im Schneckentempo die Gärlos-Passstraße hinauf. Seine Verfolger holten jedoch mehr und mehr auf. Die Kolonne in der kurvenreichen Strecke zu überholen war äußerst riskant. Mit dem schnellen Motorrad gab es jedoch im Gegensatz zu einem Geländewagen manche Chance. Bei der nächsten übersichtlichen Linkskurve zog Raik an den ersten beiden Gespannen vorbei und erntete von den Niederländern drohende Gesten. Das Motorrad wartete bis zur nächsten Linkskurve und passierte weitere Gespanne.

∞

Der Fahrer des Geländewagens war ein schlanker Mann Mitte Zwanzig. Unter seiner Nase baumelte ein Ring. Er sagte zu seinen Insassen: „Wulf sitzt nur noch alleine auf dem Bock. Die Ärztin ist nicht mehr bei ihm!“

„Die Ärztin interessiert uns nicht", erwiderte Römer. „Diese verdammten Käseschachteln müssen weg! Kevin, in der nächsten Linkskurve ziehst du an denen vorbei. Von mir aus dränge sie in den Graben. Es ist auch scheißegal, wie viele Macken unsere Karre dabei bekommt. Hauptsache, wir kriegen Wulf!"
Der dritte Mann im Wagen hieß Colin. Er war mit seinen hundertdreißig Kilogramm korpulent, wirkte aber kernig. Er hatte schwarzes Haar, eine auffällige Zahnlücke in der oberen Zahnreihe und schien etwa Dreißig zu sein. Seine Hand streichelte ein Präzisionsgewehr. Er sagte: „Jetzt beginnt die Sache erst richtig Spaß zu machen."
Mit lautem Hupen überholte der Geländewagen das erste Wohnwagengespann. Das zweite drängte er brutal in den Straßengraben. Die Niederländer fluchten, ballten die Fäuste. In der nächsten Linkskurve kam Römer und seinen Kumpanen während des Überholens ein Kleinwagen entgegen. Da der Geländewagen nicht auswich, steuerte das andere Fahrzeug in die angrenzende Wiese. Lehm und Gras spritzten umher. Wieder erschallte ein Hupkonzert der Niederländer. Die Männer im Geländewagen lachten hämisch.

Der Regenschauer endete. Raik blickte in den Rückspiegel, sah die Verfolger schon wieder und wetterte: „Verdammt nochmal! Das gibt es doch nicht! Wie um alles in der Welt sind die an dem Konvoi vorbeigekommen?"
Vor dem Motorrad fuhren zwei riesige Holztransporter, deren Stämme mit Spannriemen gesichert waren. Aufgrund des permanenten Gegenverkehrs konnte Raik die Sattelschlepper nicht überholen. Zwischen ihm und seinen Verfolgern befanden sich noch vier Personenwagen. Auf einmal schallten Schüsse. Die Kugeln sausten an Raik vorbei und trafen die Ladung des Holztransporters. Erneut ertönten Schüsse. Die Projektile sprengten Holzsplitter aus den Stämmen. Raik sah im Rückspiegel, dass sich zwei

Männer aus den Fenstern des Geländewagens lehnten, mit Gewehren in seine Richtung zielten.
Der kräftige Colin hatte sich durch das hintere Seitenfenster gequetscht und zielte in der nächsten Kurve auf den Vorderreifen des Transporters. Römer schoss aus einem anderen Fenster. Er rief dem Dicken über das Dach zu: „Wulf darf auf keinen Fall verletzt werden. Wir haben strikte Anweisung, ihn in einem Stück abzuliefern!"
Die Haare der Männer flatterten im Fahrtwind. Raik wunderte sich, dass er nach so vielen Schüssen noch nicht getroffen worden war. Die vier niedrigen Fahrzeuge zwischen ihm und seinen Verfolgern stellten für die Schützen kein Hindernis dar. Seine Sitzhöhe und die der Schützen im hohen Geländewagen bildeten eine freie Schusslinie.
Im gleichen Moment, als Raik begriff, was Römer und seine Männer vorhatten, platzte der Zugmaschine ein Reifen. Der Sattelschlepper kam im Seitengraben zum Stehen. Spannriemen der Holzladung lösten sich. Einige Stämme rutschten von der Ladung herunter. Viel zu langsam reagierte der Gegenverkehr. Ein Baumstamm schlug auf die Motorhaube eines Autos. Reifen quietschten. Hupen tönten. Raik steuerte seine Maschine geschickt an den rollenden Stämmen vorbei.
Kevin lenkte den Geländewagen über eine Wiese und umfuhr die Autos, die alle kreuz und quer auf der Fahrbahn standen. Schon waren sie dem Motorradfahrer auf den Fersen. Wieder fiel ein Schuss. Dieses Mal wurde der Hinterreifen von Wulfs Maschine getroffen. Gleichzeitig rutschte ein weiterer Stamm von der Ladung des Sattelschleppers. Wulf wurde zwischen seiner kippenden Maschine und dem Baumstamm eingeklemmt und zu Boden gerissen. Der Trucker eilte Wulf zu Hilfe.
Die Verfolger stiegen aus dem Geländewagen.
Colin befahl dem besorgten Trucker mit vorgehaltenem Gewehr: „Verpiss dich! Wir kümmern uns um den Verletzten!"

Auch andere Verkehrsteilnehmer, die aus Hilfsbereitschaft oder Neugier herbeikamen, wichen vor den bewaffneten Männern zurück. Eine Niederländerin beobachtete die Szene aus ihrem Wagen, griff zum Handy und wählte die Notrufnummer der Polizei.

∞

Regentropfen klatschten auf den Asphalt. Viele Fahrzeuge quälten sich die Gerlos-Passstraße hinauf. In Richtung Inntal waren nur wenige Autos unterwegs. Eine blonde Frau stand am Straßenrand, trug einen gelben Helm unterm Arm und hielt einen Daumen in die Höhe. Der Regen wurde noch heftiger. Etliche Fahrzeuge, die die Anhalterin passierten, waren voll besetzt.
Endlich hielt ein Auto an.
Die Fahrerin fragte: „Wo möchten Sie hin?“
„Mein Freund hatte eine Panne und ist bis jetzt nicht zurückgekehrt“, antwortete die Anhalterin. „Ich möchte im nächsten Ort zu einem Café, wo ich im Trocknen auf ihn warten kann.“
„Da komme ich wohl gerade richtig. Ich bin die Wirtin vom Café Brandner. Steigen Sie bitte ein“, sagte die Tirolerin.
„Herzlichen Dank. Mein Name ist Wiesmann. Ich bin auf der Durchreise.“
Anne nahm erleichtert im Wagen Platz. Nach wenigen Minuten erreichten sie eine Ortschaft. Die fünfzigjährige Wirtin parkte vor einen einladenden Café. Beide Frauen betraten die Gaststube, in der es nach Kaffee und Kuchen duftete.
Endlich saß Anne vor einer Tasse Cappuccino. Sie legte ihr Smartphone auf den Tisch und tippte eine WhatsApp-Nachricht: Lieber Raik. Ich bin dir nicht böse. Ich weiß, dass du mich außer Gefahr bringen wolltest. Ich bin in Zell am Ziller im Café Brandner und warte, bis du dich meldest, Kuss, Anne.
Nach zwei weiteren Tassen Kaffee und zwei vergangenen Stunden stürmten Niederländer herein. Deren lebhaftes Geschwätz

riss Anne aus ihren Gedanken. Mit ihren wenigen niederländischen Sprachkenntnissen hörte sie heraus, dass es dabei um einen Unfall an der Gerlos-Alpenstraße ging.
Anne fasste sich ein Herz und ging zum Tisch der Niederländer. „Entschuldigen Sie bitte, mein Name ist Dr. Wiesmann. Ich komme aus Deutschland und bin auf der Durchreise. Mein Freund war vor zwei Stunden mit einer BMW am Gerlos-See“, sie zeigte zum Fenster, hinter dem die Wolken die Sicht auf die Tauernkette freigaben. „Er müsste längst zurück sein. Sie haben gerade von einem Unfall gesprochen. Was ist dort oben geschehen?“
Die Niederländer verstummten und blickten sich fragend an. Dann meldete sich aus ihrer Reihe eine ältere Dame. Sie suchte nach Worten und sprach mit Akzent: „Auf der Straße hat ein Truck Bäume verloren. Zwei Männer haben geschossen. Ein Motorradfahrer ist gestürzt. Ich hab die Polizei angerufen.“
Der Ehemann der Niederländerin ergänzte: „Die österreichische Polizei ist nicht durchgekommen. Der Stau im Berg war lang. Zwei Männer trugen Gewehre. Sie sagten, dass sie Polizisten aus Deutschland wären. Der gestürzte Motorradfahrer würde in Deutschland von der Polizei gesucht. Sie haben ihn in einem schwarzen VAN mitgenommen. Wir mussten auch weiterfahren.“
Anne bekam feuchte Augen. Die mitfühlende Niederländerin stand auf und schloss die junge Ärztin in ihre Arme. „Können wir Ihnen helfen?“
„Danke, Sie haben mir bereits geholfen. Ich werde selbst die Polizei anrufen und sehen, wie es weitergeht. Wären Sie so freundlich und geben mir Ihre Telefonnummer, für den Fall, dass noch Fragen sind?“
Der Niederländer gab Anne eine Visitenkarte.

Eine Stunde später saß Anne in einer Polizeiinspektion im Büro des leitenden Beamten und schaute frustriert auf ihre Knie. Die Daumen kreisten nervös.

„Frau Dr. Wiesmann, ich fasse noch einmal zusammen“, sagte Oberinspektor Weigl. Er schritt vor dem Schreibtisch langsam auf und ab. „Sie sind mit Herrn Wulf gestern über die deutsch-österreichische Grenze zu einer Berghütte gefahren, deren Anschrift Sie nicht benennen können, und haben dort übernachtet. Heute Mittag sind Sie am Achensee gewesen und dann durch das Zillertal Richtung Gerlos-Alpenstraße gefahren. Herr Wulf hat Sie an einem Waldweg abgesetzt und fuhr alleine weiter, richtig?“
Anne nickte stumm.
Der Mittfünfziger blickte ihr prüfend in die Augen. Er fuhr sich nachdenklich mit den Fingern durch das graue Haar. „Welchen Grund hatte Ihr Freund Wulf, dass er Sie bei diesem Wetter dort ausgesetzt hat? Hatten Sie beide Streit?“
„Nein, ganz im Gegenteil! Wir wurden verfolgt. Raik hatte Sorge, dass ich von den Verfolgern verletzt würde.“
„Sie wurden verfolgt? Von wem wurden Sie verfolgt?“
„Ich weiß es nicht. Ich kenne diese Leute nicht.“
„Woher wissen Sie, dass sie verfolgt wurden? Was für ein Fahrzeug hat Sie verfolgt? War es eine Person? Waren es mehrere Personen? Waren es Männer oder Frauen?“ Weigl klatschte in die Hände. „Kruzi Türken, soll ich Ihnen jedes Wort einzeln aus der Nase ziehen? Wenn Sie mir keine Informationen geben, dann kann ich Ihnen auch nicht helfen!“
„Mein Gott, ich weiß selbst nicht, wo ich anfangen soll. Raik und ich sind gestern Morgen von unserer Bauernhofpension in der Nähe von Weißsee zum Tatzelwurm gefahren. Dort haben uns zwei Männer angegriffen. Raik hat mich zum Motorrad geschickt und die Kerle irgendwie aufgehalten. Dann kam er nach und wir flüchteten mit dem Motorrad über die Grenze. Das war irgendwo zwischen Tegernsee und Achensee. Bei einer Frau Rosemarie Untermeyer, die eine Almhütte besitzt, haben wir übernachtet. Als wir frühstückten, kamen drei Männer mit Gewehren auf das Haus zu. Einer von ihnen ist auch am Tatzelwurm gewesen. Also flohen

wir wieder mit dem Motorrad über einen Berg, an dem der schwarze Geländewagen uns nicht folgen konnte. Leider haben diese Kerle uns am Achensee wieder aufgespürt und bis hierher verfolgt. Raik setzte mich ab und fuhr alleine weiter zur Gerlos-Alpenstraße." Anne sprang auf und sagte frustriert: „Mehr kann ich Ihnen leider nicht sagen!"
Der Oberinspektor schritt wieder gemächlich hin und her. Seine Hände waren hinter dem Rücken gefaltet. „Frau Dr. Wiesmann, Sie wissen viel mehr, als Sie mir hier bisher erzählt haben. Wie sahen die Männer aus? Wie waren sie gekleidet? Zu welcher Automarke gehörte der Geländewagen? Das Kennzeichen wäre für uns besonders hilfreich."
Anne überlegte. Sollte sie wirklich von Anfang an berichten? Von dem Inferno im Reiterhof, über Raiks Spontanheilung und dass man ihn vielleicht aufgrund seiner genetischen Besonderheit verfolgt? Sollte sie erzählen, dass ein deutscher Polizeibeamter mit Namen Römer zu den Verfolgern gehört? Weigl würde sie doch für völlig verrückt halten.
„Herr Weigl, ich kann mich nur an wenige Details erinnern. Dieser schwarze Wagen könnte ein Audi gewesen sein. Auf jeden Fall hat er als Emblem vier Ringe. Das deutsche Kennzeichen stand vermutlich für Bergisch Gladbach. Die weiteren Buchstaben könnten PP gewesen sein. Die Zahlen habe ich nicht erkannt." Anne blickte in das erwartungsvolle Gesicht des Beamten und fuhr fort: „Einer der Männer ist etwa vierzig, sehr groß und kräftig. Mehr weiß ich bei bestem Willen nicht!"
„Liebe Frau Doktor, ja, da haben wir doch schon mal etwas erfahren. Kann es sein, dass die ersten Buchstaben des Kfz-Kennzeichens BGL lauten?"
Anne nickte zögernd. Der Kriminalist schmunzelte. „Das dachte ich mir. BGL steht für Berchtesgadener Land. Gut, ... wir machen eine Pause von einer Stunde. Bis dahin werden meine Kollegen

erste Ergebnisse vom Unfallort haben. Möchten Sie jemanden anrufen? Wenn ja, dann können Sie dieses Telefon hier benutzen."
Anne hielt ihr Handy demonstrativ hoch. „Danke, die Kontakte, die ich benötige, sind alle hier drin gespeichert."
„Sie können sich auch draußen etwas die Beine vertreten. Es hat aufgehört zu regnen. Die frische Luft tut Ihnen vielleicht gut." Er geleitete sie freundlich in den Flur.

Wie ein aufgescheuchtes Huhn lief Anne an Schaufenstern vorüber, blickte hinein und sah in Wirklichkeit nichts. Immer wieder blieb sie stehen und wählte die Handynummer von Raik. An der einen Stelle bekam sie kein Netz, an anderer Stelle nahm Raik das Gespräch anscheinend nicht an.
„Scheiß Berge!", fluchte sie und blickte vorwurfsvoll zu umwölkten Gipfeln hinauf. „Nicht einmal das Telefon funktioniert hier!"
Sie wählte die Telefonnummer von Leni Feudl. Dieser Kontakt hatte ein Freizeichen.
„Feudl? ... Hallo, wer ist denn da? Die Verbindung ist sehr schlecht! Hallo ...?"
„Leni, hier spricht Anne Wiesmann. Ich bin in einer Tiroler Polizeiwache in Zell am Ziller."
Wie ein Wasserfall berichtete Anne, was seit ihrem Aufbruch vom Feudl-Hof alles geschehen war.
„Anne, bleib ruhig. Ich schicke dir Xaver. Er holt dich ab. Es wird aber ein paar Stunden dauern, bis er dort ankommt."
Anne überlegte. Einerseits war es ihr peinlich, diese Hilfe in Anspruch zu nehmen. Andererseits brauchte sie jemanden, dem sie absolut vertrauen konnte. Außerdem stand ihr Auto und Gepäck immer noch auf dem Feudl-Hof. „Ja, ich nehme eure Hilfe dankbar an und hoffe, dass ich mich eines Tages revanchieren kann."
Erneut setzte der Regen ein. Anne eilte zur Polizeiinspektion zurück. Bald darauf saß sie alleine im Wartebereich und wählte wiedermal Raiks Handynummer. Endlich kam ein Freizeichen. Die

Verbindung wurde aufgebaut. Die Stimme der Sprachbox sagte: „Der Teilnehmer ist zurzeit nicht erreichbar …“
Anne hätte ihr Mobiltelefon am liebsten an die Wand geworfen.
Oberinspektor Weigl bat die Ärztin in sein Büro. Er stellte vor der Ärztin eine Tasse Kaffee ab. „Mögen's Milch oder a Zuckerl?“
Anne hatte mittlerweile viel zu viel Kaffee getrunken, doch das Koffein würde sie wach halten. Sie brauchte unbedingt einen klaren Kopf. Der Kaffeeduft schaffte in dem kargen Raum eine erträgliche Atmosphäre.
„Danke, ich nehme den Kaffee schwarz.“
Der Kriminalist setzte sich der Ärztin gegenüber und betrachtete ihr ebenmäßiges Gesicht. Er dachte: eine bildschöne Frau und dazu noch studiert. Dieser Wulf muss ein Glückspilz sein. So eine Frau verlässt man nicht ohne Grund.
„Frau Doktor, meine Kollegen haben auf der Gerlos-Alpenstraße am Unfallort begonnen, Spuren zu sichern. Das Kennzeichen des Motorrads, einer schwarzen BMW, lautet ABS für Altbrunnenstett und RW 1111. Ist das das Fahrzeug von Wulf?“
„Ich denke, dass ABS auf jeden Fall die ersten Buchstaben des Nummernschilds sind. RW könnte auch für Raik Wulf stehen. Auf die Zahlenfolge habe ich nicht geachtet.“
„Der Unfall scheint sich so abgespielt zu haben, wie Ihnen die niederländischen Gäste das geschildert haben. Hilfreich wäre es, wenn wir diese Augenzeugen sprechen könnten. Sie haben sich nicht zufällig die Adresse dieser Personen notiert?“
Anne legte die Visitenkarte des Niederländers auf den Schreibtisch. Sie stand auf und machte davon ein Handyfoto. Weigl nahm die Karte des Zeugen an sich.
„Sie sagten, dass Sie Ärztin sind?“
„Ja, ich arbeite in der chirurgischen Abteilung eines Krankenhauses.“
„Gut, ich denke, als Chirurgin verkraften Sie einiges. Wir haben am Unfallort der BMW Blutspuren gefunden. Ob diese durch den

Sturz des Fahrers entstanden oder Folgen von Schussverletzungen sind, können wir nicht sagen."
„Schussverletzungen?" Anne atmete tief durch. „Mein Gott, diese verdammte Ungewissheit macht einen verrückt!"
Weigl wählte den Kontakt des Niederländers. Die Verbindung war gut. Die Männer tauschten Fragen und Antworten aus. Dann bedankte sich Weigl bei dem Zeugen und beendete das Gespräch. „Ja, Frau Doktor, dieser Herr hat alles bestätigt, was Sie mir schon berichtet haben. Die Fahndung nach dem schwarzen Audi läuft landesweit. Auch die deutschen Behörden sind informiert worden. Jetzt heißt es Geduld haben und abwarten. Sobald ich Neuigkeiten erfahre, informiere ich Sie. Wo wollen Sie warten? Möchten Sie vielleicht hier im Ort ein Zimmer buchen?"
„Nein danke, ich warte auf Herrn Xaver Feudl. Er wird mich abholen und nach Deutschland fahren. Auf dem Feudl-Hof steht noch mein Auto und ist mein Urlaubsgepäck."
Anne verließ das Büro, setzte sich in den Wartebereich und begann mit dem Smartphone im Internet zu recherchieren.

Die nächsten Stunden vergingen quälend langsam.
Dann endlich sagte ein Polizist: „Frau Dr. Wiesmann, Sie bekommen Besuch. Ein Herr Feudl hat sich gemeldet."
Ein breitschultriger Mann mit Vollbart betrat den Wartebereich.
„Servus, Anne."
Sie nahm ihn erleichtert in die Arme. „Xaver, Gott sei Dank bist du gekommen. Man hat auf Raik geschossen. Nun ist er verschwunden!"
Weigl kam hinzu. Er betrachtete Feudl aufmerksam und fragte: „Haben Sie eine Idee, warum man Herrn Wulf entführt haben könnte?"
Xaver versuchte in Annes Gesicht zu erkunden, wie viel er sagen dürfe. Er zuckte mit den Schultern. „Na, ich weiß nix. Herr Wulf

und Frau Doktor sind Gäste in unserer Pension. Wir haben uns erst gerade kennengelernt."

„Gut ... wie schon gesagt ... wenn unsere Fahndung Ergebnisse bringt, melden wir uns bei Ihnen, Frau Dr. Wiesmann." Er brachte die beiden Herrschaften zur Tür.

∞

Raik erwachte. Um ihn herum war es finster. War es Nacht? Wo befand er sich? Wo war Anne? Was war geschehen? Raik versuchte, seine Gedanken zu ordnen. Die Finger ertasteten die Umgebung. Er lag auf einem Bett. Das war nicht Annes Bett in Rosemarie Untermeyers Kammer. Wäre ja auch Blödsinn, denn da gab es doch noch die Flucht über den Inn Richtung Zillertal. Mehr und mehr Erinnerungen tropften in Raiks Bewusstsein. Er hatte Anne in einem Wald zurückgelassen. Die Verfolger waren danach nur noch ihm auf den Fersen gewesen.

Er erinnerte sich an den Sattelzug mit einer Ladung riesiger Baumstämme, an Schüsse, an seinen Sturz und dann ...? Dann an nichts mehr!

Raik strich sich durch das müde Gesicht. In seinem Schädel begann es zu pochen, als wenn er eine Nacht durchgezecht hätte. Schmerzen am rechten Unterschenkel meldeten sich. Instinktiv griff er dort hin und ertastete einen Verband. Die Berührung verstärkte den Schmerz.

„Bei Teutates, verdammt, was ist das denn? Was ist denn geschehen?"

Die Finger suchten im Dunkeln den Bettrand. Raik setzte sich auf. Sein Lager stand mit der langen Seite an einer Wand. Ihm wurde klar, dass er sich in fremder Umgebung befand. Vorsichtshalber verhielt er sich leise. Tastend erkundete er die Räumlichkeit. Das verletzte Bein stieß an einen Stuhl. Er biss sich mit schmerzverzerrtem Gesicht auf die Zähne.

Nicht zum ersten Mal in seinem Leben hatte dieser Mann in einer dunklen Zelle gesteckt. Er wusste, wie sich grausame Kerker anfühlen, wie sie riechen und dass man mit Geduld, Herz und Verstand auch wieder aus ihnen herauskommen kann. Man benötigte nur Zeit. Und Zeit hatte er. Bei diesem Gedanken ertastete seine Hand eine Tür und drückte vorsichtig deren Klinke herunter.
„Verschlossen. Ich wusste es! Ich hätte Hellseher werden sollen", murmelte er.
Der Raum roch nach Desinfektionsmitteln und Medikamenten. Seine Finger ertasteten einen Lichtschalter. Endlich flackerten Leuchtstoffröhren an der Zimmerdecke auf. Das grelle Licht stach ihm in die Augen.
Der erleuchtete Raum sah wie ein Krankenzimmer aus. Tisch, Stuhl und Kleiderschrank gehörten zur kargen Ausstattung. Neben dem Waschbecken hingen frische Handtücher. Toilettenartikel häuften sich auf der Ablage vor dem Spiegel. Raik ging zum kleinen Fenster und zog den Vorhang zurück. Dort reflektierten drei eng stehende Gitterstäbe das Zimmerlicht. Hinter ihnen gähnte schwarze Nacht.
Auf einmal wurde das Türschloss entriegelt. Die Tür öffnete sich. Ein Sechzigjähriger im weißen Kittel trat ein und lächelte Wulf freundlich an. Er schob einen Verbandswagen herein. Hinter ihm schloss sich die Tür wie von Geisterhand. Das Schloss wurde von außen verriegelt.
„Oh, Sie sind ja schon wach, Herr Wulf", sagte der schmächtige Mann. „Erstaunlich, bei der Dosis, die man Ihnen verabreicht hat. Legen Sie sich bitte wieder hin. Ihr Kreislauf ist noch geschwächt."
Raik betrachtete den Fremden von Kopf bis Fuß. Dieser Mann stellte für ihn physisch keinen Gegner dar, denn der wirkte wie ein schüchternes Würstchen. Deshalb sagte er: „Es wäre äußerst nett von Ihnen, wenn Sie sich mir vorstellen würden."

Der Schmächtige zuckte nervös mit den Wimpern: „Oh, entschuldigen Sie bitte. Ich bin Dr. Berner, Ihr behandelnder O-O-Oberarzt." Er stellte ein Tablett mit Spritzen, Tupfern und Verbandsmaterial auf den Nachttisch neben dem Krankenbett. „Herr Wulf, bitte legen Sie sich hin. Ich muss die Wunde an Ihrem Bein neu versorgen."
Erst da sah Raik, dass sein Verband am Bein blutig war, doch das interessierte ihn nicht. Blitzschnell umfasste er den Arzt von hinten und drückte ihm mit dem Unterarm die Luft ab. Dann ergriff Raik mit seiner anderen Hand eine steril verpackte Nadel und hielt deren Spitze genau vor Berners rechtes Auge.
„So, mein lieber Oberarzt, rufen Sie jetzt Ihre Leute. Lassen Sie sofort die Tür öffnen. Danach machen wir beide einen kleinen Ausflug. Sollten Sie nicht kooperieren, schiebe ich die Nadel durch Ihr Auge bis in Ihr kluges Gehirn!" Er drückte den Arzt grob zur Tür und drängte: „Wenn Sie nun so freundlich wären und alles für unseren Ausflug veranlassen?"
Dr. Berner stand schlagartig Schweiß auf der Stirn. Er jammerte: „Bitte tun Sie das nicht. Ich will Ihnen wirklich nur helfen. Die Menschen vor der Tür interessiert es nicht, wenn Sie mir das Augenlicht nehmen. Wenn Sie mich loslassen, dann erzähle ich Ihnen, was ich weiß. Sie sind kräftig genug, um mich danach immer noch festzuhalten."
Raik stieß den Mann zum Tisch und zeigte auf einen Stuhl. „Setzen Sie sich. Sollten Sie Dummheiten machen, breche ich Ihnen das Genick, okay?"
Berner ließ sich keuchend auf einen Holzstuhl sinken und rieb seinen schmerzenden Hals.
„Also, Sie beantworten mir nun einige Fragen!" Raik hielt seinen Zeigefinger drohend vor Dr. Berners Nase. „Womit haben Sie mich betäubt? Warum bin ich hier? Wer hat mich in seiner Gewalt? Wo sind wir hier?"

∞

Während der Fahrt vom Zillertal nach Bayern zum Feudl-Hof berichtete Anne ihrem Pensionswirt, was seit dem Vortag geschehen war. Xaver lenkte seinen Kombi durch die engen Kurven der Landstraße, die zwischen steil aufsteigenden Bergwänden einem Bachlauf folgte.

Er fragte: „Welchen Grund haben diese Leute, Raik zu kidnappen?"

„Wenn ich das nur wüsste! Ich denke, dass es mit Raiks Spontanheilung nach seiner Verbrennung zu tun hat. Vielleicht hat irgendjemand vom Klinikpersonal seine Daten an Leute gegeben, die in der Forschung oder Pharmaindustrie arbeiten. Ich weiß nicht, warum Raiks Verletzungen grundsätzlich schneller verheilen als bei normalen Menschen. Vielleicht sind seine Gene durch eine Mutation verändert. Es gibt Menschen, die keine Schmerzen haben, die ohne Narkosemittel operiert werden können. Es gibt Yogi, die schieben sich spitze Gegenstände durch ihren Leib, ohne sich zu verletzen. Es gibt chinesische Mönche, die sich mit Eisenstangen auf den Schädel schlagen, ohne eine Verletzung zu verursachen. Alle diese Phänomene lassen sich irgendwie erklären. Egal, welche außerordentlichen Fähigkeiten Raiks Körper besitzt, es gibt kein Recht, ihn deswegen zu kidnappen."

„Was willst du nun unternehmen?"

„Ich habe nicht das Gefühl, dass die österreichische Polizei viel Erfolg in ihrer Fahndung haben wird. Ich habe mir an einem Geschäft in Zell am Ziller eine Europakarte angesehen. Die Grenzen nach Ungarn, zum ehemaligen Jugoslawien, nach Italien und der Schweiz sind nicht weit. Ich vermute, dass die Kidnapper Raik irgendwo ins Ausland verschleppt haben. Eigentlich müsste auch die deutsche Polizei nach einem entführten Bürger im Ausland fahnden. Wenn sich dieser Oberinspektor Weigl bis morgen nicht gemeldet hat, dann wende ich mich an unsere Kriminalpolizei."

Dann kam ihr ein Gedanke, und sie murmelte einen Namen vor sich hin: „Franka Lombardi."
Xaver schaute Anne fragend an.
Sie erklärte: „Franka ist eine Schulfreundin. Wir haben zusammen das Abitur gemacht. Sie durfte bei mir in Latein und ich bei ihr in Mathe abschreiben. Sie ist zur Kripo gegangen. Wir haben uns aber seit der zehnjährigen Abi-Fete vor drei Jahren nicht mehr gesehen, weil sie zum Landeskriminalamt Baden-Württemberg versetzt worden ist. Ich glaube, ich habe ihre Handynummer gespeichert. Wenn ich Glück habe, dann stimmt die Nummer noch." Sie öffnete die Kontakt-App ihres Smartphones, fand Lombardis Namen und wählte.
Während das Smartphone das Mobilfunknetz suchte, zog die herrliche Bergwelt an den Fenstern vorüber. Nadelbäume klammerten sich an steile Hänge. Felsen reflektierten das Licht der späten Nachmittagssonne, die sich endlich gegen die Regenwolken durchsetzte. Weit unterhalb der Straße stolperte ein anderer Bach über riesige Felsbrocken, die das klare Wasser weiß aufschäumen ließen.
Anne hatte im Moment keinen Blick für diese romantischen Naturwunder. Sie nahm ihr Telefon enttäuscht vom Ohr und wollte gerade auflegen, da hörte sie eine Stimme im Smartphone.
„Lombardi hier. Wer spricht denn da? Die Verbindung ist sehr schlecht!"
„Franka, Anne Wiesmann hier. Erinnere dich an das Gymnasium in Essen. Wir haben uns vor drei Jahren auf der zehnjährigen Abi-Fete das letzte Mal getroffen."
„Hi, Anne, ich habe ein ganz schlechtes Gewissen. Ich wollte mich schon längst mal wieder bei dir gemeldet haben. Was macht die Heimat? Was macht dein Job? Schnibbelst du immer noch in der Chirurgie?"
„Ja, ich bin immer noch in der Chirurgie. Und du? Hast du den Aufstieg zur Tatort-Kommissarin geschafft?"

„Ich bin mittlerweile die Leiterin in meinem Verein. Ich habe mich gegen die Jungs ganz gut behaupten können. Planst du das nächste Klassentreffen oder gibt es etwas Wichtigeres?"
„Ein Freund von mir sitzt tief in der Klemme. Da ich mir keinen Rat mehr weiß, habe ich dich spontan angerufen."
„Anne, ehrlich gesagt habe ich gerade wenig Zeit. Sag mir kurz, wo es brennt, und ich melde mich am späten Abend bei dir."
„Franka, hast du etwas zu schreiben?" Anne wartete die Bestätigung ab, dann fuhr sie fort: „Reiner Wulf ist der Name meines Freundes. Der Rufname ist aber Raik. Wir waren in Tirol im Zillertal unterwegs. Raik fuhr mit seinem Motorrad alleine die Gerlos-Alpenstraße hinauf. Er hatte dort einen Unfall und muss sich verletzt haben. Dann wurde er laut Zeugen gekidnappt. Ich habe das alles der Polizeiinspektion Zell am Ziller gemeldet, doch ich habe keine Hoffnung, dass die Raik finden werden."
„Wie lange liegt die Entführung zurück?"
„Das war am späten Mittag. Also vor etwa sechs Stunden."
„Gib mir bitte Reiner Wulfs Daten. Adresse, Geburtstag, Arbeitgeber. Typ und Kennzeichen seines Motorrads wären hilfreich. Sende mir auch ein Bild von ihm, falls die deutsche Polizei eine Fahndung herausgeben muss. Am besten schickst du mir alles, was du mir zur Aufklärung geben kannst, per E-Mail." Frau Lombardi gab Wiesmann ihre Kontaktdaten durch und fragte weiter: „Hast du eine Idee, warum man Reiner gekidnappt hat und wer eventuell dafür infrage kommt? Hat er Feinde? Ist er so wohlhabend, dass sich eine Erpressung lohnt?"
„Feindschaft und Erpressung können wir sehr wahrscheinlich ausschließen. Es gibt wohl einen anderen Grund, den ich aber nicht mit ein oder zwei Sätzen erklären kann."
„Okay, Anne, bleib ruhig. Vielleicht liegt in wenigen Stunden bereits ein Bekennerbrief vor. Vielleicht auch eine Forderung. Erst wenn man den Feind kennt, kann man gezielt gegen ihn vorgehen.

Sende mir, was du an Daten von Wulf hast. Ich melde mich wieder."
Anne bedankte sich, schob das Smartphone in die Tasche und atmete tief durch.

∞

Dr. Berner schaute auf seine Knie. Wenn er Wulf nicht in die Augen blicken musste, blieb sein Stottern aus. „Ich beantworte Ihnen zuerst die letzte Frage. Wir sind hier in einer Privatklinik. Sie befindet sich in einer alten Klosterburganlage. Mehr darf ich Ihnen vorläufig nicht sagen. Ihr Gastgeber ist Prof. Dr. Petohmi. Er wird Sie schon bald sprechen wollen. Er hat mich angewiesen, alles medizinisch Mögliche für Ihre Genesung zu tun. Warum er Sie zu sich eingeladen hat, wird er Ihnen selbst erklären." Berner strich sich nervös über seinen Haarkranz. „Betäubt wurden Sie mit einem Narkotikum. Ich hoffe, dass diese Auskünfte erst einmal ausreichen."
Raik humpelte zum Fenster und blickte in die Nacht hinaus. Die Wolken lösten sich auf, die Sterne begannen zu funkeln. Er musste an den Sternenhimmel denken, unter dem er eng umschlungen mit Anne gestanden hatte. Er drehte sich herum. Seine Augen blitzten den schmächtigen Arzt zornig an: „Noch eine wichtige Frage. Die wichtigste überhaupt. Haben die Handlanger Ihres skrupellosen Professors auch eine schlanke, blonde Frau mit blauen Augen hierher verschleppt?"
„Nein, das wüsste ich. Alle Neuaufnahmen werden von mir untersucht, und ich lege deren Krankenblatt an."
In einer Zimmerecke, hoch oben unter der Decke, kratzte ein Lautsprecher. Eine herrische Stimme sagte: „Berner, Sie reden zu viel. Bleiben Sie bei Ihren bescheidenen medizinischen Aufgaben. Einen Verbandswechsel werden Sie wohl noch zustande bringen. Vergessen Sie nicht, die Verletzung Ihres wertvollen Patienten zu

fotografieren. Unser Ehrengast braucht Ruhe. Er soll völlig entspannt sein, wenn ich ihn persönlich treffe!"
Der Lautsprecher verstummte.
Raik zeigte zur Zimmerdecke. „War er das, Ihr dubioser Professor?"
Dr. Berner nickte und wies zum Krankenbett: „Bitte legen Sie sich hin. Ich möchte Ihre Verletzung versorgen."
Raik überlegte, wie er am besten vorgehen sollte. Bevor er aktiv würde, wäre es sinnvoll, eine Zeit lang dieses perfide Spiel mitzuspielen und seine Wunde versorgen zu lassen. Auch die Beruhigungsmittel, die man ihm verabreicht hatte, würden seine Reaktionsfähigkeit bei einem Kampf momentan einschränken. Der Hüne legte sich auf das Bett und verschränkte die Arme vor der Brust. Er trug immer noch das Hemd, das er am Morgen der Flucht angezogen hatte. Die Motorradhose hatte man ihm während seiner Bewusstlosigkeit ausgezogen.
Der Arzt begann den Verband am rechten Unterschenkel des Verletzten abzurollen. Blutgetränkte Wundabdeckungen kamen zum Vorschein. Er entfernte diese von der verletzten Stelle.
„Faszinierend!", sagte er und schob mit einem Finger seine Brille höher. „Die Wunde ist bereits verschlossen. Nur an den Wundrändern sind noch Narben zu sehen. Solch eine rasche Regenerierung grenzt an ein Wunder." Dr. Berner griff zu einer Kamera und fotografierte den verletzten Unterschenkel seines Patienten.
„Ich wusste gar nicht, dass ich hier zu einem Foto-Shooting geladen wurde", sagte Raik zynisch. Er strich mit seiner Hand über die verletzte Stelle und murmelte: „Noch ein bisschen druckempfindlich. Aber das ist spätestens morgen wieder verschwunden."
Der Arzt warf das gebrauchte Verbandsmaterial in eine Box und wusch sich am Waschbecken die Hände. „Das Regenerierungssystem Ihres Körpers ist einmalig. Prof. Petohmi wird begeistert sein."

„Ich bin schon gespannt auf den Herrn, dem meine Gesundheit so sehr am Herzen liegt."
Dr. Berner drückte auf einen Knopf neben der Tür. „Schlafen Sie noch ein bisschen. Die Sonne geht schon bald auf."
Das Türschloss wurde von außen entriegelt. Ein korpulenter Pfleger mit auffälliger Zahnlücke öffnete. Seine Hand hielt eine Pistole auf Wulf gerichtet. Er gab Berner mit dem Kopf ein stummes Zeichen.
Der Mediziner schob seinen Verbandswagen in den Flur hinaus und sagte zu dem Koloss im weißen Anzug: „Colin, unser Gast wird noch einige Stunden Schlaf brauchen. Vermeiden Sie jede Störung!"
Raiks Zimmertür wurde wieder verriegelt.

∞

Xavers Wagen erreichte den Feudl-Hof am späten Nachmittag. Anne machte sich in ihrem Zimmer kurz frisch. Danach sendete sie ihrer Freundin Franka Lombardi per E-Mail die Daten, die sie einer Visitenkarte von Raik entnehmen konnte. Ebenso schrieb sie einen detaillierten Bericht, wie sie ihn kennengelernt hatte, über das Inferno am Reiterhof, Raiks Verbrennung und Spontanheilung. Auch der Angriff am Tatzelwurm und die Verfolgung bis zum Zillertal waren darin stichwortartig beschrieben. Handyfotos in der Mail-Anlage zeigten Raik auf Lennox, Raik auf seinem Motorrad, Raik auf dem Kutschbock, Raik vor dem reißenden Wasserfall. Jedes Foto, das sie geschossen hatte, waren Momentaufnahmen aus glücklichen Stunden.
Bäuerin Leni Feudl bereitete ein deftiges Abendessen zu. In der Küche dufteten frisches Brot, geräucherter Schinken und Hausmacher Leberwurst. Auf der glänzenden Kräuterbutter spiegelte sich die Deckenlampe. Der Tee der Erwachsenen roch

verführerisch nach Rum. Im Hintergrund spielte ein altes Radio traditionelle Volksmusik.

Xaver und seine Buben griffen hungrig zu. Anne zeigte keinen Appetit. Sie nahm die einladenden Düfte kaum wahr, schien mit ihren Gedanken weit entfernt zu sein.

Xaver wischte sich nach dem Essen genüsslich den Mund ab und fragte Anne: „Magst a Schnaps? I trink auf jeden Fall a Obstler." Er griff in das Regal mit den Stamperln.

„Nein, ich möchte keinen Alkohol. Ich muss einen klaren Kopf behalten."

„Dann trink I für dich a Schnapserl mit."

Xaver lachte und schenkte sich ein.

„Wie könnte es auch anders sein!", spottete Leni. „Jeden Tag a Schnaps ist sicher nicht gesund. Aber ich kann reden, wie ich will, bei Xaver sind Hopfen und Malz verloren!"

Der stämmige Bauer strich sich demonstrativ über den gewölbten Bauch. „Bei mir sind Hopfen und Malz erst recht nicht verloren. Und nun mache ich meinen Kontrollgang durch den Stall."

Als die Dämmerung einsetzte, verließ auch Anne das Haus, um in aller Stille noch ein bisschen spazieren zu gehen. Der Wind frischte auf und spielte mit ihren Locken. Sie strich sich über die kuschelig warme Jacke. Mit jedem weiteren Schritt kam die Dunkelheit näher. Das Smartphone hielt sie permanent in der Hand. Unzählige Male hatte sie Raiks Nummer gewählt. Jedes Mal hörte sie nur die verdammte Sprachbox.

Endlich steckte Anne das Handy ein. Ihre Finger waren mittlerweile eiskalt. Im gleichen Moment zerriss ein Klingelton die Stille. Anne blieb abrupt stehen, zerrte den Verschluss ihrer Jacke herunter, griff gezielt zum Handy und rief: „Raik, endlich! Wo bist du denn? Was ist geschehen?"

Im Lautsprecher meldete sich jedoch eine Frauenstimme: „Hi, Anne, Franka hier. Hast du etwas von deinem Raik gehört?"

„Hallo, Franka, nein, ich habe nichts mehr von ihm gehört. Hast du etwas herausbekommen? Hat die österreichische Polizei sich mit der deutschen in Verbindung gesetzt?"
„Liebes, versuche einen klaren Kopf zu behalten, wie du es bei deinen chirurgischen Eingriffen tust. Herr Reiner Wulf ist in Altbrunnenstett wohnhaft gemeldet und fällt damit in den Zuständigkeitsbereich der dortigen Polizei."
„Aber du bist beim LKA Baden-Württemberg und müsstest doch auch zuständig sein, oder nicht?"
„Liebes, man darf nicht die Zuständigkeiten übergehen. Ich habe mich mit den Kollegen in Wulfs Wohnort abgesprochen. Die sind jedoch einverstanden, dass ich mich in die Sache einhänge. Auch mit Oberinspektor Weigl in Zell hab ich mich in Verbindung gesetzt. Er zeigt Verständnis und kollegiale Hilfsbereitschaft. Leider hat er noch keine Hinweise, die uns weiterbringen."
„Franka, hast du anhand meiner Daten über Raik in deinem Polizeicomputer recherchiert?"
„Ich habe in den dreizehn Jahren bei der Kripo so einiges gehört, gesehen und erlebt, aber dein Raik ist ein außergewöhnlicher Fall. Er sieht übrigens unverschämt gut aus. Den würde ich mir auch zurückholen."
„Franka, mir ist im Moment nicht zum Scherzen zumute."
„Also, dein Herr Wulf weist nicht nur in seiner Spontanheilung Besonderheiten auf, sondern auch in seiner Vita. Ich habe sein Gesicht in ein spezielles Suchprogramm eingegeben. Dieses Programm durchforstet das polizeiliche Intranet. Polizeilich liegt gegen Wulf nichts vor. Wir haben keine Daten über ihn." Lombardi machte eine kleine Pause. Ihre Finger klapperten auf der Computertastatur. Dann fuhr sie fort: „Im Internet sieht das schon anders aus. Viele Menschen sind in sozialen Netzwerken, bei Facebook und Co. zu finden. Schulen, Vereine, Parteien, Kirchengemeinden, jeder stellt Fotos ins Netz. Mittlerweile werden Familienfotos ins Netz gestellt, bei denen auch Aufnahmen dabei sind,

die aus der Kaiserzeit stammen oder bis zu den Anfängen der Fotografie zurückreichen. Mein KI-Suchprogramm ist in der Lage nachzuweisen, dass es sich im Falle des Falles um dieselbe Person handelt. Selbst wenn sich die Personen in verschiedenen Altersabschnitten befinden, erkennt das Programm deren Gesichter mit hoher Trefferquote wieder."
„Mach es bitte nicht so spannend! Sag schon, was hast du Besonderes über Raik gefunden?"
„Liebes, es gibt nur zwei Möglichkeiten. Entweder spinnt unser Programm oder dein Raik muss ein Zeitreisender sein."
„Erklär mir das bitte etwas genauer."
„Die Namen Raik Wulf und Reiner Wulf stehen grundsätzlich mit deinen Fotos von Raik im Zusammenhang. Es gibt Berichte über Reitturniere der jüngeren Zeit in Süddeutschland, bei denen dieser Raik mehrmals gewonnen hat. Seine Schüler stellen ihm die besten Noten aus. Er scheint an seiner Schule sehr beliebt zu sein." Lombardis Computertastatur klapperte erneut. Die Beamtin sprach weiter: „Jetzt wird es interessant. Wir machen einen Zeitsprung in die Vergangenheit. Hier hab ich eine Aufnahme von Studentendemonstrationen Ende der 1960er Jahre. Zu der Zeit wurden sämtliche Teilnehmer politischer Demos fotografiert und zum Teil unter die Lupe genommen. Wulf hat auf allen diesen Fotos lange Haare. Hin und wieder trägt er sie zusammengebunden." Die Tastatur klapperte erneut. „Dann springt unser Zeitreisender in das Jahr 1944, wo er als Widerstandskämpfer von der Gestapo gesucht wird. Angeblich hat er sich nach Ansicht der Gestapo als Fluchthelfer für Zigeuner und Juden strafbar gemacht."
Anne bekam eine Gänsehaut. Sie flüsterte: „Das ist Rilanas Geschichte. Also kannte Raik Rosemarie Untermeyer tatsächlich aus früherer Zeit! Ich kann es nicht fassen. Es kann und darf nicht wahr sein."
Lombardi fuhr fort: „Um dieser Geschichte sprichwörtlich die Krone aufzusetzen, machen wir wieder einen Zeitsprung. Schüler

eines Geschichtskurses haben zu Ehren ihrer Urahnen Aufnahmen mit Kriegsveteranen aus dem Ersten Weltkrieg ins Netz gestellt. Auf einem der Schwarz-Weiß-Bilder ist unser Zeitreisender mit dem Eisernen Kreuz ausgezeichnet worden. Laut dem Bericht eines Schülers hat ein Reinholt Wolf seine eingekesselten Kameraden an der deutsch-französischen Front unter Einsatz seines Lebens befreit." Lombardi schloss ihren Rechercheberícht: „Es ist sicherlich eine Anhäufung von glücklichen Zufällen, dass diese Bilder von deinem Raik im Netz sind. Sehr wahrscheinlich weiß er nichts davon. Gerade bei Gruppenfotos geraten viele Leute per Zufall ins Internet."

Anne fröstelte. Doch diese Kälte kam nicht nur von außen. Sie wandte sich in der Dunkelheit um und erblickte in der Ferne die erleuchteten Fenster des Bauernhauses. Über ihr wölbte sich der Sternenhimmel. Sie erinnerte sich an die romantischen Augenblicke, als Raik ihr eng umschlungen die Bilder des Firmaments erklärt hatte.

„Anne, bist du noch da?", fragte die Freundin.

„Ja, sicher. Franka, wir haben es nicht mit einem Zeitreisenden zu tun. Das gibt es nur in Science Fiction-Filmen. Dieser Raik Wulf lebt. Und er lebt sehr wahrscheinlich, wie einst Methusalem, seit mehreren Jahrhunderten!"

Lombardi lachte schallend: „Anne, du warst immer unsere nüchterne Naturwissenschaftlerin. Aber jetzt hat dich diese skurrile Geschichte völlig verwirrt. Trotz der Bilder im Internet wird es auch in diesem Fall am Ende eine vernünftige Erklärung geben."

∞

Raik blickte auf die geschlossene Tür und überlegte, ob er das Gesicht des kräftigen Pflegers schon einmal gesehen hatte. Er erinnerte sich, dass bei seiner Verfolgung zwei Männer aus einem schwarzen Geländewagen in seine Richtung geschossen hatten.

Einer von ihnen war dieser Polizist Römer vom Tatzelwurm. Der andere Schütze könnte dieser Pfleger gewesen sein. Raik winkte ab und streckte sich entspannt auf dem Krankenbett aus. Mit jeder weiteren Stunde würde seine Beinverletzung heilen. Die Zeit arbeitete für ihn. Aber wer war dieser geheimnisvolle Professor Petohmi? Woran erinnerte ihn dieser Name? Er hatte einen italienischen Klang. Raik sprach fließend Italienisch und kannte sich in Italien aus, aber dieser Name war ihm nie begegnet. Außerdem wusste er immer noch nicht, in welchem Land er sich gerade aufhielt. Die Reste des Narkotikums, das man ihm während des Kidnappings gespritzt hatte, ließen ihn erneut in eine Traumwelt sinken.

„Guten Morgen, Herr Wulf. Hier kommt Ihr Frühstück", krächzte eine tiefe Frauenstimme.
Das Tageslicht war grell. Raik betrachtete die ältere Krankenschwester durch halb geöffnete Augen. Ihr weißer Kittel spannte sich um dralle Hüften. Der burschikose Kurzhaarschnitt und die dicke Brille verliehen ihr etwas Herrisches. Sie stellte ein Tablett ab. Kaffeeduft machte sich breit. Raik schwenkte seine Beine aus dem Bett.
„Ich bin Oberschwester Renate. Lassen Sie es sich schmecken", krächzte die Stimme. Hinter ihren dicken Brillengläsern wirkten die Augen fast doppelt so groß und erinnerten Raik an eine Unke. Die Schwester wandte sich zur Tür und klingelte.
Pfleger Colin öffnete, streckte seinen Kopf kontrollierend ins Zimmer und winkte Renate hinaus. Zu Wulf sagte er: „Machen Sie sich frisch. Der Professor will Sie in einer Stunde sehen."
Colin stieß von außen grob die Tür zu. Die Verriegelung klapperte. Raik war wieder allein. Er reckte sich und trat ans Fenster. Hinter den Gitterstäben erstreckte sich die Kulisse einer schroffen Bergwelt. Der Himmel war leicht bewölkt und von der Morgensonne gerötet. Die Zinnen eines Burgturms erhoben sich über

einem Abgrund. Hatte Dr. Berner nicht auch von einer Klosterburganlage gesprochen? Unter dem Einfluss des Narkotikums war Raik das Gespräch mit dem Arzt eher wie ein Traum vorgekommen. Doch inzwischen arbeitete sein Verstand glasklar.
Welche Burganlage war das hier? Befand er sich noch in Österreich oder hatte man ihn in ein Nachbarland verschleppt? Raik hatte sich im Laufe seines langen Lebens unzählige Burganlagen, Schlösser, Klöster, Kirchen, Kathedralen und außereuropäische Meisterwerke der Architektur angesehen, doch aus dem Blickwinkel dieser Zelle fand er keinen Anhaltspunkt. Also machte er seine morgendlichen Liegestütze, Taj-Chi-Übungen und frühstückte.

Nach einer Stunde öffnete sich seine Zelle. Ein schlanker Pfleger trat ein. „Ich habe Ihnen Kleidung mitgebracht. Suchen Sie sich etwas Passendes aus", sagte er freundlich. Beim Sprechen baumelte ein Nasenring über seiner Lippe.
Raik wählte Jeans und Polo-Shirt. „Wo sind meine Motorradstiefel?"
Der korpulente Pfleger Colin kam hinzu und warf Wulf ein Paar Badeschlappen vor die Füße. „Mach es nicht so spannend und komm." Mit einer Pistole gab er Raik Zeichen, in den Flur hinaus zu treten.
Von beiden Pflegern eskortiert lief Raik durch mehrere Gänge, die den Stationsfluren einer Klinik glichen. Nur Personal begegnete ihnen. Kein anderer Patient war zu sehen. Die Aufzugtür musste mit einem Schlüssel geöffnet werden. Der Aufzug beförderte sie in eine Etage mit deutlich besserer Ausstattung als der karge Flur, in dem Raiks Zelle lag. Sie schritten an mehreren Türen vorbei.
„Stehen bleiben!", befahl der Dicke und klopfte gleichzeitig an eine massive Holztür.
„Herein mit dem hohen Besuch!", sagte eine Stimme im Lautsprecher neben der Tür.

Die Pfleger schoben Wulf in das Zimmer.
Hinter einem riesigen Schreibtisch saß ein grauhaariger Herr im Kittel. Sein Haar war voll und wellig.
„Seien Sie mir willkommen, Herr Wulf. Ich bin Professor Petohmi. Nehmen Sie doch bitte Platz." Er wies zu einem bequemen Ledersessel.
Auf eine kaum sichtbare Augenbewegung des Professors hin verließen die Pfleger das Zimmer.
Raik betrachtete den seltsamen Mann. Der schien sehr selbstsicher und völlig entspannt zu sein. Sein Alter war schwer zu schätzen. Die Gesichtshaut war faltenfrei. Nur wenn er lachte, zogen sich kleine Fältchen um charismatische, schwarze Augen. Die gepflegten Hände und Fingernägel gehörten zu einem typischen Chirurgen.
Alle Wände waren mit Bücherregalen bis zur Decke gefüllt. Hinter einem Panoramafenster leuchteten Felsen eines Bergmassivs in der Vormittagssonne. Aus diesem Blickwinkel erkannte Raik nicht nur die Wehrmauer dieser Festung, auch ein Kirchturm reckte sich in den Himmel.
Raik suchte den direkten Blickkontakt mit dem Professor. Beide Männer sahen sich schweigend und ohne mit der Wimper zu zucken eine Zeit lang an. In ihrem nervlichen Kräftemessen waren sie sich offenbar ebenbürtig. Raik war mindestens einen Kopf länger als der seltsame Herr. Er fragte: „Sie haben keine Sorge, dass ich Ihnen jetzt den Hals herumdrehe?"
„Damit rechne ich nicht. Sie sind ein vernünftiger Mann, Herr Wulf. Sie sind an Ihrer Eliteschule als äußerst disziplinierter Lehrer bekannt. Auch Ihre Fairness ist hochgelobt." Petohmi lächelte. „Oder sollte ich besser sagen, dass Ihre Fairness bereits vor langer Zeit von Dichtern des späten Mittelalters besungen wurde?"
„Dichtung und Wahrheit war Goethes Thema. Seien Sie sich bei mir also nicht so sicher, Herr Professor!"

Petohmi zeigte zum Fenster: „Da draußen sehen wir die Architektur des Mittelalters, doch hier drinnen befinden wir uns im 21. Jahrhundert. Bei einer falschen Bewegung von Ihnen strömt ein Nervengas in diesen Raum. Es wirkt innerhalb von Sekunden. Ich würde danach im Gegensatz zu Ihnen unter Freunden aufwachen. Das Burggelände wird streng bewacht. Niemand kommt unbemerkt hinein und hinaus." Petohmi lächelte süffisant. „Aber so etwas haben wir beide nicht nötig. Kommen wir lieber zum Grund Ihres Besuchs."
Raik schritt zum Fenster. Er blickte über die Dächer der angrenzenden Gebäude. Auf einer Wehrmauer unterhielten sich zwei Männer, die Gewehre geschultert hatten.
„Eine herrliche Klosterburg. Die gotische Kirche erinnert mich an ein Klosterstift in Südtirol. Habe ich recht?", fragte Raik.

∞

Anne hatte morgens mit dem Direktor von Raiks Schule in Altbrunnenstett telefoniert, für den Nachmittag einen Gesprächstermin bekommen und war sofort aufgebrochen. Endlich lagen die nervigen Autobahnstunden hinter ihr. Während dieser langweiligen Fahrt kreisten ständig die Gedanken um Raiks Verletzungen in ihrem Kopf und darum, was sie alles in den letzten Stunden über ihn erfahren hatte. Die Stimme des Navigationsgerätes meldete: „Nächste Straße rechts. Dann dem weiteren Straßenverlauf folgen."
Anne setzte den Blinker. Dank der Klimaanlage war die Luft im Wagen sehr angenehm, denn draußen hatte die späte Mittagssonne das Schwabenland kräftig aufgeheizt. Der traditionelle Baustil und die bäuerliche Landschaft zwischen Allgäu und Bodensee lockten Touristen aus ihren hektischen Städten.
Das war also zurzeit Raiks Heimat. Bis zu seiner Privatschule benötigte sie nur noch wenige Minuten. Die Schulgebäude gehörten

ursprünglich zu einem mittelalterlichen Herrensitz außerhalb von Altbrunnenstett. Eine Pferdekoppel kam in Sicht. Edle Vierbeiner beäugten den fremden Wagen neugierig. Stallungen, Reithalle und mehrere Holzbauten schlossen sich an. Hinter alten Bäumen erhob sich das mehrgeschossige Herrenhaus mit zwei Seitenflügeln.

Anne parkte ihr Auto, blickte auf die Armbanduhr und sah, dass sie zehn Minuten vor dem Termin eingetroffen war. Sie durchschritt den Haupteingang, dessen Vordach auf zwei imposanten Säulen ruhte.

Schülerstimmen schallten im Hausflur. Ein kleiner Junge fragte höflich: „Grüß Gott, kann ich Ihnen helfen? Suchen Sie eines Ihrer Kinder?"

„Ich bin Dr. Wiesmann und möchte zum Büro von Direktor Hausmeier."

Der Junge beschrieb ihr den Weg.

Nach einigen Minuten betrat sie dessen Büro.

Der Sechzigjährige grüßte höflich: „Frau Dr. Wiesmann, bitte nehmen Sie doch Platz." Er wies auf einen Stuhl. „Ich hoffe, Sie bringen gute Nachrichten über meinen werten Kollegen Wulf."

„Leider bringe ich gar keine guten Nachrichten. Außerdem möchte ich, dass unser Gespräch diskret behandelt wird."

Direktor Hausmeier nickte zustimmend.

Anne fuhr fort: „Ich will Ihnen gegenüber offen sein. Herr Wulf und ich haben uns in Bayern in einem Reiterhotel kennengelernt. Uns verbindet nun eine enge Freundschaft. Leider wurde Herr Wulf kurz nach unserem Kennenlernen bei einem Brand verletzt."

Der Direktor hob demonstrativ eine Tageszeitung hoch. „Meine Kollegen, die Schüler und ich haben die Presse verfolgt. Wulf hat eine heroische Tat vollbracht."

Anne nahm die Zeitung entgegen und überflog die Pressemeldung. Ihr Inhalt war kaum anders, als die der bayrischen Zeitung,

die sie schon gelesen hatte. Doch hier gab es eine Altersangabe: Der verletzte Lehrer Reiner W. (Mitte vierzig) erlitt schwerste Verbrennungen ...
Anne fragte: „Wer hat denn hier der Presse das Alter von Raik angegeben? War das die Schule?“
Der Direktor zuckte die Schultern. „Wahrscheinlich unser Sekretariat.“
„Welche Angaben hat die Schule über den Lebenslauf von Raik?“
Hausmeier tippte auf der Tastatur seines Computers und las im Monitor: „Reiner Wulf, 1979 in Stralsund geboren, wuchs als Waise in der DDR auf. Nach der Wende lebte er bei Deutschrumänen und studierte in Rumänien Geschichte, Deutsch, Latein, Altgriechisch, Philosophie und Sport. Dort hatte er auch erfolgreich an Reitturnieren teilgenommen. Er unterrichtete mit besten Referenzen im Ausland. Seit zehn Jahren ist er hier an dieser Schule.“
Hausmeier schaute Dr. Wiesmann fragend an. „Wird unser Wulf noch vor den Zeugnissen wohl wieder einsatzfähig sein?“
„Ich hoffe. Als Ärztin darf ich mir diese Prognose wohl erlauben. Brauchen Sie von Herrn Wulf noch irgendwelche Bescheinigungen, die ich beschaffen könnte, oder ist er ohne weiteren Schriftwechsel offiziell für die Zeit der Genesung vom Dienst befreit?“
„Wir haben Wulfs Krankmeldung vom Unfallkrankenhaus bekommen. Fehlende Unterlagen oder Bescheinigungen kann er selbstverständlich später noch nachreichen. Er soll sich voll auf seine Genesung konzentrieren. Die Schüler vermissen ihn. Er ist an unserer Schule sehr beliebt. Wulf ist äußerst flexibel einsetzbar. Er kann mit seinem umfangreichen Wissen in fast jedem Fach spontan die Vertretung übernehmen. Meine Domäne ist Geschichte. Wulf und ich tauschen uns oft über historische Ereignisse aus. Er geht darin hin und wieder so auf, als hätte Wulf selbst die Jahrhunderte durchwandert.“

Anne bekam bei diesen Worten eine Gänsehaut und versank kurz in Gedanken. Hausmeier brachte sich in Erinnerung: „Kann ich sonst noch etwas für Sie tun, Frau Doktor?"
„Ja, ich habe da ein kleines Problem. Herr Wulf hatte mich gebeten, einige private Dinge aus seiner Wohnung zu holen. Frauentypisch habe ich jedoch vergessen, seinen Schlüssel an mich zu nehmen. Gibt es jemanden, den ich nach einem Ersatzschlüssel fragen könnte?"
„Die Frau des Hausmeisters, unsere Frau Häberle, putzt bei Wulf. Sie genießt sein Vertrauen und geht ihm bei vielen Dingen zur Hand. Frau Häberle hat einen Schlüssel von Wulfs Haus und wird Sie auf meine Anweisung dorthin begleiten." Hausmeiers Hand griff zum Telefon.

∞

Raik stand immer noch am Panoramafenster und blickte hinaus. Professor Petohmi betrachtete die Gestalt seines Gastes mit wissenschaftlichen Augen. „Mein lieber Wulf, Ihr Aufenthaltsort ist top secret. Das gilt aus reinen Sicherheitsgründen für alle meine Patienten."
„Patient?", erwiderte Raik spöttisch. „Das muss eine Verwechselung sein. Ich bin kerngesund. Ich habe um keinen Klinikaufenthalt gebeten."
„Wulf, Ihr Unterschenkel ist verletzt."
„Der kleine Kratzer an meinem Bein ist morgen verschwunden."
„Genau das ist der Grund, warum Sie mein Gast sind." Der Mediziner stand auf und stellte sich zu Wulf ans Fenster. „Ihre außergewöhnlichen Fähigkeiten zu Spontanheilungen müssen wissenschaftlich untersucht werden. Wenn wir nachvollziehen können, wie Ihre Reparaturmechanismen funktionieren, dann können eines Tages auch andere Menschen davon profitieren. Schauen Sie sich schwere Hauterkrankungen an. Die Sklerodermie führt oft zu

völliger Unbeweglichkeit eines Menschen. Die extrem schmerzhaften Neurodermien treiben Patienten in den Wahnsinn. Denken Sie an die Opfer mit schrecklichen Verbrennungen. Sie haben das am eigenen Leib erlebt. Aber kein anderer Mensch hätte nach den Verbrennungen, die Sie, lieber Wulf, erlitten haben, anschließend wieder eine so gesunde und funktionstüchtige Haut. Ich habe mir Ihre Krankenberichte des bayrischen Unfallkrankenhauses kommen lassen und studiert. Und ich habe auch auf äußerst kompliziertem Weg einige Gewebeproben von Ihnen bekommen."
Raik blickte auf den Arzt hinunter. „Mir ist nicht bekannt, dass ich meine Einwilligung dazu gegeben habe. Vom Datenschutz haben Sie sicherlich schon mal gehört. Ich denke, Sie machen sich Ihre Gesetze selbst und haben kriminelle Verbindungen. Hinzu kommt meine Entführung. Kidnapping ist nicht nur in Deutschland oder Österreich strafbar. Sie sind kein ehrenvoller Wissenschaftler oder Wohltäter, sondern nur ein gewöhnlicher Verbrecher!"
Petohmi setzte sich in seinen Schreibtischsessel und erwiderte: „Das ist alles eine Auslegungssache. Manches Mal muss man das Wohl vieler Menschen über das eines Einzelnen stellen. Der Zweck heiligt die Mittel. Die Klinik, in der man Sie nach dem Brand versorgt hat, hatte Sie in meinem Auftrag freundlich gebeten, mit meinem Institut zusammenzuarbeiten. Leider lehnten Sie ab. Mir blieb nichts anderes übrig, als Sie persönlich abholen zu lassen." Er schaltete seinen Computer ein und fuhr fort: „Nehmen Sie bitte wieder Platz. Ich zeige Ihnen etwas. Danach ändern Sie Ihre Einstellung."
Gegenüber von Raik schob sich ein Bücherregal geräuschlos zur Seite. Ein riesiger Wandmonitor wurde sichtbar.
„Mein lieber Wulf, Sie haben in Ihrem langen Leben so viele grausame Bilder gesehen, dass ich Ihnen die folgenden Aufnahmen unbedenklich zumuten darf."

Der Monitor zeigte der Reihe nach Bilder von Menschen mit furchtbaren Hauterkrankungen. Es folgten verkümmerte Gliedmaßen, entstellte Gesichter. Grausam sahen die Menschen aus, die in Kriegsgebieten von Minen und Brandbomben verletzt worden waren.

Petohmi sagte: „Als nächstes zeige ich Ihnen, welche furchtbaren Verbrennungsopfer ich erfolgreich operieren konnte." Er hob seinen Zeigefinger. „Ich betone, dass ich diese Operationen in der Dritten Welt grundsätzlich unentgeltlich vorgenommen habe!"

Raik sah sich schweigend die furchtbar entstellten Kriegsopfer an und musste innerlich zugeben, dass Petohmis Behandlungen erstaunliche Ergebnisse erbracht hatten.

Der Monitor zeigte Aufnahmen aus einem Labor. Petohmi fuhr fort: „Wir sind mittlerweile in der Lage, große Hautflächen für Transplantationen zu züchten. Wir nehmen dazu die körpereigenen Stammzellen der Patienten, um Abstoßungen zu vermeiden. Leider dauert diese Züchtung oft viel zu lange."

Spektakuläre Fotos mit Aufnahmen vor und nach Hauttransplantationen folgten.

Raik strich sich gerührt über das Gesicht. „Ich erkenne an, dass Sie mit Ihren Operationen und Therapien einiges Gute getan haben, aber Ihren Heiligenschein lassen wir vorläufig noch in der Schublade. Was erwarten Sie in diesem Zusammenhang von mir?"

„Ich denke, wir kommen uns bereits ein Stück näher. Also, Ihre besonderen Zellen könnten die Grundlage für die Entwicklung einer künstlichen Spenderhaut bilden. Ich habe auch vor, aus mutierten Stammzellen wie den Ihren Organe zu züchten."

Der Professor wies zum Monitor. Das Bild wechselte. Man sah eine Ratte über einen Untersuchungstisch laufen, auf deren Rücken ein menschliches Ohr gewachsen war.

Raik empörte sich: „Das ist nicht nur geschmacklos, das ist ekelhaft. Das ist der beste Beweis dafür, dass die menschliche Intelligenz ein widernatürliches Prinzip darstellt."
„Was wissen Sie denn schon über die Wege der medizinischen Forschung? Glauben Sie wirklich, dass die medizinischen Errungenschaften unserer Zeit vom Himmel gefallen sind? Fast jeder erfolgreiche medizinische Wissenschaftler muss bereit sein, neue Wege zu gehen. Wege, die manchmal nicht den Moralvorstellungen der Gesellschaft entsprechen. Aber wenn diese unbequemen Wissenschaftler wiedermal eine lästige Erkrankung aus der Welt geschafft haben, wenn Erblindete dank einer Keratoplastik wieder sehen, wenn Gehörlose durch ein Cochlea Implantat wieder hören, wenn Herzschwache nach einer Bypass-Operation wieder Treppen steigen, dann ist das Handeln der Wissenschaftler rückblickend in Ordnung. Wenn unsere älteren Moralapostel sich dank Viagra endlich wieder ihrer Manneskraft rühmen können, dann ist der noch so unmoralische Forschungsweg erst recht wichtig gewesen."
Raik massierte nachdenklich sein Kinn und schwieg.
Petohmi erhob sich und schritt während seiner weiteren Rede durch das Büro. „Am meisten interessiert mich Ihr perfektes Immunsystem, lieber Wulf. Wenn ich analysiert habe, welche genetischen Bedingungen Ihren Organismus optimiert haben, dann können wir diese heilsamen Eigenschaften künftig auch auf andere Menschen übertragen. Es geht in erster Linie um Stammzellenforschung. Das ist die Zukunft. Stellen Sie sich vor, wir können sehr wahrscheinlich mit diesem neuen Wissen nicht nur Verletzungen der Haut heilen. Nein, mehr noch. Alle Nervenerkrankungen, die zu Lähmungen führen, alle Netzhauterkrankungen, die zur Erblindung führen, Alzheimer-Erkrankungen und Parkinson können geheilt werden."
Petohmi blieb neben Raik stehen und legte ihm väterlich die Hand auf die Schulter. „Mein lieber Wulf, wir beide schaffen die

Krankheiten aus der Welt! Ihre besonderen Gene entstanden wahrscheinlich durch eine Mutation, wie sie nur alle dreitausend Jahre einmal auf diesem Planeten vorkommt. Die Mutationen sind oft rein zufällig, im Grunde genommen ein Geschenk der Natur. Die Erscheinung Ihres perfekten Organismus ist für die Menschen wichtiger, als die Erscheinung des Messias. Ihr genetischer Code ist die Zukunft der Menschheit!"
Der Professor setzte sich wieder hinter den Schreibtisch und faltete seine Hände wie zu einem Gebet. Die schwarzen Augen funkelten Raik erwartungsvoll an.
Der sagte leise: „Sie haben einen beeindruckenden Vortrag gehalten. Aber Sie haben immer noch nicht aufgedeckt, was Sie in Ihrer Gefängnisklinik tatsächlich im Schilde führen."
„Wulf, das hier ist kein Gefängnis, sondern eine Spezialklinik mit notwendigen Sicherheitsvorkehrungen. Eine geschlossene Abteilung in der psychiatrischen Klinik würden Sie ja auch nicht als ein Gefängnis bezeichnen."
Raik lachte süffisant. „Nur mit dem Unterschied, dass ich hier nicht der psychiatrische Fall bin, sondern sehr wahrscheinlich Sie, mein lieber Herr Professor."
„Wulf, Sie können mich nicht beleidigen. Ich bin es gewohnt, komplexe Dinge mehrmals erklären zu müssen. Also nochmal: Unser gemeinsamer Weg heißt völlige Optimierung des menschlichen Organismus. Ich schaffe einen Organismus, dessen Immunsystem allen schädlichen Keimen, Viren und Pilzen trotzt. Der allen Umweltbelastungen spielend standhält. Der körperliche Hochleistungen bringen wird. Das menschliche Durchschnittsalter wird sich sehr wahrscheinlich unter diesen Voraussetzungen verzehnfachen können. Auch wenn ich selbst noch nicht zu den Glücklichen gehören werde, die schon bald an die tausend Jahre leben, so wird mein Name in die Geschichte aller ärztlichen Größen eingehen. Begonnen hat das schon mit Imhotep von Ägypten, der bereits vor 4600 Jahren ein phänomenales Wissen in der Medizin

besaß. Mumien zeugen heute noch von dem alten menschlichen Wunsch, ewig leben zu können."
„Sie meinen Imhotep, den Baumeister der ersten ägyptischen Pyramide in Saccara unter Pharao Djoser?"
Die Augen des Professors funkelten: „Imhotep war nicht nur der genialste Baumeister seiner Zeit, sondern er hatte das gesamte Wissen der damaligen Zeit in seinem Kopf. Seine größten Leistungen erbrachte er in der Medizin, doch das ist den Laien nicht bekannt. Er operierte mit Kupferskalpellen, vernähte Wunden mit feinen Nadeln, entwickelte die ersten Prothesen, konstruierte Zahnersatz aus Gold und legte die Grundlagen für unser anatomisches Wissen. Fast ebenbürtig waren ihm die griechischen Ärzte Hippokrates, auf dessen Ethik unsere Ärzte heute noch ihren Eid ablegen müssen, und Galenus, der das gesamte medizinische Wissen der Antike aufgezeichnet hat. Ihnen folgten Größen wie der Arzt und Mystiker Paracelsus, Fleming, der den Menschen den Segen des Penicillins brachte bis hin zu Christiaan Barnard, der vor etwa sechzig Jahren die erste erfolgreiche Herztransplantation durchführte. Mein Name, Professor Dr. Petohmi, wird diese großen Namen anführen. Ich werde die letzten wesentlichen Fragen der Medizin lösen. Mit mir wird sich der Kreis schließen!" Petohmi ließ sich von seiner gewaltigen Rede genüsslich in den Sessel sinken und blickte Wulf erwartungsvoll an. „Also, Wulf, was sagen Sie zu meinem Angebot?"
„Welches Angebot? Ich habe kein Angebot vernommen. Sie haben nur von Ihrer angeblichen Größe erzählt und dass Sie mich für Ihre weiteren Vorhaben benötigen. Kann es nicht sein, dass Sie sich ein bisschen überschätzen?"
„Was für eine Meinung haben Sie zu Reinkarnationen?"
„Ach so, darauf wollen Sie hinaus. Herr Professor, Sie meinen, ob ich glaube, dass Sie die Reinkarnation einer der medizinischen Größen der Geschichte sind? Nein, das glaube ich nicht. Aber gut, nehmen wir an, der große Petohmi hätte in einigen Jahren die

meisten Krankheiten aus der Welt geschafft. Was kommt dann? Ihr größter Wunsch ist doch nur, selbst ein Methusalem zu werden, oder?"
„Absolute Gesundheit ist das erste Ziel. Sie ist gleichzeitig die Grundvoraussetzung für das zweite Ziel, die deutliche Verlängerung der jetzigen Lebenszeit. Bei optimaler Gesundheit kann unser menschlicher Organismus zurzeit nur 130 Jahre alt werden. Das heißt, mir würden noch weitere 50 Jahre für die Forschung an meinem zweiten Ziel bleiben."
„Gratuliere", sagte Raik, „für achtzig haben Sie sich gut gehalten. Ich denke, die normalen Menschen werden Sie rein optisch für fünfzig halten. Ein echter, junger Mann."
Petohmis Gesicht wurde ernst. Seine Augen verrieten, dass er sich gekränkt fühlte. „Wulf, Sie haben keinen Grund, über mein Alter zu spotten. Sie haben Ihre genetische Besonderheit geschenkt bekommen. Ich hingegen musste an meinen genetischen Vorzügen hart arbeiten."
„Petohmi, wie kommen Sie eigentlich auf den Irrsinn, dass ich älter sein soll als Sie? Die meisten Leute schätzen mich um die Vierzig."
Der Professor schlug mit der flachen Hand knallend auf die Schreibtischplatte. „Dass Sie mich immer noch in meiner wissenschaftlichen Kompetenz unterschätzen, ist beleidigend. Aber wir können auch auf Ihrem niedrigen Niveau weiterreden. Ich sagte bereits, dass ich Gewebeproben von Ihnen bekommen habe. Auch nach Ihrem bedauerlichen Motorradunfall habe ich erneut Proben genommen. Ihr Körper ist nach meinen Untersuchungsergebnissen mindestens achthundert Jahre alt. Leider ist mein Verfahren zur Altersbestimmung lebender Organismen noch nicht hundertprozentig ausgereift. Aber die Abweichungen liegen höchstens bei fünfzehn Prozent."

„Soweit ich weiß, lässt sich das Alter von Fossilien mit der Radio-Karbon-Untersuchung bestimmen. Doch sie funktioniert nicht bei lebenden Organismen."
„Soweit Sie wissen, Wulf? Was wissen Sie denn schon über medizinische Dinge? Sie sind ein guter Geschichtslehrer, da Sie selbst schon ein großer Teil der Geschichte sind!"

∞

Anne verließ das Schulgebäude, stieg in ihren Wagen und gab Raiks Adresse in das Navi ein. Vor dem Herrenhaus war es lebendig geworden. Schüler im Alter zwischen zehn und fünfzehn Jahren rauften spielerisch miteinander oder saßen in Gespräche vertieft unter schattigen Bäumen. Der Wagen passierte die Pferdekoppel, auf der ein jugendlicher Reiter unter Anleitung eines Trainers Dressurübungen einstudierte. Hinter dem Grundstück schloss sich Mischwald an. Fern grüßten die Alpen. Schleierwolken wanderten über das blaue Firmament, rundeten das Bild dieser heilen Welt ab.
Ein Haufendorf lag im Talkessel unterhalb des Hügels. Je näher sie dem Ort kam, umso mehr fühlte sich Anne in die Vergangenheit versetzt. Die alten Häuser waren liebevoll restauriert worden und nur Benzinkarossen erinnerten daran, dass die moderne Technik die Welt verändert hatte.
„Sie haben Ihr Ziel erreicht", meldete das Navi.
Anne parkte ihren Wagen vor einem Haus im altschwäbischen Baustil. Der Garten wirkte gepflegt. Vor der Haustür wartete eine schlanke Frau.
Anne ging auf sie zu und grüßte: „Ich bin Frau Wiesmann. Sind Sie Frau Häberle? Hat Herr Hausmeier Sie informiert?"
Die Schwarzhaarige strich sich schulterlange Locken hinter die Ohren, zog hektisch einen Schlüsselbund hervor und sagte etwas genervt: „Ja, Häberle ist mein Name. Der werte Direktor hat mir

gesagt, dass Sie für Herrn Wulf etwas abholen sollen. Raik nennt mich übrigens Froni."
Knarrend schwenkte die Eichentür zurück. Die Frauen betraten eine Diele. Das Haus war rustikal eingerichtet. Alle Möbelstücke, Bilder und Dekor zeugten von viel Geschmack und Gefühl fürs Detail.
„Für einen Lehrer sehr teuer eingerichtet, nicht wahr?", sagte Froni mit provokantem Ton. „Ich möchte nicht wissen, was das alles gekostet hat! Woher kennen Sie Herrn Wulf eigentlich? Ich habe Sie hier noch nie gesehen."
„Oh, Herr Wulf und ich kennen uns vom Reiten."
„Sind Sie eine richtige Doktorin? Ich meine Ärztin oder so?"
„Ja, Frau Häberle, ich bin eine richtige Ärztin."
Hinter einer Doppeltür breitete sich die Wohnstube aus. Anne trat ein und blickte sich um. Ein offener Kamin fiel sofort ins Auge. Auf seiner Umrandung standen Skulpturen aus Metall. Darüber hing ein Schwert. Anne trat näher und glitt mit dem Finger über die Schneide. Das hier war keine Zierwaffe. Dieses Schwert zeigte unzählige Kerben von Kämpfen. Auf dem Griff konnte man die Initialen R. W. erahnen. Die Waffe schien uralt zu sein.
„Was suchen Sie denn genau, Frau Doktor? Ich kann Ihnen auch das ganze Haus zeigen. Raik hat völliges Vertrauen zu mir. Wir unterhalten uns hin und wieder auch privat. Muss ich Doktor zu Ihnen sagen?"
Anne betrachtete die schweren Ledersessel und den antiken Tisch, die nicht zu dem hochmodernen Flachbild-Fernseher passten, und antwortete beiläufig: „Nein, Frau Häberle, es reicht, wenn Sie Anne zu mir sagen." Ihr Blick streifte beeindruckt über kostbare Ölgemälde und Orientteppiche. Sie lächelte Häberle an. „Das ist eine tolle Idee von Ihnen, mir noch mehr von Raiks Haus zu zeigen. Hier verbergen sich wahre Schätze. Welche Aufgaben haben Sie hier im Haus?"

Häberle öffnete die Tür zu einer rustikalen Küche, die mit modernster Technik ausgestattet war. „Ich halte das Haus sauber und kaufe auch manchmal Vorräte ein. Raik wäscht zwar selbst, aber er bügelt nicht gerne. Da hat er kein Talent! Es gibt Dinge, die er besser kann!“ Häberle grinste verschmitzt und stieg die Holztreppe zur ersten Etage hinauf.
Anne musterte die Frau des Hausmeisters. Die Schwäbin war sehr hübsch. Sie trug eine Jeans und eine hautenge Bluse, die ihre Weiblichkeit auffällig betonte. Was hatte Hausmeier über Frau Häberle gesagt? “Sie genießt Wulfs Vertrauen und geht ihm bei vielen Dingen zur Hand.“
Darunter hatte sich Anne eigentlich eine ältere, pummelige Haushälterin vorgestellt. Doch diese hübsche Frau war aus der Sicht eines Junggesellen sicherlich ein Abenteuer wert. Wie weit ging Froni dem Herrn Wulf denn zur Hand?
Alle Türen der nächsten Etage waren verschlossen, verwehrten einen direkten Einblick in die Zimmer.
„Anne, was suchen Sie für Raik? Wenn ich das weiß, dann könnten wir mit dem entsprechenden Raum anfangen.“
Ja, was suchte Anne eigentlich hier? Sie wusste es selbst nicht. Je mehr sie über Raik herausfinden würde, um so früher könnte sie ihm vielleicht helfen. Aber war ihre Triebfeder mittlerweile nicht nur Hilfe, sondern auch Neugierde?
Häberle verschränkte die Arme vor der Brust und neigte den Kopf misstrauisch zur Seite. „Weiß Raik eigentlich, dass Sie hier in seinem Haus sind? Er hätte mich ja auch informieren können.“
„Ich soll Raik ein Buch mitbringen“, gab Anne rasch als Notlüge an. „Leider habe ich den Titel vergessen.“
„Dann ist es wohl sinnvoll, in die Bibliothek zu schauen.“
Sie betraten einen großen Raum, dessen Wände vom Boden bis zur Decke mit Büchern zugestellt waren. In der Mitte ruhte ein uralter Schreibtisch, auf dem Schulhefte kreuz und quer herumlagen.

„Dann suchen Sie mal schön, Frau Doktor. Ich rufe Raik jetzt auf seinem Handy an und frage, ob das hier alles koscher ist." Sie griff zu ihrem Mobiltelefon und wählte.

„Lassen Sie sich nicht aufhalten", sagte Anne und dachte: Sollte sich Raik jetzt tatsächlich bei Froni melden, dann wäre dieser Albtraum endlich vorbei.

Ihre Augen schweiften von Regal zu Regal über unzählige Bücher. Es mussten Tausende sein.

„Raik geht nicht ans Telefon! Egal! Wissen Sie eigentlich, wie lange es dauert, diese alten Schinken vom Staub zu befreien? Raik ist zwar sehr nett, aber wenn ich in seinen Regalen etwas vertausche, wird er stinkesauer. Er ist ein typischer Pauker. Angeblich hat Raik alle diese Bücher gelesen. Ich glaube aber, dass er mich angeschwindelt hat. Wer so viele Bücher lesen will, der muss doch wenigstens hundert Jahre lang lesen, meinen Sie nicht?"

„Froni, ich denke, Sie haben in diesem Punkt völlig recht."

Annes Augen wanderten weiter über ledergebundene Titel. Da fiel ihr im Regal ein handgroßes Bild auf. Es war kein Foto, sondern gemalt. Das Porträt zeigte das Gesicht einer schönen Frau mit schulterlangen, braunen Locken und einem kostbaren Haarschmuck. Dieses Bild wirkte erstaunlich lebendig.

„Froni, wissen Sie, wer die Person auf dem kleinen Gemälde ist? Hat Raik mal etwas erwähnt?"

„Die Frau wäre seine Prinzessin, hatte Raik einmal erwähnt. Dabei klang er irgendwie traurig. Ich habe ihn nochmals darauf angesprochen, weil das Bild doch uralt ist. Aber darüber wollte er nicht reden."

Anne nahm das Bild an sich. „Dann werde ich Herrn Wulf mal seine Prinzessin mitbringen. Vielleicht wird er so noch schneller gesund." Sie verstaute das Porträt vorsichtig in ihrer Umhängetasche.

„Ich weiß nicht, ob Raik das recht ist, dass Sie sein kleines Gemälde mitnehmen. Ich habe dabei kein gutes Gefühl. Welchen Buchtitel suchen Sie denn? Vier Augen sehen mehr als zwei."
Anne musste Zeit gewinnen. „Fragen Sie bei Raik am Telefon ruhig nochmal nach, ob das mit dem Bild so okay ist. Ich hoffe, dass mir beim Suchen der Buchtitel einfallen wird."
Ihre Augen wanderten weiter über die Regale. Gegen den Uhrzeigersinn wurden die Bücher immer älter. Die ältesten waren handschriftlich verfasst worden. Diese Exemplare mussten ein Vermögen wert sein. Ehrfürchtig blätterte Anne in einigen von ihnen die Seiten um. Sie betrachtete fasziniert kunstvolle Handschriften und gemalte Bilder.
Häberle hatte wieder vergeblich Wulfs Handynummer gewählt, verzog ihren Mund und begann gelangweilt in der Bibliothek auf und ab zu laufen. Nach einiger Zeit blieb sie stehen. „Liebe Frau Doktor, ich habe auch noch etwas anderes zu tun. Welches Buch suchen Sie denn nun?"
Anne stellte einen in lateinischer Sprache verfassten Band vorsichtig zurück an seinen Platz. Sie wollte der Haushälterin nicht länger auf die Nerven gehen. Dann fiel ihr Blick auf einen Einband mit dem Titel "Magister Reinholdus Lupus".
Sie zog den Band hervor, legte ihn vorsichtig auf den Schreibtisch und schlug das Buch auf. Das Papier roch uralt.
„Oh mein Gott, das ist alles in Latein geschrieben", murmelte Anne und begann langsam zu übersetzen: „Verfasst von Magister Reinholdus Lupus, Anno Domini 1415."
Sie murmelte: „Die Handschrift ist zwar sehr gut, aber zum Teil verblasst." Sie blätterte weiter und fand einen Text in deutscher Sprache.

Aus ferner Zeit, da komm' ich her
und bring euch gute, alte Mär,
von heldenhaftem Schwerterklang
Mut und hohem Minnesang,

von wahrem Glauben, Rittererhr',
Tugend und von Vielem mehr.
Annes Finger fuhr weiter über die verblassten Zeilen. Der nächste Text war wieder in Latein verfasst. Sie übersetzte langsam:
„Ich, Raika Wulf,
bin in meiner tiefsten Seele immer noch ein Bojer ...
Die Römer haben unser Land Boiohaemum einst genannt ...
Ich wurde geboren anno ..."
Anne klagte: „Prima, genau, wo es mich besonders interessiert, ist das Papier völlig vergilbt."
Sie blätterte zum nächsten leserlichen Text und übersetzte:
„Anno 1385 nahm mich die Universität Carolina zu Prag unter dem Namen Magister Reinholdus Lupus auf. Sie war die erste Universität nördlich der Alpen ...""
Froni fragte: „Bojer, Römer, lateinische Sprache und dazwischen ein deutsches Gedicht? Was bedeutet das alles?"
„Ich denke, im 14. Jahrhundert haben die meisten deutschen Länder für Fremde noch schwer verständliche Dialekte gesprochen. Deshalb wurden die Vorlesungen an der Universität in Latein gehalten. Ich nehme das Buch mit und frage Raik, ob er das aufklären kann. Ich bedanke mich für Ihre Geduld."
Froni rollte mit den Augen und nickte.
Die Frauen verließen das Haus.
Anne trat rasch aufs Gaspedal. Der Wagen eilte davon.

∞

Die Atmosphäre in Professor Petohmis Büro begann zu knistern.
Raik sagte: „Ich habe das Gefühl, dass Ihre Forschungen nicht nur die Optimierung der Gesundheit und Lebensverlängerung betreffen, sondern Sie verfolgen ein viel höheres Ziel: Es geht Ihnen um das ewige Leben, nicht wahr?"

„Geduld, Geduld. Bleiben wir beim zweiten Ziel, die Verlängerung der Lebenszeit. Unser Altern ist nichts anderes, als dass die Reparaturmechanismen des menschlichen Körpers spätestens nach dem dreißigsten Lebensjahr von Jahr zu Jahr schlampiger arbeiten. Ich lasse die fachlichen Details der Ursachen jetzt weg. Ich habe diese negativen Ursachen medikamentös im Selbstversuch zum Teil neutralisieren können. Dadurch hat sich mein biologisches Altern bereits deutlich verlangsamt. Dass die Natur das zulässt, sehen Sie ja an Ihrem eigenen Organismus, mein lieber Wulf. Auch wenn Ihre Existenz für Normaldenkende Menschen ein Phänomen darstellt, für mich sind Sie kein Wunder der Natur. Nein, bei Ihnen hat die Natur alle ihre ausgeklügelten, lebenserhaltenden Systeme auf ein einziges Individuum vereinigt. Dass Grönlandhaie sechshundert Jahre alt werden, ist Ihnen sicherlich bekannt. Kein belesener Mensch wundert sich, dass es Kiefern gibt, die viertausend Jahre alt werden können. Aber kennen Sie den ältesten Organismus unserer Welt?"
Raik zuckte mit den Schultern. „Ich werde es gleich erfahren."
Der Wissenschaftler wies auf ein neues Bild im Monitor.
„Scolymastra Jubini heißt dieser Freund. Er ist ein Riesenschwamm und wird zehntausend Jahre alt."
Die Finger des Professors klapperten auf der Computertastatur. Der Wandmonitor zeigte, wie Petohmi im Kreis stilvoll gekleideter Herrschaften eine Urkunde überreicht bekam. Er erklärte Wulf dazu: „Damals erhielt ich den Methusalem-Maus-Preis. Das Lebensalter meiner Labormaus war von drei auf viereinhalb Jahre gesteigert worden. Aus guten Gründen publiziere ich heute darüber nicht mehr. Meine letzte Maus wurde inzwischen bereits neun Jahre alt. Aber das sind Spielereien! Es geht nur um das ‚Gewusst wie'. Künftig bestimmt nicht mehr die Natur, wann ein Leben zu enden hat, sondern meine Medizin!"
„Also ist es Ihr augenblickliches Ziel, einen Methusalem zu züchten, besser gesagt, eine Welt, in der jeder Mensch ein Methusalem

werden kann. Was ist mit der daraus resultierenden Überbevölkerung? Wie wollen Sie diese Menschen alle ernähren? Wer darf dann letztendlich von Ihrer Wundermedizin profitieren und deutlich länger leben? Sind das die Reichen, die Mächtigen oder ganz besonders die Skrupellosen wie Sie, Herr Professor?"
Petohmi machte ein enttäuschtes Gesicht. Er tippte auf der Tastatur. Im Monitor folgten herzzerreißende Fotos von Kindern, die bereits wie greise Menschen aussahen. Der Professor erklärte: „Das ist das Hutchinson-Gilford-Syndrom, auch Progeria Infantilis genannt. Diese armen Menschen altern bereits in ihrer Kindheit und werden oft nur vierzehn Jahre alt. Das ist der makabre Kontrast zu Ihrer Lebensform, Herr Raik Wulf. Sie sitzen da auf dem Sessel mit Ihren stolz gelebten Jahrhunderten. Sie interessieren sich nicht dafür, wer neben Ihnen geboren wird und schon bald wieder ins Grab steigt. Für Sie ist das alles ein unterhaltsames Kommen und Gehen. Selbst ich habe mit meinen achtzig Jahren bereits viele Menschen kommen und gehen sehen. Nur ich stehe nicht so gleichgültig anderen Menschen gegenüber in der Welt, wie Sie das tun. Ich nutze jede Möglichkeit, das Elend der Krankheiten aus dieser Welt zu verbannen. Große Erfolge stellen sich natürlich nur dann ein, wenn alle an einem Strang ziehen, sich niemand der Wissenschaft verschließt!"
Der Monitor erlosch. Das riesige Bücherregal schwebte wieder lautlos vor die Wand hinter Petohmis Schreibtisch.
Lehrer Wulf massierte nachdenklich sein Kinn. Die letzten Bilder von den greisen Kindern, die in Kontrast zu seiner Lebenszeit standen, hatten sein Herz gerührt. Konnte seine außergewöhnliche Natur der Wissenschaft vielleicht doch nützliche Erkenntnisse geben? Raik erhob sich, schritt zum Fenster und schaute hinab. Im Burggarten hatten sich mehrere Leute versammelt. Sie lachten und gestikulierten. Keiner von ihnen machte den Eindruck, als fühlte er sich hier als Gefangener. Eine elegant

gekleidete Frau mit einem riesigen Hut blickte zum Gebäude hinauf und winkte Raik fröhlich zu.
„Wer sind diese Leute?", nickte er mit dem Kinn hinab.
„Prominente Schauspieler, Politiker, Manager und andere Wohlhabende, die mithilfe meiner bewährten Anti-Aging-Therapien oder Schönheitsoperationen ihre Jugend verlängern wollen. Doch was für Möglichkeiten gibt es denn zurzeit tatsächlich? Ein bisschen Kosmetik und gesunde Ernährung. In dieser Klinik kommt meine gezielte Schönheitschirurgie hinzu, die nicht das Altern hemmt, sondern künstlerische Eingriffe am menschlichen Gewebe vornimmt, so wie eine Schneiderin einen ausgeleierten Anzug umnäht und in Form bringt, damit er nicht ganz so alt aussieht. Was meinen Sie, lieber Wulf? Ist der enger genähte Stofffetzen dann tatsächlich jünger geworden?"
„Der gesellschaftliche Zwang treibt diese Leute in den Jugendwahn. Würden sie sich einen ehrlichen Psychotherapeuten engagieren, so könnten sie selbstbewusst auftreten und glücklich alt werden. Gleichzeitig würde für den großen Petohmi eine lukrative Einnahmequelle entfallen. Seien Sie ehrlich, die Leute dort unten sind für Sie doch sicher nur Mittel zum Zweck. Deren Geld ist notwendig, um an Ihrem Methusalem-Projekt zu arbeiten."
„Wie ich über diese Leute mit ihren mangelnden Selbstwertgefühlen denke, spielt keine Rolle. Ich gebe ihnen das, was sie sich hier von meiner perfekten Arbeit versprechen, und sie geben mir das Geld, das ich für meine Forschungen in der Biogerontologie benötige. Was soll daran unrecht oder unmoralisch sein?"
Raik winkte der Frau mit dem Hut zu und fragte den Professor: „Sind diese Leute auch hierher verschleppt worden, so wie ich?"
„Ja und nein. Sie wissen aufgrund der Mundpropaganda von meinen perfekten Therapien und Operationen und wollen sich unbedingt von mir behandeln lassen. Also stelle ich die Bedingungen. Diese Leute werden an einem vereinbarten Ort abgeholt. Entweder mit Fahrzeugen oder einem Helikopter. Sie lassen sich

während der Anreise für kurze Zeit freiwillig die Augen mit einer undurchsichtigen Brille verschließen und wissen nicht, wo wir uns hier befinden. Das dient ihrer eigenen Sicherheit. Unsere Maßnahmen verhindern, dass diesen bekannten Persönlichkeiten die Presse und die Paparazzi im Nacken sitzen." Petohmi legte Raik väterlich eine Hand auf die Schulter. „Lieber Wulf, ich biete Ihnen folgendes an: Wenn Sie kooperieren, sich meinen wissenschaftlichen Untersuchungen unterziehen lassen, dann gestatte ich Ihnen, sich in einem Teil dieser Anlage wie ein Privatpatient frei zu bewegen. Sie bekommen ein Apartment in gehobener Ausstattung. Nur der Kontakt zu anderen Personen bleibt Ihnen vorläufig untersagt. Überlegen Sie es sich gut. Sie haben bis morgen früh Zeit, sich zu entscheiden. Nun rufen mich meine wissenschaftlichen Pflichten."
Petohmi öffnete die Tür zum Flur, wo die beiden bewaffneten Pfleger schon auf Raik warteten.

∞

Anne parkte vor einem modernen Mehrfamilienhaus ein, das unweit vom Bodenseeufer stand. Sie schulterte ihre Reisetasche, trat an die Haustür und klingelte.
„Lombardi, ja bitte?", fragte die Stimme in der Gegensprechanlage.
„Anne Wiesmann hier!" Ein Summton gab die Tür frei. Schon bald umarmten sich die Schulfreundinnen, tauschten Wangenküsse und betrachteten einander.
Franka war wenige Zentimeter länger als Anne, hatte einen brünetten Pagenschnitt. Grüne Augen zeugten von Scharfsinn, die Figur von regelmäßigem Sport. Sie trug enge Jeans und ein T-Shirt mit Comic-Aufdruck.
Franka zeigte der Freundin ihre Wohnung. Der Balkon hatte einen direkten Blick zum Wasser. Kaffeeduft erfüllte die Luft. Die

Freundin stellte draußen Schwarzwälder-Kirschtorte auf den Tisch. „Anne, greif zu. Das muss alles brav aufgegessen werden!“
Die Ärztin lachte. „Ich will mir gar keine Gedanken darüber machen, wie viele Kalorien das gute Stück hat.“ Sie nahm einen gefüllten Kuchenteller entgegen und blickte auf Frankas schlanke Taille. „Du siehst gut aus. Was für einen Sport betreibst du zurzeit?“
„Eigentlich mache ich nur unseren regelmäßigen Polizeisport und jogge. Aber einen besonderen Kick hat das Paragleiten, das ich vor drei Jahren angefangen habe.“
„Von solchen Risikosportarten höre ich als Unfallchirurgin nicht gerne.“
Franka winkte ab, wechselte das Thema. „Die Geschichte mit deinem Raik ist völlig verrückt. Aber deine Handyaufnahmen und meine Computeranalysen zu Wulfs Internetbildern lassen kaum einen Zweifel zu, dass wir es mit einem realen Phänomen zu tun haben.“
Die Kriminalbeamtin aktivierte eine E-Zigarette. Als sie genüsslich den Rauch zur Seite blies, fiel ihr Annes wehmütiger Blick auf und sie fragte: „Liebes, kann es sein, dass du Lungenschmacht hast?“
„Ja, nachdem Raik verschwunden war, habe ich mir als Nichtraucherin eine Packung gekauft und bis heute vielleicht drei bis vier Zigaretten gequalmt.“
Franka bot der Freundin eine zweite E-Zigarette an.
Anne bedankte sich. „Wenn wir Raik gefunden haben, höre ich das Qualmen sofort wieder auf!“ Sie öffnete eine Tasche, die sie neben ihren Stuhl abgestellt hatte, zog ein sehr altes Buch hervor. „Schau dir das mal an. Ich meine, achte mal auf die Schrift.“
Lombardi las kaum hörbar vor: „Magister Reinholdus Lupus“, und blätterte ehrfürchtig die Seiten um. „Solch ein Buch muss ein Vermögen wert sein. Bis auf einige Wörter verstehe ich absolut nichts.“ Sie blickte Anne etwas verlegen an. „Ich habe schon

damals in Latein bei dir abgeschrieben. Konntest du von diesem Text etwas übersetzen?"
„Dieses Werk hat Magister Reinholdus Lupus vor einigen Jahrhunderten geschrieben. Es sind Erinnerungen eines Mannes, der sich heute Reinhold Wolf oder Raik Wulf nennen könnte."
„Du meinst, diese Handschrift hätte dein entführter Raik verfasst? Weißt du, was du da sagst?"
Anne nickte und fingerte als nächstes aus der Tasche einen Brief hervor. „Diesen mehrseitigen Text hat mir Raik nach seinem Unfall aus der Klinik ins Ruhrgebiet geschickt. Eigentlich ist sein Inhalt so persönlich, dass ich ihn nur ungern aus der Hand gebe. Doch vergleiche die Schrift mit dem Buch und urteile selbst."
Schweigend wanderten die Augen der Kriminalbeamtin mal über die Buchseiten und mal über das Briefpapier. Sie schüttelte den Kopf, zog tief an der E-Zigarette und murmelte: „Diese Schriftbilder sehen sich verdammt ähnlich. Aber vergiss nicht, dass es auch Fälschungen gibt, die perfekt aussehen. Denke nur mal an die Hitler-Tagebücher, die der Stern 1983 als echt veröffentlicht hatte. Das war ein riesiger Skandal!"
Anne blickte zum See. In der Ferne zog ein weißes Passagierschiff seine Bahn. In den Bäumen trillerte eine Amsel.
„Könntest du die Schrift von einem Forensiker prüfen lassen?"
„Unsere Sachverständigen können zu einem hohen Prozentsatz feststellen, ob diese Schriften übereinstimmen und wie alt das Papier ist. Ich überlege nur, wie wir mit diesem Fall nun umgehen sollen. Wenn wir diese Geschichte an die große Glocke hängen, dann wird dich die Presse keine Minute mehr in Ruhe lassen. Ich kann mir schon die Schlagzeilen vorstellen: "Methusalem lebt! Er traf Richard Löwenherz, Martin Luther und Winnetou!"
„Wenn ich Raik wiedersehe, dann werde ich ihn fragen, ob er Richard Löwenherz tatsächlich getroffen hat. Vielleicht waren die beiden sogar zusammen auf einem Kreuzzug. Vielleicht hat Raik Luther geholfen, seine berühmten Prothesen an die Kirchentür zu

nageln. Doch bei Winnetou wird es schwierig, der ist eine Romanfigur."
Franka stand auf und fragte auffordernd: „Du übernachtest bei mir, nicht wahr, Liebes?"
„Ich bin dir sehr dankbar, wenn das geht."
Lombardi schaute erneut in Raiks Brief. „Raik scheint dich ernsthaft zu lieben. Wie sieht es bei dir aus? Hast du Flugzeuge im Bauch?"
„Zu Anfang war ich mir nicht sicher. Doch heute weiß ich, dass es nicht nur ein Flirt war. Es ist mehr!"
„Okay, okay. Ich werde mit einer Staatsanwältin über die Geschichte reden. Offiziell suchen wir aber nur einen Normalsterblichen Lehrer Wulf, der aus unbekannten Gründen verschwunden ist. Da die niederländischen Zeugen gesehen haben, wie ein deutscher Motorradfahrer im Ausland verschleppt wurde, müsste ich den Fall an mich ziehen können. Danach stehen uns viele kriminalistische Hilfsmittel zur Verfügung."
Franka schenkte sich und Anne neuen Kaffee ein und fuhr fort: „Eine andere Sache, die mir als Freundin Sorgen bereitet, ist deine Beziehung zu Raik."
„Was meinst du damit?"
„Hast du dir mal überlegt, was Raik für ein Leben bisher hinter sich gebracht hat? Ich meine, ein Mann, ein gut aussehender Mann, der muss doch in dieser langen Lebenszeit unzählige Frauen kennengelernt haben. Ist dir das bewusst? Kommst du dir da nicht sprichwörtlich wie ein Zeitvertreib für ihn vor?"
Anne klingelte gedankenversunken mit ihrem Löffel in der Tasse.
„Dann sehe ich noch ein weiteres Problem. Wenn Raik Wulf die phänomenale Eigenschaft eines biblischen Methusalem besitzen sollte, wie hoch ist dann seine eigene Lebenserwartung? Lassen wir mal außer Acht, wie lange er schon lebt. Für dich ist es nämlich wichtig, wie lange er noch leben könnte."

„Franka, selbst wenn Raik ein Methusalem wäre und schon ein paar Jahrhunderte hinter sich hätte, dann muss er doch nicht unbedingt in Kürze sterben."
„Das meine ich gar nicht. Schlimmer wäre für dich, wenn er noch weitere hundert Jahre lebt."
„Franka, das ist doch schon alles verwirrend genug. Worauf willst du hinaus?"
„Wenn er noch einige hundert Jahre lebt, dann sieht er in vierzig bis fünfzig Jahren immer noch so jung aus wie jetzt. Meinst du nicht, dass wir beide mit achtzig bereits ein paar sichtbare Fältchen haben könnten?"
„Ja, ich weiß. Darüber habe ich auch schon nachgedacht. Du fragst dich, ob er mich als altes Weib auch noch mag? Ich habe mir diese Frage bisher nicht beantwortet. Ich habe sie verdrängt und werde sie vorläufig weiterhin verdrängen."
Lombardi reichte der Freundin einen Whisky mit Eis. Beide stießen an und spülten die schwierigen Fragen hinunter.
Anne zog ein kleines Gemälde aus der Tasche, reichte es der Freundin. „Sieh dir mal das hier an."
„Das ist eine sehr schöne Frau. Wer soll das sein?"
„Ich habe das Bild in Raiks Bibliothek gefunden. Kennst du jemanden, der sich mit alten Gemälden auskennt?"
„Einer meiner Kollegen befasst sich mit der Kriminalität im Bereich von Kunstdiebstählen und Fälschungen. Er soll sich das mal ansehen. Hast du noch etwas, was ich ermitteln muss?"
Anne trank ihren Whisky leer, ließ den herben Tropfen mehrmals durch den Mund laufen und fuhr fort: „Römer, Marcus Römer hieß der Mann, der uns verfolgt hat. Sein Ausweis ist angeblich vom LKA Bayern ausgestellt worden. Kannst du das kontrollieren?"
„Das mach ich morgen als erstes. Nun trinken wir noch ein Glas!"
Lombardi stand auf und ging ins Wohnzimmer zum Barfach.

∞

Raik wurde nach dem Gespräch mit Professor Petohmi in sein Zimmer zurückgeführt. Man behandelte ihn auffällig freundlich. Nun kümmerte sich wieder Dr. Berner um den besonderen Patienten. Er untersuchte Wulfs Unterschenkelverletzung und war von dem enormen Fortschritt der Heilung beeindruckt.
„Der Professor hat mir von seinen großen Erfolgen auf dem Gebiet der Anti-Aging-Therapie berichtet. Er scheint sehr gefragt zu sein“, versuchte Raik mit Berner eine Unterhaltung zu beginnen. „Welche prominenten Persönlichkeiten haben Sie in dieser Klinik im Lauf der Zeit angetroffen?“
Der Sechzigjährige machte ein verlegenes Gesicht und räumte seinen Verbandswagen ein. Er sagte leise: „Alle Patienten mit dem Status A dürfen sich in dieser Klinik frei bewegen und miteinander unterhalten. Sie kennen sich also. Die Patienten mit dem Status B, zu denen Sie, Herr Wulf, zurzeit noch gehören, stehen unter strenger Aufsicht und bekommen keine Informationen. Der Chef hat aber gesagt, dass Ihr Status eventuell in A gewandelt würde. Das hänge alleine von Ihnen ab.“
„Wie viele Status-B-Patienten müssen Sie denn jeden Tag untersuchen, lieber Berner?“
„Wie gesagt, Herr Wulf, keine Informationen heißt, keine Informationen. Wenn Sie mit dem Chef kooperieren, werde ich Ihnen auf einige Fragen antworten dürfen. Sie haben dann auch noch andere Privilegien. Die Unterbringung wird nicht mehr hier in dieser Kammer sein, sondern Professor Petohmi wird Ihnen ein kleines Apartment für Status-A-Patienten in der obersten Krankenstation zur Verfügung stellen.“
Dr. Berner klopfte von innen an die Zimmertür. Der bullige Pfleger Colin öffnete. Raik blieb allein. Das Gespräch mit Petohmi ging ihm wieder und wieder durch den Kopf.

In der nächsten Nacht stand er am Fenster und schaute durch die Gitterstäbe zum Sternenhimmel hinauf. Wenn Anne jetzt ebenfalls zu einem klaren Himmel aufblickte, dann würden sie beide dasselbe Bild vor Augen haben. Vielleicht reflektierten die guten alten Sterne seine Gedanken direkt zu ihr. Er atmete tief ein und versuchte sich an den Duft ihres Haars zu erinnern. Er dachte: Anne, wie geht es dir? Was soll ich tun? Soll ich mich auf dieses Schlitzohr Petohmi einlassen und eine Zeit lang mitspielen, bis ich genügend Informationen für einen Fluchtplan gesammelt habe? Seine innere Stimme der Erfahrung antwortete: „Nutze die Kraft deiner Geduld."

Nach dem Frühstück ließ Raik über die herrische Schwester Renate ausrichten, dass er mit Professor Petohmi kooperieren würde. Kurz danach änderte sich seine Situation. Die Kammer wurde nicht mehr abgeschlossen. Niemand schien ihn zu bewachen.

Gegen Mittag geleitete Pfleger Kevin Raik zum Eingang der chirurgischen Abteilung. Er wies auf eine Sitzbank vor dem Operationssaal. „Nehmen Sie dort Platz. Der Chef kommt gleich zu Ihnen!" Der Mann mit dem Nasenring eilte davon.

Die Tür zum Operationssaal öffnete sich. Der Professor trat heraus. Er reichte Raik lächelnd die Hand. „Mein lieber Wulf, Sie haben eine weise Entscheidung getroffen. Gehen wir in mein Büro und besprechen, was nun zu tun ist."

Die OP-Tür öffnete sich nochmal. Ein Krankenbett wurde herausgeschoben. Darin lag ein schlafender Junge mit bleichem Gesicht und struwweligen Haaren. Zwei Schwestern lenkten das Bett zu einem Aufzug.

„Ein Kind in dieser Klinik?", fragte Raik und blickte den Chirurgen überrascht an.

Professor Petohmi legte eine Hand auf Raiks Schulter, schob ihn mit sich und fragte: „Habe ich nicht erwähnt, dass wir hier auch Organtransplantationen vornehmen? Dieser kleine Kerl lebte

bereits ein Jahr an der Dialyse. Er hatte keine Nierenfunktionen mehr. Die Liste für dringend notwendige Organspenden ist endlos lang. In Ihrem Deutschland, mein guter Wulf, geht dieses Thema in der Gleichgültigkeit einer vom Konsum verwahrlosten Wohlstandsgesellschaft unter. Ihre Gesellschaft ist nicht bereit, sich in notwendiger Zahl Organspenderausweise zuzulegen."
„Ach, ist der Standort dieser Klinik nicht in Deutschland?", fragte Raik.
Petohmi ging nicht auf diese Bemerkung ein und fuhr fort: „Bei dem Thema Organspenden müssen andere Lösungen her. Wie ich Ihnen gestern erklärt habe, werde ich diese Lücke nur schließen können, in dem ich künftig selber Organe wachsen lasse."
Sie betraten das Büro. Petohmi bot seinem Gast einen Sessel an. „Also, Sie haben sich für eine wissenschaftliche Zusammenarbeit entschieden?"
Raik nickte kaum sichtbar.
Der Chirurg ließ sich in seinen Chefsessel fallen. „Sehr schön, dann gehen wir gemeinsam die drei großen Aufgaben an. Zuerst die Optimierung der menschlichen Gesundheit mithilfe neuester Gentechnologie, dann die Erhöhung des jetzigen Lebensalters auf 130 Jahre. Wissen Sie, warum der normale menschliche Organismus maximal nur 130 Jahre alt werden kann?"
„Soweit mir als Laie bekannt ist, befindet sich in allen Zellen eine Art Zählwerk, das vorgibt, wie oft sich eine Zelle im Laufe des Lebens maximal teilen darf."
„Ja, laienhaft könnte man das so sehen. Wenn wir bei diesem Bild bleiben, so ist bei Ihrer Natur, lieber Wulf, dieses Zählwerk ausgeschaltet worden. Deshalb kann ein Methusalem ein Alter von etwa tausend Jahren erreichen."
„Und wieso teilen sich die Zellen eines Methusalems nicht unendlich?"
„Weil eine Zellenerneuerung immer eine Kopie der vorherigen Zelle ist. Sehen Sie sich an, was für ein Ergebnis herauskommt,

wenn man von einer Fotokopie immer wieder eine weitere Kopie erstellt. Eine Kopie enthält grundsätzlich minimale Fehler. Kleinste Fehler werden weiterkopiert. Nach tausend Kopien sind die Fehler bereits sichtbar. Im Körper bedeuten Fehler Funktionsstörungen bzw. Alterung. Aber auch für dieses Problem wird es eines Tages Lösungen geben. Das Endziel ist ein annähernd ewiges Leben."

„Blödsinn! Es kann kein ewiges Leben geben", antwortete Raik. „Es wäre wider das Thanatos-Prinzip. Nur durch Veränderung, durch Anpassung an neue Lebensbedingungen wird das Leben in die nächsten Generationen getragen. Diese künftigen Generationen werden sich von uns unterscheiden, wie wir uns durch die Weiterentwicklung in den letzten zehn Millionen Jahren vom Menschenaffen, vom Homo-Australopithecus, vom Homo-Erectus und vom Neandertaler immer wieder unterschieden haben. Es wird in der Evolution weitergehen. Ein menschlicher Körper der jetzigen Form wird irgendwann nicht mehr zu den natürlichen Bedingungen dieses Planeten passen. Die Geschichte hat das immer wieder bewiesen. Wer die Geschichte kennt, der kennt auch die Zukunft!"

„Kennen Sie den Spruch: Wer früher stirbt, der ist länger tot?! Ich dachte, gerade ein Exemplar wie Sie, mit der Fähigkeit, dem Sterben eine lange Zeit zu trotzen, würde zusammen mit mir gegen Thanatos ankämpfen. Sind Sie das nicht sogar Ihrer phänomenalen Natur schuldig?"

„Sie mögen ein guter Chirurg sein, Petohmi, doch Sie haben vom Menschsein nichts verstanden. Der Tod ist kein widernatürliches Prinzip. Er ist nicht der Feind des Menschen. Im Gegenteil. Nur angesichts des Todes ist der Mensch bereit, sein Leben sinnvoll zu gestalten. Würde er wissen, dass er ewig lebt, dann würde er nur träumen. Es wäre ihm alles gleichgültig. Nur der Tod lässt die Menschen enger zusammenrücken, damit sie sich aneinander festhalten. Dass sie den Wunsch haben, ihr Leben mit einem anderen zu teilen und neues Leben in die Welt zu bringen."

„Und warum haben die Menschen dann Todesangst? Warum schreien alle nach längerem Leben und nach ewiger Jugend?"

„Die Angst vor dem Tod ist die Angst vor versäumtem Leben. Wer sein Leben intensiv lebt, schaut später auf ein erfülltes Leben zurück und kann sich in sein endliches Schicksal ergeben. Petohmi, der menschliche Seelenfrieden erfüllt sich nicht in einem unendlich langen, sondern in einem unendlich tiefsinnigen und gefühlvollen Leben."

„Das sind große Worte, Freund Wulf. Dann erklären Sie mir doch mal, was denn der Sinn des Lebens sein soll, wenn doch vor dem Urknall der Tod war und das Universum unendlich ist? Warum gibt es Ihrer Meinung nach das Leben?"

„Diese uralte Frage stellt sich nur ein Wesen, das nach Sinn sucht. Die häufige Ratlosigkeit in dieser Frage liegt darin begründet, dass nicht der Mensch nach dem Lebenssinn fragen sollte, sondern dass das Leben selbst den Menschen befragt. Das Leben fragt: Was willst du sinnvolles innerhalb deiner Lebenszeit tun? Und der Mensch hat darauf zu antworten. Er bekommt für sein Leben Verantwortung. Wer seinem Dasein einen Sinn gibt, der hat die Sinnfrage selbst beantwortet."

„Wulf, glauben Sie an Gott?"

„An welchen? Den der Christen, der Juden, der Muslime, der Hindus, an Wotan, Teutates, Jupiter, Zeus, Baal, Aton oder Amun? Entschuldigen Sie, wenn ich die restlichen zehntausend anderen Götter dieser Welt nicht erwähne. Selbst die Götter verdanken dem Tod ihr Dasein. Um den Schmerz der Endlichkeit zu überwinden, um sich im riesigen Kosmos nicht zu klein zu fühlen, hat der spirituell begabte Mensch mit seiner Fantasie höhere Wesen ersonnen, die ihm Hoffnung, Halt und Trost geben. Jeder Glaube versetzt wahre Berge. Sie sprachen gestern von Imhotep, der die erste große Pyramide gebaut hat. Ein Berg aus gewaltigen

Steinen. Ohne den Tod gäbe es keine Pyramide, keinen Tempel, keine Kathedrale, keine Kunst, Musik und Literatur. Nichts, was das menschliche Leben reich erscheinen lässt."

∞

Strahlen der Vormittagssonne wanderten über sanfte Wellen des Bodensees, streiften die Gardine der Balkontür von Lombardis Wohnung, erreichten die Couch und begannen das Gesicht der schlafenden Ärztin zu kitzeln. Anne öffnete die Augen, kniff sie gleich wieder zusammen. Ihr Albtraum war übel gewesen. Sie musste erst einmal realisieren, wo sie sich befand und fragte in die stille Wohnung hinein: „Franka, bist du noch da?"

Keine Antwort. Anne richtete sich auf, schaute auf die Uhr. Es war fast Mittag. Die Freundin hatte längst ihren Dienst bei der Kripo begonnen. In der Küche wartete auf sie eine Thermoskanne mit Kaffee, der noch warm war. Anne erfrischte sich genüsslich unter der Dusche.

Gut ausgeruht setzte sie sich an Lombardis Rechner. Die Freundin hatte ihr das Passwort gegeben. Anne fuhr mit ihren Recherchen fort. Sie fand die gespeicherten Artikel und Bilddateien von Personen namens Reiner Wulf, die die Polizistin im Netz gefunden und zusammengestellt hatte. Für Anne gab es schon bald keine Zweifel mehr. Die Bilder von Reiner Wulf, dessen Fotos aus den unterschiedlichsten Jahrzehnten des 20. Jahrhunderts auf die eine oder andere Art ins Netz gelangt waren, glichen einer dem anderen. Wenn sich noch die Schriftproben des Reiner Wulf und Reinholdus Lupus als dieselbe Handschrift herausstellten, dann wäre damit ein weiterer Beweis erbracht, dass ein Methusalem lebt.

∞

Gegen Abend saßen die Freundinnen zusammen in einem griechischen Restaurant. Das Lokal hatte Seeblick. Mit den folkloristischen Klängen im Hintergrund konnten sie sich wie am Mittelmeer fühlen.
„Dein Herr Römer ist ein schwieriger Fall", begann Lombardi von ihren Ermittlungen zu berichten. „Ich konnte mich nur vorsichtig bei den Kollegen in Bayern an das Thema herantasten. Man hat mir keine konkreten Informationen gegeben, aber Römer scheint bei seinen eigenen Kollegen nicht im besten Licht zu stehen." Sie nippte an ihrem Glas Imiglykos und wechselte zum nächsten Thema.
„Die Schriften des Magister Lupus und deinem Brief von Raik Wulf sind ein neues Rätsel."
Annes Herz begann kräftig zu pochen und sie drängte: „Franka, bitte, meine Nerven liegen blank. Spann mich nicht noch mehr auf die Folter! Was für ein Rätsel? Was haben die Forensiker gesagt?"
„Die Schriften stimmen zu 99,9 Prozent überein. Aber es fehlt noch die Altersbestimmung des Papiers. Irgendjemand könnte das Buch von Lupus auch auf alt getrimmt haben. Wir müssen jede Möglichkeit einer Fälschung ausschließen."
„Jetzt müsste ich eigentlich eine rauchen. Gott sei Dank ist das in Restaurants endlich verboten." Sie leerte ihr restliches Rotweinglas in einem Zug und fluchte leise: „Verflixt! Erst war da nur dieser irre Verdacht. Dann mein brennendes Verlangen, einem Geheimnis auf die Spur zu kommen. Jetzt zeigen die Vergleichsbilder und Schriftproben, dass es etwas gibt, was es eigentlich nicht geben darf. Oh Gott, warum muss es Raik sein? Ich will einfach nicht wahr haben, dass er schon ein bisschen länger lebt."
„Ein bisschen?", wiederholte Lombardi lachend. „Du bist witzig! Diese Ergebnisse dürfen gar nicht wahr sein. Wir beide sind nicht im Kino."
„Darf ich den Damen noch etwas bringen?", fragte die Bedienung.

„Bitte zwei Ouzo“, antwortete Anne und erklärte der Freundin: „Ich habe im Internet vielleicht eine Spur zu möglichen Entführern gefunden. Wie wir beide wissen, lebt Raik mit einer Besonderheit. Wenn ein krimineller Wissenschaftler davon Wind bekommen hat, und davon bin ich überzeugt, dann wird er alles tun, um Raik in seine Gewalt zu bekommen.“
„An welche Wissenschaftler denkst du?“
„Gerontologen, Altersforscher. Leute, die sich mit Anti-Aging-Produkten eine goldene Nase verdienen wollen. Dann boomt zurzeit das Gebiet der Gentechnik. Man möchte aus Stammzellen Organe nachwachsen lassen.“
„Lass es heraus. Was hast du im Web gefunden?“
„Ich bin auf eine seltsame Website gestoßen. Dort erklärt ein Professor Petohmi, dass seine Anti-Aging-Therapie so erfolgreich sei, dass jede Person, die sich dort behandeln lässt, anschließend bis zu zwanzig Jahren jünger erscheint.“
„Oh, in unserem Fall hieße das, dass wir wieder kurz vor der Pubertät stehen würden. Das wäre doch Shit! Das müsste ich nicht noch einmal haben.“
Anne fuhr fort: „Da wird nicht nur Creme ins Gesicht geschmiert, sondern die schnippeln an den Leuten herum. Das geht daraus hervor, weil diese geheimnisvolle Klinik auch eine Chirurgin oder einen Chirurgen sucht. Ich habe eine Mail mit der Anfrage um die beruflichen Bedingungen dort hingeschickt und erstaunlich schnell eine Antwort erhalten.“
„Wo liegt diese Klinik? Was ist dort anders als in den üblichen Schönheitskliniken?“
„Es gibt keine Anschrift. Alles ist top secret. Wenn der Klinik meine Referenzen zusagen, dann würde man mich abholen und an einen geheimen Ort bringen. Die Arbeitszeit ist interessant. Sie wechselt zwischen acht Wochen Dienst und vier Wochen Freizeit. Kost und Unterbringung sind frei. Der Verdienst ist dreimal so hoch, wie mein jetziges Gehalt, aber dafür gelten Bedingungen

höchster Geheimhaltung. Es wird nur verraten, dass diese Klinik an einem Ort in den Bergen liegt."
Lombardi blickte die Freundin lauernd an: „Das stinkt doch meilenweit gegen den Wind!"
Anne nahm einen Schluck vom neuen Glas Ouzo und fuhr fort: „Es geht noch weiter. Eine ganz andere Website lädt gut betuchte Leute zu einem besonderen Jungbrunnen ein. Dort erklärt ein Professor Petohmi, dass seine Anti-Aging-Therapie so erfolgreich sei, dass jede oder jeder, der sich dort behandeln lässt, anschließend bis zu zwanzig Jahre jünger erscheinen könnte. Kommt dir das bekannt vor?"
Auch Lombardi kippte ihren Ouzo. „Verdammt, ja! Erzähle weiter!"
„Also, dort wird die gleiche Geheimniskrämerei gemacht. Die Klinik liegt auch ganz romantisch in den Bergen. Wieder alles top secret. Die potenziellen Kunden werden entweder mit einem Wagen oder sogar per Helikopter abgeholt und machen dann eine Reise in die Jugend."
„Bleibt bei der Suche nach Raik nur zu hoffen, dass dieser sonderbare Professor nicht mehrere Standorte in den Bergen unterhält."
Anne lächelte stolz. „Vielleicht hätte ich auch Ermittlerin werden sollen. Ich habe unter der Rufnummer der Website angerufen, wo die Chirurgin gesucht wird. Etwas später habe ich die abweichende Telefonnummer von der Website des Jungbrunnens gewählt. Beide Male war am anderen Ende der Leitung dieselbe Stimme. Was sagst du nun?"
„Liebes, du hast sogar noch mehr herausgefunden. Ich sehe es dir an."
Die Ärztin ließ ihren Blick über die anderen Gäste schweifen, die fröhlich in Gespräche vertieft waren. Duft griechischer Gewürze lag in der Luft und schuf mit folkloristischer Musik eine fremdländische Atmosphäre. „Ich habe versucht, über Professor Petohmi zu googlen. Er hat seit Jahren nicht mehr publiziert. Er war wohl

in den Siebzigern eine große Nummer. Er hat die Lebenszeit von Labormäusen deutlich verlängern können. Damals stellte er eine Theorie auf, dass mit der Optimierung der Abwehrkräfte und der Regenerierungssysteme des menschlichen Körpers eine durchschnittliche Lebensdauer von 130 Jahren erreicht werden könnte. Nach seinen Prognosen wäre es eines Tages sogar möglich, den menschlichen Organismus gentechnisch so zu konditionieren, dass er tausend Jahre alt wird."

„Raik Wulf wäre ein solcher Kandidat, nicht wahr?"

„Ja, nur dass es im Mittelalter noch keine Gentechnologie gab."

Dieser Gedanke hüllte beide Frauen in ein längeres Schweigen. Die Kriminalbeamtin hob abwehrend die Hand. „Okay, okay, okay! Das hört sich alles nach einer heißen Spur an, beweist aber bis jetzt nichts. Was ist, wenn du dort hinfährst und deinen Raik nicht findest, weil die Klinik die falsche ist?"

„Ja und? Dann kündige ich eben wieder."

„Liebes, was ist, wenn diese suspekten Leute dich nicht mehr gehen lassen, weil sie Dreck am Stecken haben?"

„Franka, du bist Polizistin. Wird mir einer deiner Kollegen diese Story glauben? Wird irgendeiner auf all diese Vermutungen hin eine europaweite Fahndung anordnen?"

„Nein! Du hast recht. Diesen Irrsinn glaubt uns vorläufig niemand. Aber ich lass auch nicht zu, dass du dich alleine in Gefahr begibst. Während deiner Suche nach Raik werde ich jeden deiner Schritte beschatten. Du wirst einen Sender tragen müssen. Ich muss das alles in Ruhe ausknobeln."

Anne sagte: „Petohmi war in den Siebzigern bereits weit über vierzig. Das heißt, er muss heute über achtzig sein. In öffentlichen Kliniken dürfte er schon längst nicht mehr praktizieren."

„Vielleicht hat er sich mit seinen seltsamen Zellkuren behandelt und ist kaum älter geworden."

Anne schüttelte den Kopf. „Erstaunlich, dass ihr Laien diese hoch komplexen Dinge immer so wunderbar einfach ausdrücken könnt!"

∞

Dr. Wiesmann hatte mit der sonderbaren Klinik des Professor Petohmi ein Vorstellungsgespräch als Chirurgin vereinbart. Zu diesem Termin sollte sie von einem Treffpunkt abgeholt werden. Dementsprechend saß Anne in Füssen in einem Café bei einer Tasse Cappuccino und wartete. Pünktlich um 21:00 Uhr trat ein schlanker Mann an ihren Tisch, der sich freundlich als Kevin Meier vorstellte. Er trug einen kleinen Nasenring. Sakko, Hemd, Hose und Schuhe wirkten elegant. Er bezahlte Dr. Wiesmanns Café-Rechnung und geleitete sie vor dem Haupteingang zu einem schwarzen SUV. Er öffnete eine Tür im Fond. Anne stieg mit mulmigem Gefühl ein. Die Fensterscheiben waren so getönt, dass außerhalb keine deutlichen Konturen erkennbar waren. Nur starke Lichtquellen strahlten gefiltert herein. Auch zwischen den vorderen Sitzen und dem Fond befand sich eine versenkbare Scheibe, die die Sicht versperren konnte.
Meier sagte: „Keine Angst, die Scheibe zwischen Ihnen und mir bleibt während der Fahrt die meiste Zeit geöffnet. Die Täler sehen in der Nacht alle gleich aus. Nur wenn wir Ortschaften passieren, dann gibt es keine Aussicht für Sie. Sie können jederzeit die Bordsprechanlage benutzen. Ich kann Ihnen auf Wunsch Musik einspielen. Ferner finden Sie im Seitenfach auch Magazine und andere Lektüre. Nun müssen Sie noch Ihr Handy ausschalten und mir aushändigen. Aber das haben Sie sicherlich in Ihrem Vorvertrag unter dem Punkt "Besondere Bedingungen" gelesen. Sollten Sie ein zweites Handy dabei haben, dann geben Sie auch das jetzt ab. Bevor wir ankommen gibt es wie am Flughafen eine strenge Leibesvisite und eine Gepäckkontrolle."

„Ich habe kein zweites Handy dabei."
Die Ärztin händigte ihr Smartphone mit mulmigem Gefühl aus und nahm im Fond Platz. Meier schloss die Tür und setzte sich hinter das Lenkrad. Der hochmotorisierte SUV fädelte sich in den abendlichen Reiseverkehr ein. Franka Lombardis Sportcoupé schaltete die Scheinwerfer ein und folgte dem Geländewagen in großem Abstand.
Der Fernpass Richtung Innsbruck war trotz fortgeschrittener Stunde und Dunkelheit sehr belebt. Der SUV überholte forsch, wo er nur konnte. Lombardi wagte mit ihrem Coupé ebenfalls einige Überholmanöver, um sich nicht abschütteln zu lassen. In einem unübersichtlichen Baustellenbereich war der SUV verschwunden.
Lombardi fluchte: „So ein Mist! Wo ist diese verdammte Karre geblieben?"
Sie überholte hinter der nächsten Kurve trotz durchgezogener Linie zwei Wohnwagengespanne. Ein Hupkonzert brach los.
Lombardi wählte die Telefonnummer ihres Kollegen Kommissar Franz Scheibel und hörte Tuten in der Freisprechanlage.
„Hi, Power-Girl, was gibt's?", meldete sich eine männliche Stimme.
„Hi, Franzl", grüßte Lombardi, „ich benötige deine Hilfe. Ich folge einem SUV mit italienischem Kennzeichen. Ermittle bitte den Halter." Sie gab dem Kollegen die Buchstaben und Ziffern an. „Dann lass das Handy von Dr. Wiesmann orten."
„Wieso brauchst du eine Handyortung? Du hast Wiesmann doch einen Sender mitgegeben."
„Ich konnte ihr keinen Sender oder eine Wanze geben, die bei einer Leibesvisite sofort auffallen wird. Ich hab einen Sender im Absatz ihres Schuhs versteckt. Das Ding hat unter solchen abgeschirmten Bedingungen nur eine kurze Reichweite. Anne wird diesen Sender irgendwo im Freien anbringen, wenn sie die Klinik

erreicht hat. Ab dann erhalten wir hoffentlich ein klares Signal. Ich gebe dir jetzt Annes Handynummer durch."

Lombardi hatte die zuständige Staatsanwältin, die hinter vorgehaltener Hand Schwester Oberin genannt wurde, über Dr. Wiesmanns geheime Aktion informiert. Schwester Oberin hatte jedoch der LKA-Beamtin keine Erlaubnis erteilt, offiziell im Ausland zu agieren. Nur Lombardis kollegiale Kontakte halfen, auf eigene Faust zu handeln.

Franka klopfte treibend mit der Hand auf das Lenkrad. Es machte keinen Sinn, umzukehren und die Baustelle nach irgendwelchen dunklen Abzweigungen zu untersuchen. Sie ging davon aus, dass der SUV Richtung Innsbruck und dann nach Italien fahren würde. Der nächtliche Reisestrom floss zäh durch das nachtdunkle Gebirge.

Franzl meldete sich im Handy: „Das Mobiltelefon deiner Freundin Wiesmann ist nicht eingeschaltet. Der SUV ist auf eine Adresse zugelassen, die anscheinend nur zu einem Briefkasten in Südtirol gehört. Um dort mehr zu recherchieren, muss ich bei Schwester Oberin grünes Licht beantragen."

Lombardi bedankte sich. Auch wenn Franz Scheibel nicht allzu viel herausgefunden hatte, so hieß die grobe Richtung des SUV sicherlich Italien, Südtirol.

Unaufhörlich kroch der rollende Touristen-Lindwurm durch die dunkle Bergwelt. Lombardi erreichte Innsbruck nach Mitternacht. Wohin sollte es aber weitergehen?

Wulf war am Gerlos-Pass gekidnappt worden. Dort gab es auch einen uralten Pass nach Italien. Die Entführer konnten auch durch den Felbertauerntunnel Richtung Lienz gefahren sein. Vielleicht waren sie über den Staller Sattel abgehauen. Bereits die Römer hatten den Weg über den Brenner gesucht.

Welchen Weg hatte der verdammte SUV mit Anne genommen?

„Viel zu viele Wege führen nach Rom!", stöhnte Lombardi und lenkte auf einen Parkplatz. Sie machte den Motor aus, betätigte die Innenraumbeleuchtung und blickte in den Spiegel. Ihre grünen Augen wirkten müde. Sie beschloss eine Mütze voll Schlaf zu nehmen, stellte ihren Sitz in eine bequeme Position und löschte das Licht.

Hektisches Hupen beendete Frankas Schlaf. Die Stadt war erwacht. Die Sonne stieg über einen Bergkamm. Auf der Straße neben dem Parkplatz reihte sich ein Fahrzeug an das andere.
Die Beamtin blickte auf die Uhr. Sie suchte im Handymenü die Telefonnummer der Polizeiinspektion in Zell, wählte und ließ sich mit dem Oberinspektor verbinden.
„Grüß Gott, Herr Weigl, hier ist Lombardi. LKA Baden-Württemberg, erinnern Sie sich? Wir hatten in der Sache Reiner Wulf telefoniert. Ich bin die Freundin von Frau Dr. Wiesmann und benötige noch einmal Ihre Hilfe."
„Rufen Sie privat oder dienstlich an?"
„Ich melde mich privat, Herr Kollege. Meine Freundin Anne ist auf eigene Faust auf der Suche nach dem entführten Reiner Wulf. Sie hat sich bei einer suspekten Klinik beworben und wurde in Füssen von einem schwarzen SUV abgeholt." Sie gab das Kennzeichen durch und fuhr fort: „Die Spur scheint nach Italien zu führen. Ich habe versucht, dem SUV zu folgen, ihn aber gegen Mitternacht verloren. Ich stehe nun in Innsbruck und weiß nicht, welche Strecke ich nach Italien nehmen soll."
„Das ist eine schwierige Situation. Der SUV kann viele Wege genommen haben. Gibt es denn einen Verdacht, wo die Klinik sein könnte, die Dr. Wiesmann sucht?"
„Keine Ahnung! Die Vorgehensweise zum Kontakt der dubiosen Klinik führt über geheime Wege. Aber der Wagen fuhr mit sehr hoher Geschwindigkeit. Kann es sein, dass er zufällig von Ihren Kollegen irgendwo geblitzt oder angehalten worden ist?"
„Darüber darf ich an Privatpersonen keine Auskunft geben. Das wissen Sie doch, Frau Kollegin."

„Okay, ich gehe jetzt in Innsbruck erst einmal genüsslich frühstücken. Dieses Tirol ist so schön, dass es unwirklich erscheint. Ich rufe Sie nach dem Frühstück trotzdem wieder an."
„Ich wünsche Ihnen einen guten Appetit und genießen Sie die Aussicht."
Lombardi hielt vor einem einladenden Café. Sie ging zuerst in die Damentoilette, um sich frisch zu machen.
Schon bald servierte man ihr auf der Terrasse ein Frühstück mit duftendem Kaffee.
Das Smartphone klingelte. Weigl fragte: „Ham's gut gespeist?"
„Vielen Dank, Herr Kollege, ich werde hier bleiben und Urlaub machen."
„Ich denke, wenn Ihnen jemand per Zufall stecken würde, dass ein italienischer SUV mit überhöhter Geschwindigkeit über den Reschenpass geprescht ist, dann verschieben Sie Ihren Urlaub sicherlich. Halten Sie sich selbst aber an die vorgegebene Geschwindigkeit, Frau Kollegin."

∞

Raik wohnte seit einigen Tagen in der obersten Etage der Kloster-Klinik. Sein kleines Apartment besaß eine gehobene Ausstattung. Im Wohnraum stand ein Krankenbett aus massivem Holz, das elektrisch verstellbar war. Schreibtisch, Schränke, Tisch und Sessel gehörten zu einer teuren Designerserie. Der TV-Flachbildschirm bot das Programm einer internen Videothek, der Kühlschrank wurde nach Wunsch gefüllt. Im Badezimmer funkelten edle Keramik und vergoldete Armaturen. Kostbare Pflegemittel standen zur freien Auswahl. Gardinen, Stoffe, Tapeten und Teppiche waren aufeinander abgestimmt.
Hinter dem Bogenfenster breitete sich ein herrliches Bergpanorama aus. Diese Aussicht müsste den einstigen Burgherren großen Stolz verliehen haben.

Unter Raiks Fenster blickte man auf die Zinnen eines alten Wehrgangs. Zwei Männer mit geschulterten Gewehren beugten sich lässig über den gähnenden Abgrund und rauchten.
Raik schaute in die Ferne und suchte wieder in seinem Gedächtnis nach einem vergleichbaren Bild. Irgendwie kamen ihm der Blick aus diesem Fenster und auch die Aussicht aus dem Zimmer seiner ersten Gefängniszelle bekannt vor. Die gotische Kapelle unter Petohmis Büro hatte er vielleicht auch schon einmal gesehen. Das musste eine Ewigkeit zurückliegen. Er wandte sich zu seinem Bett. Auf der Decke lag immer noch der Sandsack, den man ihm nach einer Leberpunktion auf die Einstichwunde gepresst hatte. Petohmi erhielt endlich Raiks begehrte Zellproben. Der Hüne hob sein Hemd an und schaute auf das Pflaster, das die Einstichstelle abdeckte. Die Wunde nässte nicht mehr. Also durfte er sich endlich die Beine vertreten.
Er trat hinaus auf den Stationsflur und fragte eine Krankenschwester: „Wo finde ich den kleinen Jungen, der vor fünf Tagen von Professor Petohmi operiert worden ist? Der Kleine bekam eine neue Niere und sollte heute Morgen von der Intensivstation in sein Privatzimmer gebracht werden."
„Sie meinen den kleinen Felix Römer? Dürfen Sie denn diese Station neuerdings verlassen?"
Raik las ihr Namensschild und setzte ein charismatisches Lächeln auf: „Liebe Schwester Viola, ich möchte nur einen kleinen kranken Jungen besuchen. Ich bin Lehrer und kann gut mit Kindern umgehen. Es dient der Kurzweil."
Schwester Viola zog ein mobiles Telefon aus ihrem Kittel und wählte die Nummer der Oberschwester Renate. Nach einigem Warten sagte sie zu Wulf: „Die Pflegeleitung geht nicht ans Telefon. Also gut. Ich hoffe, dass Sie mein Vertrauen nicht missbrauchen. Sie müssen eine Etage tiefer zur Station 3 gehen. Melden Sie sich im dortigen Schwesternzimmer an."

Mit einer Fernbedienung öffnete Schwester Viola die elektronisch verriegelte Stationstür. Raik benutzte statt des Lifts das Treppenhaus. Die Klinik war von einem genialen Architekten so in das mittelalterliche Bauwerk integriert worden, dass man von außen nie vermutet hätte, welche hochmoderne Ausstattung sich hinter den gewaltigen Mauern verbarg. Das musste ein Vermögen gekostet haben. Raik fragte sich, wie vielen reichen Leuten Petohmi dafür hatte die Gesichtshaut straffen und den Hintern mit Silikon auspolstern müssen ... Wie viele Botox-Spritzen hatten wohl für Schlauchbootlippen gesorgt? Wie viele Brüste waren in Form gebracht und Fettpölsterchen für diesen finanziellen Kraftakt abgesaugt worden?
Die Eingangstür der Station 3 war nicht verschlossen. Raik trat wie selbstverständlich ein. Dr. Berner kam mit seiner Assistentin und einer Schwester aus einem Krankenzimmer. Sie machten gerade Visite. Raik hob die Hand zum Gruß.
„Wieso sind Sie nicht in Ihrem Apartment?“, fragte der Oberarzt.
„Oberschwester Renate hat mir Ausgang gegeben“, log Raik. „Ich möchte den kleinen Felix Römer ein bisschen unterhalten. Wenn ich eines nicht ertragen kann, dann ist es das Leiden kranker Kinder. Ich bin ein perfekter Märchenonkel.“
„Ich wüsste nicht, was dagegen sprechen sollte. Unser Felix befindet sich im Zimmer 34“, sagte Dr. Berner und verschwand mit seinem Team im Nachbarzimmer.
Raik klopfte an Felix' Zimmertür.
„Ja bitte?“, fragte eine freundliche Kinderstimme. Erwartungsvolle Augen blickten zur Tür.
Raik trat ein. Der zwölfjährige Junge lag im Krankenbett, schaute den Fremden misstrauisch an und fragte: „Wer sind Sie?“
Raik reichte ihm lächelnd die Hand. „Hi, ich bin Raik. Ich bin auch Patient in dieser tollen Burg. Mir war langweilig. Ich hatte dich gesehen, als du aus dem Operationssaal geschoben wurdest. Mir tat es so leid, dass ein netter Junge wie du schon im Krankenhaus

liegen muss. Krankheiten sind doch etwas für alte Leute. Hast du Lust, dich mit mir ein bisschen zu unterhalten? Ich könnte dir vielleicht auch ein paar spannende Geschichten erzählen."
Das Misstrauen wich aus dem Gesicht des kleinen Patienten. „Okay, setzten Sie sich. Sind Sie auch operiert worden?"
„Nein, eigentlich nicht. Man hat mir heute eine lange Nadel in die Leber geschoben, um das Gewebe zu untersuchen. Aber ich verstehe davon fast nichts. Sag einfach Raik zu mir."
Er blickte sich in dem Einzelzimmer um. Zur spartanischen Einrichtung gehörten eine Bücherwand, ein Tisch mit zwei Stühlen und ein Kleiderschrank. Raik wandte sich zum Fenster. Er sah zwei Wehrtürme, die wohl vor nicht allzu langer Zeit restauriert worden waren. Sein Blick wanderte zur Bücherwand.
„Da ist für einen Jungen deines Alters kaum etwas zum Lesen dabei. Felix, du hast einen schönen, lateinischen Namen. Übersetzt heißt er "der Glückliche". Das passt zu einem richtigen Römer. Wie bist du eigentlich hier hergekommen?"
„Mein Papa ist ein Polizist. Er hat mich von Deutschland aus hierher gefahren, da man mir wohl nur hier helfen kann. Ich musste bis jetzt immer an eine Dialyse. Mein Blut wurde zwei bis dreimal in der Woche gewaschen. Das ist nun nicht mehr nötig, hat der nette Professor gesagt."
Raik setzte sich neben den Jungen ans Bett. „Du meinst, wir wären hier nicht in Deutschland?"
„Haha, du weißt nicht, wo wir hier sind? Das gibt es doch nicht! Wir sind in Südtirol. Das gehört zu Italien."
„Hat dein Papa auch einen schönen römischen Vornamen wie du?"
„Er heißt Marcus."
„Dein Papa ist Polizist. Das ist ein abenteuerlicher Beruf. Möchtest du auch Polizist werden?"

„Nein, ich würde lieber Ritter werden, aber den Beruf gibt es leider nicht mehr. Ich habe den Film von Lancelot auf DVD gesehen, der war total cool!"
Raik stand auf und blickte wieder aus dem Fenster. Der Himmel strahlte blau, eine Karawane weißer Wolken zog über die Bergkette. Vor einem der Wehrtürme standen drei Leute in weißen Kitteln und diskutierten mit großen Gebärden.
„Felix, Ritterspiele gibt es heutzutage auch noch. Du könntest so etwas als Hobby betreiben. An manchen gut erhaltenen Burgen werden mehrmals im Jahr Show-Kämpfe vorgeführt. Hast du das schon mal gesehen?"
Felix schüttelte den Kopf.
Raik fragte: „Kannst du dir vorstellen, wie es wirklich im Mittelalter bei den Rittern war?"
Da der Junge mit den Schultern zuckte, begann Raik über Turniere des 14. Jahrhunderts zu erzählen.

∞

Professor Petohmi hatte die Bewerbungsunterlagen der jungen Ärztin quer gelesen und legte diese auf seinen Schreibtisch zurück. Seine mystischen Augen musterten Dr. Wiesmann, die ihm seit einigen Minuten gegenüber saß. „Sie sind über unsere Website zu uns gekommen. Ihre Referenzen hören sich interessant an. Doch warum wollen Sie die sichere Stelle in Deutschland aufgeben und bei mir arbeiten?"
„Ich will ehrlich sein, Herr Professor. Ihre Klinik mag mit den außergewöhnlichen Sicherheitsvorkehrungen zwar seltsam wirken, doch wo kann ich das dreifache Gehalt sonst verdienen? Ich möchte mich noch vor meinem vierzigsten Geburtstag mit einer eigenen Praxis selbstständig machen. Dass das ein Vermögen kostet, wissen Sie selbst am besten. Ihre romantisch gelegene Klinik

hier bedurfte doch auch gigantischer Investitionssummen, nicht wahr?"
Petohmi blieb stumm und lächelte nur geheimnisvoll.
Die Ärztin fuhr fort: „Außerdem interessieren mich auch Ihre Forschungen in der Biogerontologie. Ich habe die Publikationen Ihres Vaters aus den sechziger und siebziger Jahren gelesen. Ich denke, dass Sie in seine Fußstapfen getreten sind."
Petohmi lachte laut. Er blickte die Bewerberin wohlwollend an und erklärte geschmeichelt: „Das haben Sie sehr nett ausgedrückt, mein liebes Kind. Nein, die Arbeit, die Sie gelesen haben, hat nicht mein Vater verfasst. Ich hatte ihn nie kennengelernt. Die Publikationen über den Kampf gegen das Altern stammen von mir persönlich. Meine Prognosen von damals bezüglich der Entwicklung im Bereich der Biogerontologie sind heute zum Teil in die Realität umgesetzt worden."
„Das ist unglaublich. Entschuldigen Sie, wenn ich das sage, aber Sie müssten doch bereits fast achtzig sein und sehen nur halb so alt aus."
„Vielen Dank für die Blumen. Sie haben sich nicht verschätzt. Ich bin mein eigenes Reklameschild für unser Anti-Aging-Zentrum. Gut, ich will Ihnen in diesem Haus eine berufliche Chance geben. Wann können Sie anfangen?"
„Ich habe Gepäck für gut eine Woche bei mir. Wenn es Ihnen recht ist, dann könnte ich heute schon meinen Dienst aufnehmen und mich einarbeiten."
Petohmi reichte ihr die Hand. „Sehr schön, sehr schön! Wir treffen uns in einer halben Stunde vor dem Eingang zu diesem Klinikgebäude. Ich möchte Sie herumführen. Bringen Sie in der Zwischenzeit Ihr Gepäck in ein Apartment. Oberschwester Renate, meine rechte Hand, wird Sie einweisen."

Ein kräftiger Mann hob den Rollenkoffer der neuen Ärztin aus dem schwarzen Geländewagen. Sie trug einen Hosenanzug und hatte die blonden Locken zu einer strengen Frisur hochgesteckt. Eine rundliche Frau im weißen Kittel eilte auf die Ärztin zu. „Ich bin Oberschwester Renate." Ihre dunkle Stimme hatte einen unverkennbaren Befehlston. „Immer, wenn Sie Fragen zur Klinik oder dem abgezäunten Privatgelände unserer Burganlage haben, dann fragen Sie mich, verstanden?"
Die Ärztin nickte stumm.
Renate fragte: „Wie war Ihre Anreise?" Gleichzeitig lief sie voraus. Die Ärztin folgte ihr. Sie zog den Rollenkoffer ratternd über das Kopfsteinpflaster auf den Eingang eines Bruchsteinhauses zu. Über ihr erhoben sich gewaltige Wehrtürme, und hinter dem Haus ragte die Spitze einer Kapelle heraus. Anne antwortete: „Wie soll ich sagen, Schwester Renate, die sonderbaren Anreisebedingungen ließen mir keinen Blick nach draußen. Dass ich sogar mein Handy abgeben musste, war unangenehm. Auch die bewaffneten Wachposten, die hier an jeder Ecke stehen, wirken im Zusammenhang mit einer Klinik irritierend." Die Ärztin zeigte zu den nahen Gipfeln. „Aber wenn ich mich hier umsehe, dann bin ich begeistert. Dieses Tal wirkt wildromantisch. Wie heißt es eigentlich?"
Hinter der dicken Brille funkelten Schwester Renates Augen misstrauisch. „Frau Doktor, als erstes gewöhnen Sie sich ab, Fragen nach der Lage der Klinik zu stellen. Der Chef ahndet solche Verfehlungen mit drastischen Maßnahmen!"
„Und welche Maßnahmen wären das?"
Die Schwester zeigte zu einem Wehrturm. „Wir haben einen Kerker mit Folterwerkzeugen." Als Anne ein entsetztes Gesicht zog, grinste Renate breit und versicherte: „Das war ein Scherz!" Sie öffnete die Tür zum Wohnhaus der Angestellten und fuhr fort: „So, das hier wird Ihr neues Zuhause. Bitte halten Sie sich an die Regeln. Die Regeln finden Sie übrigens in Ihrem Apartment."

Eine Stunde später stand die neue Ärztin mit Professor Petohmi in der Vorhalle des ältesten Gebäudeteils.
Er sagte: „So, nun habe ich Ihnen die Laborräume des wissenschaftlichen Bereichs gezeigt. Die Stationen werden Sie im Laufe der Zeit alle durch Oberschwester Renate kennenlernen. Sie wissen ja, eine Klinik sieht von innen ähnlich aus wie jede andere."
Sie kamen zu einer schweren Eichentür, hinter der klirrende Geräusche zu hören waren. Petohmi öffnete diese knarrend. Das Klirren wurde laut. Der Professor erklärte: „Neben den medizinischen Pflichten gibt es aber auch noch andere Dinge. Mein Hobby ist das Rittertum. Meine Liebe, hier betreten wir einen Rittersaal, in dem auch heute noch mit echten Waffen gekämpft wird."
Vier kräftige Männer kreuzten zu Paaren die Schwerter. Als sie Petohmi sahen, stellten sie den Kampf ein und schauten erwartungsvoll.
Die blauen Augen der Fremden wanderten über die gekalkten Wände, an denen unzählige altertümliche Waffen hingen. Lanzen, Armbrüste, Speere, Hellebarden, Schwerter, Degen und Morgensterne zeugten von der Brutalität einer dunklen Menschheitsepoche. Anne fuhr ein Schauer über den Rücken. „Mein Gott, das sind ja alles Mordwerkzeuge. Und so etwas gefällt Ihnen? Gerade Sie haben sich doch in den Dienst der Menschheit gestellt, um Leid zu mindern."
„Meine Liebe, das ist doch alles nur Show. Meine Leute trainieren für die Ritterspiele an den Touristenhochburgen. Trotzdem sind es Wettbewerbe. Meine Leute gewinnen fast immer. Bevor hier die Klinik entstanden war, hatte ich früher an dieser Burg solche Spiele ausgerichtet und leidenschaftlich mitgekämpft. Leider macht mein Herz zurzeit nicht mehr so gut mit. Die Techniken der Schwertkunst würde ich mit einem neuen, gesunden Herzen aber immer noch perfekt beherrschen."

„Sie betonen, dass Ihr Herz zurzeit geschwächt ist. Gibt es Hoffnung auf Besserung?"
„Für normale Achtzigjährige mit einem alten Herzen wohl kaum. Meine Physis und meine Möglichkeiten lassen aber auf eine Verbesserung hoffen. Zu diesem Thema kommen wir ein anderes Mal." Er klatschte auffordernd in die Hände und die Kämpfe wurden fortgesetzt.

Vor dem Eingang des alten Burgteils frischte der Wind auf. Petohmi blieb stehen, blickte durchdringend in die blauen Augen der neuen Mitarbeiterin. „Sie sind eine sehr schöne Frau. Unsere gut betuchten Kundinnen würden ein Vermögen dafür ausgeben, um nur annähernd so attraktiv zu erscheinen wie Sie. Ich würde mich freuen, wenn Sie mir heute Abend beim Essen Gesellschaft leisten. Kann ich mit Ihnen rechnen?"
„Entschuldigen Sie, wenn ich nicht gleich zusage. Es kann sein, dass ich dazu vielleicht zu müde bin. Vergessen Sie nicht, dass meine seltsame Anreise über Nacht stattgefunden hat."
Petohmis Lächeln verschwand. „Gut, dann nehmen Sie nun Ihren Dienst in der Station 3 auf. Oberarzt Dr. Berner erwartet Sie bereits." Der Professor drehte sich herum und entfernte sich Richtung Burgkapelle. Deren Uhr schlug gerade elf.

Als die neue Ärztin das Dienstzimmer der Station 3 erreichte, waren eine Schwester und eine medizinische Assistentin im Gespräch vertieft. Dr. Berner telefonierte gerade.
Anne meldete sich. „Guten Tag zusammen, Professor Petohmi schickt mich zu Ihnen. Sie wüssten angeblich Bescheid."
Der Grauhaarige grüßte, ohne ihr in die Augen zu sehen. „Berner ist mein Name. Ich bin der Oberarzt." Er stellte seine beiden anderen Mitarbeiterinnen vor. „Das hier sind Assistenzärztin Gisela Ladwig und Schwester Monika."

Nachdem Dr. Berner die neue Kollegin über die Station geführt hatte, blieb er an einer Tür stehen, deren Zimmer in einem unübersichtlichen Winkel der Station lag. Die Tür war nur angelehnt.
Dr. Berner sagte: „Kollegin Wiesmann, fangen Sie Ihren Dienst gelassen an. In diesem Zimmer ist der zwölfjährige Felix Römer. Er hat vor fünf Tagen eine neue Niere bekommen. Muntern Sie den Jungen ein bisschen auf."
Dr. Berners Notrufmelder piepte und er eilte davon.
Als die Medizinerin gerade die Tür aufschieben wollte, hörte sie aus dem Zimmer eine sonore Stimme. Ein Schauer lief ihr über den Rücken. Sie hielt in der Bewegung inne und lauschte.
„Felix, wenn du schon so viel über Ritterspiele gelesen hast und gerne Rittergeschichten hörst, dann erzähle ich dir jetzt mal eine Mär, die du nicht kennen kannst." Raik strich dem Kleinen über das struwwelige Haar.
„Eine Mär? Was ist das denn?"
„Ein Märchen ist eine kleine Geschichte und eine Mär ist eine ausgewachsene Geschichte. Also: Es war einmal vor fast neunhundert Jahren, als die Ritter noch mit Schwertern, Schilden und Lanzen kämpfen mussten. Knappe Raika war der Sohn eines Pferdezüchters. Er konnte reiten wie der Teufel. Normalerweise ritten nur die Ritter. Daher erhielten sie ja auch ihren Namen."
„Ist der Name Raika mit deinem Namen verwandt?"
„Ja, vielleicht gefällt mir die Mär deshalb auch so gut." Raik erzählte weiter. „Also, dieser Raika hatte von seinem Vater nicht nur reiten gelernt. Er trainierte auch, wie man während des Reitens mit Hilfe von Seilen verletzte Kameraden vom Boden aufheben und mit sich nehmen konnte. Vielleicht hast du das mal in einem Indianerfilm gesehen."
Felix nickte.
Raik fuhr fort: „Knappe Raika begleitete zu Fuß seinen Ritter auf ein Schlachtfeld. Eine feindliche Lanze stieß den Ritter vom Ross.

Schreie, wütende Rufe, klirrende Schwerter, wiehernde Pferde ringsumher. Morgensterne kreisten schwirrend durch die Luft. Speere und Lanzen flogen. Männer fluchten, brüllten, stürzten. Knappen liefen, reichten neue Waffen an. Pferde bäumten sich auf. Hufe schlugen. Bevor der verletzte Mann von den anderen Pferden zertrampelt wurde, schwang sich Knappe Raika auf das Pferd seines Herrn und ließ vom Sattelknauf einen langen Lederriemen zu Boden. Der Ritter griff mit beiden Händen fest zu und hob seinen Oberkörper ein Stück an. Mit dem Unterschenkel hakte er sich zwischen Raikas Fuß und dem Steigbügel ein. Er hing seitlich an dem gepanzerten Streitross. So flüchteten Knappe, Ritter und Ross vom Schlachtfeld. Der Ritter überlebte."
Felix pustete nach der lebhaften Schilderung beeindruckt aus. „Puh, hat der Ritter den Knappen dafür belohnt?"
„Ja, der edle Ritter war sogar ein Fürst. Viele Jahre später erhob er Raika ebenfalls in den Ritterstand. Von dem Moment an durfte er sich Raika von Wulf nennen."
Die Augen des Jungen leuchteten. „Die Ritter haben doch wie bei Lancelot immer für eine Prinzessin gekämpft. Hatte Raika das auch gemacht?"
„Raika liebte eine junge Dame. Sie war die schöne Tochter eines Magisters, der an der Universität zu Prag lehrte. Ihre Familie stammte vom niedrigen Adel ab. Um die Familie mit dem höheren Adel zu verbinden, hatte ihr Vater sie einem fünfzehn Jahre älteren Fürsten versprochen. Diesen Mann mochte die Tochter überhaupt nicht. Sie hatte nur Augen für Raika. Die jungen Leute trafen sich heimlich. Der Fürst, dem die Tochter des Magisters versprochen war, erfuhr von der verbotenen Liebe. Er forderte Raika zum Zweikampf auf Leben und Tod."
Felix setzte sich gespannt in seinem Bett auf. „Wahnsinn, hat dieser Raika den Kampf gewonnen?"
Raik drückte den kleinen Patienten sanft in sein Kissen zurück und sagte: „Der Kampf wurde mit Schwertern ausgetragen und

dauerte zermürbend lange. Der Edelmann war ein sehr gefährlicher Kämpfer. Doch zum Schluss war der Jüngere schneller und brachte den Herausforderer zu Fall. Statt dass Raika seinen Gegner tötete, legte er sein Schwert nieder. Er reichte dem Mann am Boden seine Hand, um ihm aufzuhelfen."

„Haben sich die Ritter wieder vertragen?"

„Nein, als sich der junge Recke vorbeugte, da stieß der Mann am Boden heimtückisch sein Schwert in Raikas Bauch. Der junge Bursche brach bewusstlos zusammen. Die Zuschauer empörten sich über das unfaire Verhalten des Herausforderers."

Felix wäre vor Empörung fast aus dem Bett gesprungen. „So etwas Gemeines! Ist Raika dann gestorben?"

„Nein, Raika hatte Glück im Unglück. Er überlebte. Die Verlobung mit dem hinterlistigen Edelmann und der Tochter des Magisters wurde gelöst. Die junge Frau pflegte Raika gesund. Er bekam die Möglichkeit zu studieren und wurde ebenfalls ein Magister. Er verdiente genug Geld, um seine Prinzessin zu heiraten. Sie bekamen einen so tollen Jungen wie dich."

Felix stand vorsichtig auf und ging ans Fenster. Er blickte sehnsüchtig auf die Wehrtürme. „Ich wäre auch gerne früher geboren und ein Ritter geworden."

„Ach, weißt du, das Leben war damals nicht nur durch Kämpfe gefährlich. Gerade als die drei eine glückliche Familie waren, kam im Jahre 1400 eine erneute Pestwelle. Sie holte sich die Prinzessin und den kleinen Prinzen."

„Oh Mann, ist das eine schlimme Zeit gewesen. Wurde Raika auch krank?"

„Nein, er verließ Europa und reiste bis ins Reich der Mitte. Am chinesischen Kaiserhof erlernte er den Kampf mit zwei Schwertern. Da er sehr talentiert war, gehörte Raika lange zur Leibwache des Kaisers. Aber das ist eine andere Mär."

„Sag mal, hat Raika denn eine neue Prinzessin gefunden?"

„Epona, die keltische Pferdegöttin, war den Vorfahren von Raika immer gut gesonnen, weil diese auch immer gut zu den Pferden und der Natur waren. Sie kannten die Sprache der Pferde. Epona hatte Raika im Traum geweissagt, dass eine scheuende Stute ihm in ferner Zeit die Prinzessin seines Herzens bringen würde. Doch dann seien auch seine Tage gezählt."
Eine heftige Windböe blies fauchend durch die Burganlage. Der Luftzug des gekippten Fensters zerrte an der Gardine und ließ die Zimmertür wie von Geisterhand nach innen aufschwingen. Raik drehte sich herum, schaute Richtung Flur und traute seinen Augen nicht.
Eine blonde Frau im weißen Kittel betrat das Krankenzimmer und reichte dem zwölfjährigen Patienten die Hand. „Guten Tag, Felix, mein Name ist Anne Wiesmann. Ich bin die neue Chirurgin in dieser Station. Oberarzt Dr. Berner hat mich geschickt, um nach dir zu schauen. Geht es dir gut?"
Der Junge legte sich wieder auf sein Bett. „Raik hat mir gerade Rittergeschichten erzählt. Die waren total cool."
Die Ärztin fragte: „Sind Sie auch Patient von Professor Petohmi?"
Raik nahm ihre Hand. Sein Herz pochte wild. Noch bevor er etwas sagen konnte, fragte Felix: „Raik, du hast mir noch nicht erzählt, ob der Ritter Raika die Prinzessin gefunden hat."
Raik blickte Anne tief in die Augen und antwortete: „Ja, Felix, Epona hatte Wort gehalten."
Oberschwester Renate stürzte herein, stemmte beide Hände in die Hüften und wetterte: „Herr Wulf, das ist nicht Ihre Station. Ich muss Sie im Namen von Professor Petohmi auffordern, sofort Ihr Apartment aufzusuchen. Sie melden sich umgehend bei Ihrer Stationsschwester Viola. Ich werde dort in Kürze nachfragen. Wenn Sie sich nicht ordnungsgemäß dort melden, lasse ich Sie suchen. In anderen Stationen haben Sie nichts verloren. Sie kennen die Sicherheitsbestimmungen!"

Renates Augen blitzten durch die dicken Brillengläser die neue Ärztin verärgert an und befahl: „Auch Sie, Dr. Wiesmann, kümmern sich nur um die Patienten dieser Station. Ich hoffe, ich habe mich klar und deutlich ausgedrückt!"
Raiks und Annes Augen trafen sich noch einmal flüchtig, dann verließ der Hüne das Krankenzimmer.

Bis zum Nachmittag hatte Dr. Wiesmann alle Patienten der Station 3 in persönlichen Gesprächen kennengelernt. In dieser Station wurden Menschen mit Organtransplantationen versorgt. Viele hatten eine neue Niere bekommen. Der 57-jährige Manager Alfred Becker, der sicherlich nicht unter seinem richtigen Namen verwaltet wurde, wartete auf eine neue Leber. Der Alkoholiker war bester Hoffnung, da Petohmi ihm versichert hatte, dass das Spenderorgan bereits auf dem Weg sei.
Dr. Wiesmann setzte sich im Ärztezimmer an den Rechner und versuchte, Daten über die anstehende Lebertransplantation zu bekommen. Das Intranet, ein hausinternes Datennetz, ließ die Anwender nur entsprechend ihrer Befugnisse in die nach Geheimhaltungsstufen gestaffelten Ebenen vordringen. Frau Wiesmann kam nicht einmal über die erste von acht Ebenen hinaus.
Als der Oberarzt seine Hand auf ihre Schulter legte, zuckte sie zusammen und blickte dem Grauhaarigen überrascht ins Gesicht.
„Nana, wer wird so schreckhaft sein, Frau Kollegin?", sagte Dr. Berner. „Was suchen Sie denn gerade? Vielleicht kann ich Ihnen weiterhelfen."
Die Ärztin zeigte zum Monitor. „Die Leber von Zimmer 5 interessiert mich. Bei Nierenoperationen habe ich schon öfter assistiert. Bei einer Lebertransplantation war ich erst einmal dabei. Patient Becker sagte mir, dass das Spenderorgan bereits hier in der Klinik sei. Ist das Organ von einem Koma- oder Unfallpatienten?"
Dr. Berner legte beide Hände auf die Schultern der Ärztin und sagte: „Liebe Kollegin, Sie müssen sich daran gewöhnen, nicht

solche indiskreten Fragen zu stellen. Sie wissen, dass wir in Europa Organspendermangel haben. Wie überall in dieser Welt regiert das Geld. Professor Petohmi hat seine eigenen Gesetze. Wer bei ihm ein Organ bestellt, bekommt die Ware in kürzester Zeit. Die Herkunft der Ware ist und bleibt für alle Patienten und fast das gesamte Personal geheim. Unser lieber Manager von Zimmer 5 hat seine erste Leber mit Alkohol überfordert. Die zweite Leber wird er zwar auch wieder überfordern, doch es ist nicht unsere Aufgabe, uns darüber Gedanken zu machen."
„Das beantwortet nicht meine Frage. Wer ist der Spender? Wenn die Leber sich bereits im Hause befindet, dann kann diese nur einem frisch verstorbenen Unfallopfer oder einem Koma-Patienten gehören. Die Spenderorgane müssen histologisch untersucht werden, damit der Empfänger ein einwandfreies Organ erhält. Nur für diese Daten interessiere ich mich, Herr Oberarzt. Es geht mir nur darum, dass die optimalen Voraussetzungen für eine erfolgreiche Transplantation garantiert sind."
Dr. Berner drückte auf den Knopf am Monitor. Der Bildschirm erlosch. „Wiesmann, es muss Ihnen das Wissen reichen, dass sich der Spender bis vor seiner Leberuntersuchung noch bester Gesundheit erfreut hat." Dr. Berner schob die Kollegin sanft zur Tür. „So, nun machen Sie mal Ihren verdienten Feierabend."
Beim Hinausgehen fragte sie noch einmal: „Also stammt die Leber von einem Unfallopfer?"
Der Sechzigjährige winkte stumm ab und ging wortlos den Flur entlang.
Anne wählte das Treppenhaus. Mit einem Mal fiel ihr ein, dass Schwester Renate zu Raik gesagt hatte, dass er wieder hinauf in seine Station gehen solle.
Anne stieg die Stufen zur nächsten Etage hinauf. Die Tür der Station war verschlossen. Sie klingelte.

Schwester Viola meldete sich über die Gegensprechanlage. Anne sagte: „Ich bin Dr. Wiesmann von Station 3. Finde ich bei Ihnen Herrn Wulf?“
„Warum wollen Sie das wissen? Sie haben hier keine Befugnisse.“
„Ich habe Herrn Wulf bei dem kleinen Felix Römer getroffen und wollte mich nach seinem Gesundheitszustand erkundigen.“
„Negativ, Frau Doktor. Herr Wulf hatte heute eine Leberpunktion. Danach hat er verbotenerweise die Station verlassen. Als Professor Petohmi davon erfahren hat, war er außer sich. So, und nun habe ich zu tun!“

Dr. Wiesmann verließ das sogenannte Bettenhaus, lief durch die Burganlage zum Wohnhaus der Bediensteten und betrat ihr Apartment.
Sie ließ sich auf eine Couch sinken, zog die Schuhe aus und massierte die müden Füße. Da fiel ihr einer der Schuhe ins Auge. Brandheiß erinnerte sie sich an Lombardis versteckten Sender. Vorsichtig drückte sie an der Schuhsohle. Diese bewegte sich nicht. Sie presste fester. Endlich schob sich der hintere Teil wie ein Deckel zurück. Im Hohlraum steckte ein Sender. Lombardi hatte erklärt, dass dieser am besten im Freien funktionieren würde. Anne sollte ihn aktivieren und dann außen an einem Fenster verstecken. Sie drückte mit dem Fingernagel an einen kaum sichtbaren Schalter. Daneben begann eine Leuchtdiode zu blinken. Die Ärztin öffnete das Gaubenfenster und presste den Sender in einen Spalt der Fensterbank. So müsste dieser guten Satellitenempfang haben.
Der kugelige Sender sprang jedoch widerspenstig aus der Fensterbank, rollte fröhlich drei Meter weiter über die Pfannen bis in die Dachrinne und war nicht mehr zu sehen.
„Scheiße!“, fluchte sie. „Das fängt ja alles gut an. Jetzt weiß Franka erst recht nicht, wo ich bin.“

Frustriert sank Anne auf die Couch. Ein weiterer Gedanke schoss ihr durch den Kopf. Wollte Petohmi etwa Raik als Organspender benutzen? Vielleicht sogar seine lebensnotwendigen Organe entnehmen? Hatte Petohmi nicht davon gesprochen, dass er für sich selbst ein neues Herz benötige? Wartete dieser versoffene Manager etwa auf Raiks Leber?
Das Klingeln des Zimmertelefons riss sie aus ihren Schreckensbildern.
Petohmi war am Apparat. „Na, meine Liebe, haben Sie an unser gemeinsames Abendessen gedacht?"

∞

Lombardi fuhr hinter der österreichischen Grenze durch mehrere italienische Orte. Immer wieder hielt sie neben Einheimischen an und erkundigte sich nach einer sonderbaren Klinik, die sich im Internet als Jungbrunnen ausgab. Es bewährte sich, dass sie als Kind mit ihrem Südtiroler Opa Pedro häufig Italienisch gesprochen hatte. Der Großvater wäre heute stolz auf seine Enkelin. Instinktiv folgte sie einer schmalen Straße durch ein wildromantisches Tal. Berghänge stiegen steil an. Ein Bach schlängelte sich durch grüne Auen und Nadelwälder. Vor einem bescheidenen Haus saß eine alte Dame am Tisch. Sie trug ein buntes Kopftuch und putzte Gemüse.
Franka grüßte. „Ich suche eine Klinik, in der der Wissenschaftler Professor Petohmi arbeitet. Gibt es noch weitere Häuser in diesem Tal?"
Die Alte guckte misstrauisch und murmelte auf Italienisch: „Am Ende des Tals gibt es eine alte Klosterburg. Sie ist Privatbesitz und streng bewacht. Jeder, der sich unbefugt nähert, bekommt großen Ärger. Unsere Polizei verhaftet jeden, der herumschnüffelt. Fahren Sie zurück."
„Grazie", bedankte sich Franka und stieg in ihr Sportcoupé.

Sie wendete forsch. Der Wagen erreichte nach einer Viertelstunde ein Dorf mit vielen weißen Häusern und parkte vor der Terrasse einer Pizzeria ein.
Der vierzigjährige Pizzabäcker Antonio saß gemütlich in der Sonne und las die Tageszeitung. Als er die schlanke Frau auf sich zukommen sah, sprang er temperamentvoll auf und grüßte überschwänglich: „Signora di buon giorno!"
Frau Lombardi erwiderte den Gruß und erkundigte sich nach einer Unterkunft. Der dunkelhaarige Südländer bot an, dass sie ein Zimmer in seiner Pension über der Pizzeria beziehen solle.
Die Polizistin ließ sich das Zimmer zeigen. Es war schlicht und funktionell. Der Blick vom Balkon richtete sich auf den Bergkamm, in dessen Tal das ehemalige Kloster thronte.
Lombardi fragte: „Haben Sie hier im Haus einen Internetanschluss, den ich benutzen kann?"
Antonio gab ihr die Daten für den WLAN-Zugang.
Nachdem er ihr das Gepäck aufs Zimmer getragen hatte, saßen beide unter einem Sonnenschirm und stießen mit Proseccogläsern an. Lombardi kam schnell zum Thema Klosterburg. Sie spürte, dass ihr Gastwirt nicht gerne darüber sprechen wollte. Also spielte sie ihren weiblichen Charme aus und erfuhr wenigstens, dass der Burgherr ein sehr einflussreicher Mann sein musste. Von ihm flossen großzügige Gelder in die umliegenden Gemeindekassen. Deren Bürgermeister fühlten sich im Gegenzug verpflichtet, bei Fremden keine Fragen über die Klosterburg und ihren Zweck zuzulassen. Die Polizei schloss sich an, und auch die Mafia hielt ihre schützende Hand über den Wunderarzt, der sich Professor Petohmi nannte.
Franka fragte: „Was bedeutet der Name Petohmi im Italienischen?"
Antonio zuckte mit den Schultern.

Je später der Nachmittag wurde, umso mehr Gäste fanden sich auf der blumenumrankten Terrasse ein. Der Pizzabäcker hatte bald alle Hände voll zu tun. Appetitliche Düfte lagen in der Luft, ließen den hungrigen Wanderern und Mountainbikern das Wasser im Mund zusammenlaufen.
Lombardi erfuhr aus der Pizza-Gerüchteküche, dass sich wohlhabende Menschen in der Klosterburg behandeln ließen, die unter allen Umständen inkognito bleiben wollten. Journalisten und Paparazzi waren schon vor längerer Zeit bei ihren Recherchen auf so brutalen Widerstand gestoßen, dass sich mittlerweile niemand mehr um die Geheimnisse hinter den Wehrmauern kümmerte. Sogar die Neugier der Einheimischen hatte sich scheinbar aufgelöst.

Lombardi öffnete die Flügeltüren ihres Balkons, startete den Laptop und loggte sich bei Google Earth ein. Schon bald fand sie auf dem virtuellen Globus ihren Standort, zoomte Stück für Stück die Anlage der Klosterburg heran. Auf der virtuellen Karte konnte sie sehen, dass sich am Ende der Talstraße, die sie bereits am Mittag befahren hatte, ein steiler Weg zum Haupttor der Burg hinaufzog. Zwischen dem ersten und zweiten Tor machte die Zufahrt einen Bogen. Damit hatten die erfahrenen Architekten des Mittelalters verhindern wollen, dass bei einem Angriff große Rammböcke zum Einsatz kommen konnten. Die Burg selbst erhob sich auf einem riesigen Felsvorsprung und war für die militärischen Möglichkeiten der alten Zeit uneinnehmbar. Von dem Bergfried aus musste man eine majestätische Aussicht genießen können. Kapelle und Nebenhäuser standen dicht gedrängt um einen Innenhof. Hinter den Wehrmauern erhob sich ein schroffer Steinberg, zwischen dessen Felsen nur vereinzelte Vegetation zu erkennen war.
Franka schloss ihren Laptop. Sie griff zu einer E-Zigarette und betrat den Balkon.

„Was mache ich hier eigentlich?“, fragte sie sich und sog den aromatischen Rauch ein. „Liebe Anne, ich weiß nicht mal, ob du dort oben in der verdammten Burg bist. Und wenn ja, hast du deinen Raik dort gefunden? Vielleicht hat man ihm ein paar harmlose Blut- und Gewebeproben abgenommen und längst wieder aus dem Burgtor gejagt.“
Ein Vogel setzte sich in den benachbarten Baum und begann zu zwitschern.
Franka fragte den Piepmatz belustigt: „Na, mein Freund der Lüfte, willst du nicht mal zum Kloster fliegen und gucken, was meine Anne dort so treibt?“
Die Amsel stieg auf. Sie flatterte in die Richtung des Klostertals, als wenn sie die Bitte erhört hätte. Damit kam der Polizistin eine Idee: „Das ist die Lösung! Aus der Luft werde ich mir ein Bild von der Burganlage machen!“
Franka nahm sich vor, am nächsten Tag einen Paragleiter zu leihen. Da piepte das Empfangsgerät von Annes geheimem Sender. Franka schaute auf das Display und sah, dass das Sendesignal nur schwach war. Doch die gemessene Entfernung und Richtung zum Sender entsprach der Entfernung zur Burg.
Franka murmelte: „Also ist Anne nun doch ein Burgfräulein geworden!“

∞

Nachdem Raik Felix und die Station 3 verließ, kam ihm im Treppenhaus ein bekanntes Gesicht entgegen. Der Mann hatte eine verkrustete Platzwunde an der Schläfe.
„Das ist ja eine Überraschung“, sagte Raik übertrieben freundlich. „Der Herr Römer auf dem Weg zum Besuch des Stammhalters.“
Der dunkelhaarige LKA-Beamte blieb stehen und musterte den Hünen argwöhnisch.

Raik fuhr fort: „Sie haben einen aufgeweckten Jungen. Ich habe mich mit Felix lange unterhalten. Er begeistert sich für Rittergeschichten und wäre wohl auch gerne ein stolzer Ritter geworden. Das Herz und den Edelmut hätte er dazu. Vom Vater hat er den wohl kaum."
Römer fasste sich instinktiv an die verletzte Schläfe. „Was wollen Sie, Wulf? Ich schätze, dass Sie hier gar nicht herumlaufen dürfen. Das lässt sich sofort klären." Römer zog sein Handy aus der Tasche und wollte wählen.
Raik legte seine Hand auf Römers Smartphone. „Moment, ich weiß, dass Sie in Ihrer tiefsten Seele kein schlechter Kerl sind. Ich kann eins und eins zusammenrechnen. Ihr Sohn Felix hatte nur eine Überlebenschance, wenn er rechtzeitig ein Spenderorgan bekommen konnte. Leider sind für Menschen mit einem normalen Einkommen immer noch Mangelware. Da trafen Sie auf Petohmi, der Ihnen ein Geschäft anbot. Sie erledigen für ihn knifflige Aufgaben, halten ihm die Kripo vom Hals und im Gegenzug rettet der edelmütige Professor Ihren Sohn Felix, nicht wahr?"
Römer hielt unschlüssig inne.
Raik ergänzte: „Ich mache Ihnen ein Angebot. Wenn Sie mir helfen, hier herauszukommen, dann setze ich mich dafür ein, dass Sie als unbescholtener Polizist eine Zukunft haben. Wenn wir diesen dubiosen Organhandel gemeinsam hochgehen lassen, dann wird man Sie trotz Ihrer kriminellen Aktionen rehabilitieren. Felix hat seine neue Niere und ist gerettet. Lassen Sie sich nicht noch weiter in die Verbrechen dieser Klinik hineinziehen. Ein krankes Organ kann man austauschen, eine kaputte Seele nicht."
„Dazu ist es zu spät. Ich sitze bereits zu tief in der Scheiße. Wulf, verschwinden Sie!" Er steckte das Handy ein und eilte zum Stationsflur, in dem sich das Zimmer seines Sohnes befand.
Raik stieg die Stufen zu seiner Station hinauf. Er meldete sich bei Schwester Viola.

„Herr Wulf, Sie kommen zu spät. Renate hat sich bereits nach Ihnen erkundigt. Der Chef hat angeordnet, dass Sie vorübergehend in Ihrem Apartment eingeschlossen werden. Er wird sich persönlich bei Ihnen melden."

Zwei Stunden später betrat Prof. Petohmi unangemeldet Raiks Räumlichkeiten. Hinter ihm standen die beiden Pfleger. Sie waren wieder bewaffnet.
„Das ist ja eine Überraschung! Ich hatte gar nicht gehört, dass jemand angeklopft hat!" Der Hüne erhob sich von seiner Couch und legte ein Buch auf den Tisch.
„Wulf, ich habe nicht geklopft! Genauso wenig wie Sie anklopfen, wenn Sie unbefugt in fremden Räumlichkeiten meines Hauses herumspionieren. Sie haben sich nicht an unsere Vereinbarungen gehalten. Bis sich zwischen uns erneutes Vertrauen entwickelt hat, stehen Sie unter Arrest!"
Prof. Petohmi trug wie immer einen strahlend weißen Kittel. Er stellte sich vor den großen Spiegel einer Schrankwand und richtete pedantisch die Krawatte aus. Über der linken Brust steckte sein Namensschild.
Raik stellte sich hinter den Professor. Er überragte den Mann fast um einen Kopf. Im Spiegelbild las er die goldenen Großbuchstaben des Namensschildes: "IMHOTEP".
Raik sagte laut lachend: „Petohmi heißt spiegelbildlich Imhotep. Ja, irgendwie kam mir das Ganze bekannt vor. Sie glauben, dass Sie Imhotep von Ägypten sind? Der mystische Heiler des alten Reiches?"
„Ja, ich bin Imhotep. Ich bin seine Reinkarnation!"
„Petohmi, Sie sind keine Reinkarnation, Sie sind krank im Kopf. Es gibt keine Reinkarnationen."
„Nein, gibt es die wirklich nicht? Genauso wenig, wie es keinen lebenden Methusalem gibt? Wulf, Sie glauben nicht einmal an sich

selbst. Aber Sie haben ein gutes Herz." Er klopfte dem Hünen auf die Brust.
Raiks spöttisches Lächeln verschwand. Nachdenklich sagte er: „Jetzt wird mir alles klar. Imhotep glaubte, wie alle alten Ägypter, dass das Herz des Menschen sein Wissen enthält. Deshalb haben sie es den Mumien entnommen und gesondert aufbewahrt. Wer dieses Herz für sich verwenden kann, übernimmt auch das Wissen des Verstorbenen. Sie interessieren sich für ein Wissen der Jahrhunderte?"
„Wulf, kommen Sie von Ihrem hohen Ross herunter. Ihr sprachliches und geschichtliches Wissen würde mir kaum etwas nutzen. Nein, ich treffe zum Beispiel heute Abend eine sehr schöne Frau. Bei solch einem jungen Wesen braucht man ein kräftiges Herz wie das Ihre. Frauen können sehr anstrengend sein und ich möchte mich künftig wieder anstrengen dürfen."
Raiks Augen blitzten auf. Beide Pfleger richteten ihre Waffen auf ihn. Er fragte geradeheraus: „Sie wollen mein Herz für eine Organtransplantation? Sie wollen mein Herz gegen Ihr altes Herz eintauschen?"
„Lieber Wulf, jetzt ziehen Sie falsche Schlüsse. Erstens sind Sie der Ältere von uns beiden. Zweitens könnten Sie ohne Ihr Herz doch gar nicht leben. Wir betreiben hier Stammzellenforschung. Also entspannen Sie sich." Professor Petohmi verließ mit den Pflegern das Zimmer.

Der Schlüssel drehte sich von außen zweimal im Schloss. Die Tür dieses Apartments war massiv und konnte ohne schweres Gerät kaum aufgestemmt werden. Raik ging zum gitterfreien Fenster und blickte hinaus. Der Hof lag mindestens zehn Meter unter ihm. Zur Flucht könnte er ohne ein Seil nicht an der Wand herunterklettern. Sein Blick streifte über Gardinen und Bettwäsche. Daraus ließ sich etwas zum Abseilen zusammenknoten, doch es würde nicht ausreichen. Das war nicht das einzige Problem.

Selbst wenn er eine Möglichkeit zur Flucht fände, was würde dann mit Anne geschehen?

∞

Professor Petohmi hatte Frau Dr. Wiesmann am Telefon nachdrücklich gebeten, ihn in seinen Privaträumen aufzusuchen. Sie wählte bewusst ein schlichtes Outfit. Dennoch betonte die einzige Bluse, die sich im eilig zusammengestellten Gepäck befand, ihre weiblichen Formen. Egal – sie hatte eben nichts anderes dabei.
Mit mulmigem Gefühl klopfte sie an Petohmis Tür.
Der Professor öffnete mit strahlendem Lächeln, legte einen Arm um ihre Schultern und lenkte die Ärztin in ein prunkvolles Kaminzimmer. Feuer knisterte bereits.
„Leider haben Sie darauf bestanden, heute Abend nicht mehr mit mir zu speisen", sagte Petohmi. Er führte seinen Gast zu einer Couch. „Aber ein exzellentes Glas Wein wird uns gut tun, meine Liebe."
Anne blickte sich im Zimmer um. Neben antiken Möbeln stand dort sogar eine kleine Kanone aus dem Mittelalter. Ein massives Regal war gefüllt mit wertvollen Büchern. Gemälde großer Meister zierten die Wände.
Gluckernd ließ der Professor Rotwein aus der Karaffe in zwei Gläser strömen. „Der gute Tropfen atmet bereits seit einer Stunde. Ich hoffe, er mundet Ihnen." Er hielt Anne sein Glas zum Anstoßen entgegen.
Sie nippte vorsichtig, blickte ihren Gastgeber misstrauisch an. Der leicht ergraute Herr hatte sich auffällig locker gekleidet. Er trug eine Jeans und ein Hemd mit aufgerollten Ärmeln. Die beiden obersten Hemdenknöpfe hatte er offengelassen. An seiner goldenen Halskette hing ein Skarabäus-Amulett. Anscheinend wollte der alte Herr vor seinem Gast so jung wie möglich wirken. Er fragte: „Wie hat Ihnen der Tag in meiner Klinik gefallen?"

„Oh, ich habe mit allen Patienten der Station 3 gesprochen, um mir ein Bild zu machen. Dann wollte ich mir die Patientendaten ansehen. Doch in der Ebene, auf die ich Zugriff habe, erfährt man nicht mehr, als das, was die Patienten selbst über sich wissen."
Petohmi stieß mit dem Weinglas an das ihre. „Sie trinken ja gar nicht." Er wartete, bis sie wieder einen Schluck nahm, trank selbst und fuhr fort: „Wenn ich Sie besser kennengelernt habe, werden Sie auch in vertraulichere Ebenen vordringen dürfen. Das kann sogar sehr schnell geschehen. Es hängt von Ihnen ab."
Seine Augen wanderten auffällig über Annes Busen, der sich unter der engen Bluse deutlich abzeichnete, und musterten die schlanken Beine. Sie zog ihren Rock über die Knie.
„Anne, verheiratet sind Sie laut Ihren Bewerbungsunterlagen nicht. Sind Sie in einer festen Beziehung?"
„Das ist eine sehr persönliche Frage, Herr Professor. Aber ja, es gibt in meinem Leben jemanden."
Petohmi ließ seinen Blick wieder ungeniert über ihren Körper gleiten. „Sie sind eine außergewöhnlich schöne Frau. Ich denke, dass Sie das auch wissen."
„Herr Professor, erzählen Sie mir lieber etwas über diese exzellenten Organtransplantationen. Herr Alfred Becker soll in Kürze eine neue Leber erhalten. Was ist das für ein Organ?"
Der Klinikchef lachte laut. „Ich bin erstaunt. Ich soll einer examinierten Ärztin erklären, was die Leber für ein Organ ist?" Er stand auf und schürte das Kaminfeuer. „Die Leber ist unser größtes Stoffwechselorgan, in dem sich permanent mindestens ein Liter Blut befindet. Sie speichert und wandelt den Zucker. Eine perfekte Chemiefabrik. Sie baut die alten, überflüssigen roten Blutkörperchen zur Gallenflüssigkeit um, die wiederum wichtig für die Verdauungsvorgänge im Darm sind."
„Die Anatomie und Physiologie der Leber ist mir bekannt. Nehmen Sie mich nicht auf den Arm. Ich möchte wissen, von welchem

Spender das Organ für Becker stammt. Ist der Spender ein Unfallopfer? Ist er ein noch lebender Koma-Patient?"
Petohmi schenkte Rotwein nach und setzte sich neben Anne auf die Couch. Er legte seinen Arm um ihre Schultern. „Mädchen, Mädchen, du stellst Fragen, die sich niemand von meinem Personal traut. Meine Bezugsquellen kennen nur äußerst diskrete Leute. Wenn man große Dinge tun will, dann muss man eigene Wege gehen. Manchmal sind das Wege, die die meisten Menschen für unmoralisch halten, weil sie nicht die großen Zusammenhänge erfassen. Wenn aber der Sensenmann auf der Matte steht, dann verkaufen sie ihre Seele an den Teufel, nur um ihr verkorkstes Leben noch ein bisschen zu verlängern. Dann fragt niemand mehr, ob die hilfreichen Medikamente das Produkt hässlicher Tierversuche sind. Es interessiert den Patienten und seine Angehörigen nicht, ob man auf der Dringlichkeitsliste für ein Spenderorgan wundersamerweise auf Platz 1 vorgerückt ist. Oder ob man sogar noch andere Grenzen überschreitet."
Petohmis Hand griff ungeniert nach Wiesmanns Halskette und zog einen kleinen Anhänger hervor. Die goldene Frauenfigur funkelte im Schein des Feuers auf seiner Hand. Er sagte: „Ich bin erstaunt, liebe Kollegin. Sie haben einen außergewöhnlichen Geschmack. Wo haben sie die Kette und den Anhänger her?"
„Den Anhänger hab ich vom Flohmarkt. Ich weiß nicht, was er bedeutet. Er gefiel mir einfach."
Ein misstrauisches lächeln zog auf das Gesicht des Wissenschaftlers. Er blickte ihr tief in die Augen. „Na, da haben Sie aber großes Glück gehabt. Der Mensch, der Ihnen dieses wertvolle Schmuckstück veräußert hat, muss ein Dilettant sein. Die kleine Figur stellt Epona dar. Es ist eine Feinschmiedearbeit der Spätantike aus dem 5. oder 6. Jahrhundert. Epona ist die keltische Pferdegöttin. Zum Teil wurde sie in weiten Teilen Europas auch als Fruchtbarkeitsgöttin verehrt. Andere sahen sie als Kriegsgöttin an. Sie ist die Tochter des höchsten keltischen Götterpaares und damit auch

wieder die Muttergöttin in ihrer schönsten Jugendgestalt." Petohmis Augen wanderten über Wiesmanns Busen. „Epona war eine junge, göttliche Schönheit wie Sie, Anne!"

Die Ärztin rückte peinlich berührt von ihm ab. Was sollte sie tun? Einfach hinauslaufen? Wenn sie Raik helfen wollte, dann musste sie dieses Detektivspiel durchhalten.

Petohmi hielt sein eigenes Amulett ins Licht und erklärte: „Das hier ist ein Skarabäus. Die ägyptischen Götter herrschten schon zweitausend Jahre über die Welt, bevor diese barbarischen Kelten ins Licht der Geschichte traten."

Überraschend rückte Petohmi näher, hielt Anne fest und drückte seine Lippen auf ihren Mund.

Anne wandte sich mit einem kräftigen Ruck ab und sprang auf. „Denken Sie lieber an Ihr schwaches Herz, Herr Professor. Das ist mein ärztlicher Rat. Sie haben eine Ärztin gesucht und ich halte mich an meinen hippokratischen Eid. In diesem Sinne also nur das Beste für den Patienten."

Petohmi stand ebenfalls auf. Seine Augen blitzten verärgert. Mit drohendem Zeigefinger mahnte er: „Sie haben nicht die Größe, um mich zu verspotten!"

Anne hielt sich am Rahmen der Tür des Kaminzimmers fest. Ihre Knie zitterten. Sie suchte nach passenden Worten: „Ich habe Sie nicht beleidigt. Sie selbst haben mir gesagt, dass Ihr Herz schwach ist. So ist es meine Pflicht, darauf Rücksicht zu nehmen. Angeblich haben Sie die Hoffnung, dass Ihre Herzleistung bald wieder deutlich ansteigen wird. Dann sehen wir mal weiter."

Der alte Herr fasste sich erstaunlich schnell, wies zur Couch. „Setzen Sie sich. Ich werde Sie nicht bedrängen."

Anne näherte sich nur zaghaft bis zur Rückenlehne der Couch. Sie hielt sich mit beiden Händen daran fest. Ihr Puls raste.

Er reichte ihr das Weinglas, hielt das seine zum Anstoßen bereit. „Ich verrate Ihnen nun ein Geheimnis. Ich werde tatsächlich bald ein sehr starkes Herz besitzen. Ich habe für mich einen passenden

Spender gefunden. Dr. Berner wird die Operation leiten und ich möchte, dass Sie zu seinem Team gehören. Anne, ich lege damit mein Herz sprichwörtlich in Ihre Hände."

∞

Kommissar Scheibel vom LKA Baden-Württemberg hatte mehrmals vergeblich versucht, seine Kollegin Lombardi telefonisch zu erreichen. Ihre letzte WhatsApp-Nachricht lautete:
Hi, Franzl, ich bin in den italienischen Alpen. Habe A. W. geortet, aber keinen Gesprächskontakt. Denke, es besteht dringender Handlungsbedarf. Nehme zu ihr Kontakt über den Schirm auf.
Der Kripomann strich sich nachdenklich mit der Hand übers Gesicht: Kontakt über den Schirm? Was für einen Schirm meint Franka? Was treibt die nur wieder?
Mit einem Mal wurde ihm klar, welchen Schirm sie meinte. Das war kein Bildschirm, sondern einer von ihren verfluchten Paragleitern. Lombardi liebte den Nervenkitzel und hatte sicherlich gerade wieder einen sprichwörtlichen Höhenflug.
Scheibel wählte zum x-ten Male Frankas Handynummer und ließ es lange klingeln. Gerade als er die Auflegetaste drücken wollte, hörte er ein heftiges Rauschen im Lautsprecher. Aber er verstand trotzdem ihren Namen. „Franka, kann es sein, dass du mit deinem Handy unter der Dusche stehst?"
Das Rauschen ließ nur wenige von Lombardis Worten erkennen: „... hinter Reschenpass ... Kilometer rechts ... Pizzeria Antonio ... Ende des Tals ... und fliege jetzt ..." Die Verbindung unterbrach. Scheibels weitere Kontaktversuche scheiterten.

Kapitel 5: Die Zeit des Morgensterns

Im Burggarten genossen mehrere Patienten die klare Bergluft. Die Dame mit dem großen weißen Hut legte den Kopf weit in den Nacken und schaute zum leicht bewölkten Himmel. Hoch über der Burganlage bewegte sich ein gelber Fleck und wurde mit jeder Kreisbahn größer. Nun blickten auch andere Patienten hinauf. Jemand rief: „Das ist ein Paragleiter!"
Die Dame mit dem weißen Hut winkte begeistert nach oben.
„Ja, das ist ein verdammter Paragleiter!", knurrte einer der Wachleute. Er stieß seinem Kollegen in die Rippen. „Gib mir mal dein Fernglas!"
Der gelbe Schirm zog sehr weite Kreise, flog aber immer wieder zur Burganlage zurück.
„Frag mal den Chef von der Sicherheit, was wir machen sollen!", rief der Wachmann mit dem Fernglas.
Sein Kollege sagte ins Mobiltelefon: „Ein neugieriger Paragleiter kreist ständig über der Anlage. Sollen wir einen Warnschuss abgeben, oder soll ich den Vogel gleich vom Himmel holen?" Der Wachmann hörte sich die Antwort an und erwiderte gereizt: „Ja sicher war das ein Scherz! Ich weiß selbst, dass wir so etwas nicht vor den Augen unserer Kunden machen können! Wir beobachten weiter!"
Die Patienten im Burggarten hielten sich die Hände über die Augen. Sie begeisterten sich über den großartigen Flieger, der mit der Thermik aufstieg und dann in turbulenten Spiralen wieder näher kam. Im nächsten Moment zog auf das Gesicht der Zuschauer eine ernste Miene. Mit großer Geschwindigkeit sauste das Fluggerät auf die Burg zu, verfehlte knapp den Turm der Kapelle und landete endgültig auf der Wiese vor dem Wohnhaus für Bedienstete.

Die Gäste eilten besorgt und neugierig zum Landeplatz. Aufgeregtes Rufen und Geplapper mischten sich. Ein älterer Herr beugte sich hilfsbereit zum Piloten, der in seinen Leinen verwickelt am Boden saß.
Wachleute stürzten herbei und einer rief: „Bitte alle sofort zurücktreten! Bitte, die Herrschaften!"
Sein Kollege baute sich vor dem Piloten auf und fragte in scharfem Ton: „Was wollen Sie hier?"
Der Pilot nahm seine große Schutzbrille ab und zwei weibliche Augen strahlten den Wachmann an. Die Frau sagte japsend: „Sorry, irgendwie ist unerwartet der Luftstrom abgerissen. Dann ging es nur noch abwärts."
Die Pilotin wollte sich auf die Beine stellen, sank aber sogleich wieder zu Boden. Sie machte ein schmerzverzerrtes Gesicht. „Oh Mist! Ich habe mir den Knöchel verstaucht oder die Bänder gerissen!" Ihre Hand rieb über das Fußgelenk.
Der Wachmann winkte mit einer Pistole und wetterte: „Das ist hier ein Privatgelände. Der Zutritt ist strengstens verboten. Überall stehen Hinweisschilder."
Die Pilotin zeigte zum Himmel und erwiderte: „Von dort oben habe ich kein Schild gesehen. Andererseits richten sich die Luftlöcher nicht nach Ihren Vorschriften."
„So, Mädchen, du packst umgehend deine Klamotten und verlässt die Burg!" Er nickte mit dem Kinn zum Burgtor.
Immer noch rieb die Frau ihren Knöchel und machte ein schmerzverzerrtes Gesicht.
Die Dame mit dem weißen Hut sprach den Wächter empört an: „Wir sind doch hier in einer Klinik, junger Mann! Haben Sie denn kein Herz? Haben Sie noch nie etwas von Erster Hilfe gehört? Rufen Sie lieber einen Arzt. Ich werde mich in anderem Falle bei Professor Petohmi über Sie beschweren!"

Mittlerweile versammelten sich alle Patienten, die sich zuvor im Burggarten aufgehalten hatten, am Landeplatz. Sie forderten die Wachleute ebenfalls auf, der verletzten Frau sofort zu helfen.
Eine Viertelstunde später wurde die Pilotin mit einem Rollstuhl in ein Untersuchungszimmer der Klinik geschoben. Rucksack und Helm hielt sie auf dem Schoss.
Grob nahm einer der Wachmänner ihre Tasche und schüttelte den Inhalt auf einem Tisch aus. Ein anderer zog sie aus dem Stuhl auf die Beine und befahl: „Stehen bleiben! Ich muss dich auf Waffen untersuchen!" Seine Hände tasteten grob über ihren gesamten Körper.
Sie empörte sich: „Sie können mich doch nicht begrapschen? Was ist das denn für eine seltsame Klinik hier? Ich werde mich bei meiner Krankenkasse beschweren!"
Beide Männer blickten sich schweigend an und schüttelten den Kopf. Anscheinend hatten sie nicht gefunden, was sie suchten.
Die Pilotin saß wieder im Rollstuhl und hielt ihren Helm in den Händen.
Ein Wachmann fragte: „Wieso haben Sie keine Papiere bei sich?"
„Ich hatte dort oben am Himmel keine Verkehrskontrolle erwartet. Muss ich jetzt ein Bußgeld bezahlen?" Sie setzte ein überlegenes Lächeln auf.
„Nein, du musst nur deine große Klappe halten. Gleich kommt eine Ärztin und sieht sich deinen Knöchel an. Danach verlässt du dieses Privatgelände!"
Im gleichen Moment kam die Doktorin herein. Ihre Augenlider zuckten für eine Sekunde. „Hallo, ich bin Dr. Wiesmann. Ist Ihr Knöchel bei der Landung verletzt worden?"
Die Pilotin nickte stumm.
Dr. Wiesmann sagte zu den Wachleuten: „Würden die Herren bitte anständigerweise vor der Tür warten? Ich muss diese Frau laut Dr. Berners Anweisung gründlich untersuchen. Sie kann

eventuell noch andere Verletzungen haben, die sie aufgrund eines Schocks nicht spürt."
Der Wachmann scherzte: „Okay, doch wenn es beim Ausziehen Probleme gibt, dann helfen wir gerne." Die Männer schlossen von außen die Tür des Untersuchungszimmers.
Anne drückte Franka an sich und flüsterte aufgeregt: „Was tust du hier? Hast du Verstärkung mitgebracht?"
„Nein, Liebes, wir sind auf uns allein gestellt. Aber ich versuche, uns hier herauszubringen." Lombardi reichte der Freundin den Pilotenhelm. Anne nahm ihn verwundert entgegen. Ihr fiel auf, dass der Kunststoffhelm außergewöhnlich schwer war. Lombardi hatte ihre Dienstwaffe darin versteckt.
Die Polizistin fragte leise: „Hast du deinen Raik hier gefunden?"
„Ich habe ihn nur einmal kurz gesehen. Danach bekam er Arrest. Er steckt wohl in einem Zimmer in der obersten Station. Ich glaube, er ist in höchster Gefahr. Dieser Petohmi verschachert hier für teures Geld Organe an reiche Leute aus aller Welt. Franka, ich habe den entsetzlichen Verdacht, dass Petohmi Raiks Leber für einen millionenschweren Manager vorgesehen hat. Aber das ist noch nicht alles. Petohmi selbst ist herzkrank und will Raiks Herz für sich selbst."
„Anne, ich habe von Medizin keine Ahnung. Aber müssen Spender und Empfänger nicht aufeinander abgestimmt sein? Die Gewebe werden doch im anderen Falle abgestoßen, oder nicht?"
„Im Grunde ja. Aber Petohmi ist in seinen Forschungen anscheinend längst einen Schritt weiter als die klassische Medizin. Die Transplantationen sollen in den nächsten Tagen durchgeführt werden." Sie blickte besorgt zur Tür, hinter der die Sicherheitskräfte warteten, und flüsterte: „Ich weiß nicht, wie wir hier herauskommen sollen. Das ist ein Hochsicherheitstrakt. Niemand vom Personal traut dem anderen. Ein anderes Problem stellt Marcus Römer dar. Sein kleiner Sohn Felix hat von Petohmi eine neue Niere erhalten. Ich denke, Römers Sohn wäre ohne Petohmi

verstorben. Durch das bedrohte Leben seines Sohnes ist Römer erpressbar. Gott sei Dank hat er mich bisher noch nicht erkannt. Er geht nur über meine Station, wenn er Felix besucht. Felix hat mir gesagt, dass sein Papa morgen für eine Woche wieder nach Deutschland fährt." Anne wechselte das Thema: „Oh, ich rede und rede und habe deinen Knöchel vergessen."
Lombardi winkte ab und stand auf. Sie lief demonstrativ lässig durch den Raum und sagte: „Alles nur Show, Liebes. Aber mache mir vorsichtshalber einen schönen Verband, damit es echt aussieht."

Nach zehn Minuten klopfte es an der Tür und ein Wachmann steckte den Kopf herein. Die Ärztin war mit dem Verband fertig und die Patientin bewegte kontrollierend ihren Fuß. Die Tür öffnete sich noch weiter. Dahinter stand der andere Wachmann mit Römer im Gespräch. Der Kripomann blickte in den Verbandsraum, stutzte und blickte noch genauer hin.
Annes Wangen röteten sich. Blitzartig huschten die Bilder vom Überfall am Tatzelwurm vor ihrem geistigen Auge vorbei.
„Da sieh mal einer an", sagte Römer zu der Ärztin. „Ist das nicht die heiße Motorradbraut von unserem Raik Wulf?" Er zog seine Waffe aus dem Sakko und befahl: „Sie folgen mir jetzt zum Professor. Er wird sich sehr wundern."
Anne erwiderte: „Einen Moment noch. Der Chef hat gesagt, dass ich mich um die Patientin hier kümmern soll. Ich schreibe ihr noch eben ein Rezept über Schmerzmittel für die Apotheke auf." Sie griff zu einem Rezeptblock. Kurz darauf riss sie den Zettel herunter und reichte ihn Lombardi mit den Worten: „Halten Sie sich brav an die Dosierungen."
Als Anne vor der Tür stand, fragte ein Wachmann: „Was machen wir mit der Pilotin?"
Dr. Wiesmann setzte einen strengen Ton auf: „Mit dem verstauchten Knöchel wird die Patientin nicht zu Fuß den nächsten Ort

erreichen. Lassen Sie sie hier übernachten und dann wird sie morgen wohl wieder laufen können."

∞

Petohmi blickte aus seinem Bürofenster zur Kapelle hinüber. Ein Greifvogel kreiste um den Turm. Im Besuchersessel vor dem Schreibtisch saß Anne und blickte frustriert auf die Knie.

Der Professor rieb sich nachdenklich das Kinn und drehte sich herum. „Es ist ein purer Witz. Gestern Abend war ich mir noch sicher, dass ein junges, schönes Geschöpf wie Sie mir einen Korb gegeben hat, weil ich fast fünfzig Jahre älter bin." Petohmi ließ sich ihr gegenüber in seinen Chefsessel fallen. „Aber was sind fünfzig Jahre gegenüber einem Jahrhundert alten Mann? Wie fühlt sich ein Methusalem in deinen Armen an, Anne?"

„Mit Sicherheit fühlt sich ein Raik Wulf besser an als die von Ihnen runderneuerten Zombies dieser Klinik. Sie bestehen aus falschen Lippen, falschen Zähnen, falschen Nasen, falschen Brüsten und falschen Hintern! So wie alles an dieser Klinik falsch ist. Hier werden in Massen Fett und Geld abgesaugt! Eine Ansammlung von Psychopathen mit einem Klinikleiter, der sich für Gott hält. Petohmi, Sie haben nicht nur ein schwaches Herz, sondern Sie haben gar keines. Wo kein Herz ist, kann auch keines ersetzt werden."

Der Professor verschränkte die Arme vor der Brust. „Schade, Anne, ich hatte Großes mit Ihnen vor. Wenn Sie willig gewesen wären, dann hätten Sie meine rechte Hand werden können. Diese Klinik hätte Ihnen zu Füßen gelegen. Die reichsten Menschen der Welt hätten Ihnen die Hand geschüttelt." Er schob ihr auf dem Schreibtisch eine Mappe zu. „Schauen Sie hinein. Es sind die Untersuchungsergebnisse des Gewebes von Reiner Wulf. Sie wissen, dass mit meinen Untersuchungsmethoden eine recht genaue Altersbestimmung lebender Organismen möglich geworden ist. Wulf ist zirka neunhundert Jahre alt. Aber das ist nicht alles.

Meine Forschungsergebnisse zur unbegrenzt häufigen Teilung von menschlichen Zellen besagen, dass kein Mensch älter als der biblische Methusalem werden kann. Methusalem wurde laut Bibel 969 Jahre alt, doch wir müssen mit zehn- bis zwanzigprozentigen Abweichungen rechnen. Die Zeit für Reiner Wulf ist auf jeden Fall in Kürze abgelaufen. Alterserscheinungen zeichnen sich in seinem Gewebe deutlich ab. Er wird meiner Wissenschaft trotzdem einen großen Dienst erweisen. Mit seinem Herzen werde ich noch einige Jahrzehnte für das gesundheitliche Wohl der Menschen arbeiten können. Dreißig Jahre Wissenschaft bedeuten in der heutigen Zeit eine weitere Verdopplung allen Wissens. Der Name Petohmi wird wie einst Imhotep als leuchtender Stern in die Menschheitsgeschichte eingehen."
Vor dem Fenster schrie der Greifvogel.
Petohmi blickte der Ärztin fest in die Augen. „Anne, ich gebe dir jetzt eine letzte Chance. Du hast eine Minute Zeit, dich zu entscheiden. Du bist intelligent genug, um zu wissen, dass ich dich nicht ohne weiteres laufen lassen kann. Entscheidest du dich für mich, dann hast du eine glanzvolle Zukunft. Entscheidest du dich gegen mich, dann teilst du Wulfs Schicksal. Die Uhr läuft ab jetzt!"
Dr. Wiesmanns Augen sprühten voller Hass. Jede Furcht war aus ihr gewichen. Mit fester Stimme sagte sie: „Petohmi, Sie sind das ekelhafteste Geschöpf, das mir in meinem Leben bisher begegnet ist. Fahren Sie mit Ihrer gesamten Klinik zur Hölle!"
Der Professor stemmte sich zornig an der Schreibtischplatte hoch und ging um den Tisch herum. Er befahl: „Steh sofort auf!"
Sie erhob sich zögernd. Petohmi schlug ihr brutal ins Gesicht. Dann rief er nach seinen Wachen. Die Tür flog auf. Die beiden Pfleger Colin und Kevin traten ein.
Der Professor befahl: „Bringt sie weg. Sie hat eine Vorliebe für das Mittelalter, und das soll sie nun gründlich kennenlernen!"
Der Koloss packte Anne mit seiner Pranke hart am Oberarm und fragte: „Soll sie ins Verlies im Turm?"

„Vorübergehend ja. Heute Abend wird sie mein Gast bei einem Ritterspiel sein. Da wird sie ihr wahres Wunder erleben!"

∞

Schwester Viola fuhr den Rollstuhl mit der verletzten Pilotin zur obersten Etage in ihre Station. „Sie haben Glück, dass heute jemand entlassen worden ist, sonst hätten wir gar kein Zimmer für Sie frei gehabt. In dieser Privatklinik gibt es nur Einzelzimmer." Sie öffnete eine Tür und schob die Patientin hinein.
Lombardi bedankte sich. „Als ich am Kirchturm vorbeigeflogen bin, stand am Fenster dieser Etage ein gut aussehender Mann mit kurzen Haaren. Wer ist das? Darf ich mit dem sprechen?"
„Nein! Legen Sie Ihr Bein hoch und schonen Sie sich. Wenn es Essen gibt, komme ich wieder!"
Schwester Viola verschwand.
Lombardis Apartment glich dem von Raik Wulf. Die Polizistin orientierte sich kurz, dann zog sie Annes Rezeptzettel aus der Tasche und las: Du musst Raik so schnell wie möglich warnen. Er ist in tödlicher Gefahr und soll heute noch fliehen. Römer hat mich erkannt. Wenn ich Glück habe, wirft man mich nur aus der Klinik. Bring dich ebenfalls in Sicherheit!

∞

Raik saß in seinem verschlossenen Apartment auf der Couch und las zur Ablenkung übler Gedanken ein Buch. Da klopfte jemand an seine Zimmertür. Er sprang auf. Die Klinke wurde gedrückt, doch niemand öffnete.
„Wer ist denn da?", fragte Raik und versuchte ebenfalls, die Tür zu öffnen.
Die Tür blieb verschlossen. Mit einem Mal wurde etwas unter der Tür hindurchgeschoben. Er nahm den Zettel auf. Es war der

Vordruck für eine medizinische Verordnung. Raik erkannte Annes Handschrift und las ihren dringenden Aufruf zur Flucht. Darunter entzifferte er eine fremde Handschrift mit einer weiteren Botschaft an ihn:

Ich bin Annes Freundin Franka Lombardi vom LKA Baden-Württemberg und wurde noch nicht enttarnt. Retten Sie sich. Ich kümmere mich um Anne!

Raik zerriss den Zettel und spülte ihn im WC herunter. Die einzige Fluchtmöglichkeit bot das unverschlossene Fenster. Außerdem musste es dann draußen dunkel sein.

Zäh floss die Zeit, bis man ihm das Abendessen servierte. Wenn Anne mit ihrer Warnung recht hatte, dann musste er damit rechnen, dass man ihm bereits am Abend schon ein Betäubungsmittel ins Essen geben würde. Also spülte er Speisen und Tee ins WC. Endlich wurde das Geschirr abgeräumt und seine Zimmertür von außen verschlossen.

Raik zog einen schwarzen Jogginganzug aus dem Kleiderschrank, der allen Patienten gleichermaßen von der Klinik gestellt wurde. Er schnürte die Jogging-Schuhe sehr fest. Die Fensterflügel ließen sich weit öffnen. Draußen dämmerte der Abend. Unten im Burghof war niemand mehr zu sehen. Er setzte sich auf die Brüstung. Zehn Meter tiefer gähnte unter ihm der gepflasterte Burghof. Über dem Fenster ragte das Dach ein Stück hervor. Raik stieg auf die Fensterbank und reckte sich zur Dachrinne hoch. Er musste sich gefährlich weit hinauslehnen. Gerade, als er mit beiden Händen die Dachrinne ergreifen konnte, rutschten seine Füße von der Fensterbank ab. Er baumelte über dem Abgrund. Ein Zurück war nicht mehr möglich. Raik schaute nach links und rechts. Er entschied, den etwa acht Meter langen Weg zum linken Abflussrohr zu nehmen. Seine Hände hangelten sich Stück für Stück vor. Die verzinkte Blechrinne ächzte bedrohlich unter seinem Gewicht. Knarrend zerbrach eine Verbindungsmanschette und stürzte in die Tiefe. Scheppernd traf sie auf dem

Kopfsteinpflaster auf. Die Rinne löste sich zum Teil aus ihrer Halterung und bog sich quietschend ein Stück nach unten. Raik zwang sich zur Ruhe und hangelte vorsichtig weiter. Hände und Schulterblätter schmerzten. Er fluchte leise in sich hinein: „Raika, du wirst alt. Was machst du hier wieder für einen Scheiß?“
Endlich erreichte er am Ende der Bruchsteinwand ein Abflussrohr und ließ sich daran behutsam herunterrutschen.
Ein Stockwerk tiefer trat er auf das Dach des angrenzenden Hauses. Viel zu laut zerbrach eine Pfanne. Kurz darauf öffnete sich ein Fenster, das zu seinem Nachbarapartment gehören musste. Eine Frau blickte hinaus. Sie machte stumm das Victoryzeichen. Das Fenster schloss sich sofort wieder. War das gut oder schlecht? Alles blieb ruhig. Dann also mutig weiter, weiter, weiter!
Die alten Pfannen knirschten unter den Schritten. Wenn er auf der anderen Dachseite an der Dachrinne herunterklettern konnte, dann müsste er einen der oberen Wehrgänge erreichen. Schwarze Wolken zogen am Himmel auf, die kein gutes Wetter versprachen. Doch dadurch hatte die Dunkelheit rascher eingesetzt. Nach einer Viertelstunde lag Raik bäuchlings über der Dachkante oberhalb des Wehrgangs. Zigarettenrauch streifte seine Nase. Vorsichtig lugte er über die Dachrinne hinaus und schaute von oben auf einen bewaffneten Wachposten. Wie eine Katze machte sich Raik sprungbereit. Dann sauste er aus drei Metern Höhe hinab. Der Wächter brach lautlos unter ihm zusammen, blieb bewusstlos liegen. Raik stopfte dem Mann den Tabakbeutel als Knebel in den Mund. Dann zog er aus der Security-Jacke des Wächters alle Bänder heraus und fesselte ihn damit an einer Fahnenstange. Der Ausreißer nahm Gewehr und Munition an sich. Als nächstes schlich er den verwinkelten Wehrgang entlang, den er aus den Perspektiven von Petohmis Büro, seinem eigenen Apartment und der ersten Gefängniszelle gesehen hatte. Der zweite Wachmann verriet seinen Standort durch kräftiges Niesen. Als er die Fluchtperson bemerkte, lag die Überraschung auf der Seite

des Hünen. Raik riss dem Mann sein Gewehr aus der Hand, stieß mit der Faust gegen dessen Kehlkopf. Der Wächter sank röchelnd zu Boden. Raik fesselte ihn wie seinen Kollegen und nahm auch dessen Munition an sich.
Über diesen Wehrgang konnte er sehr nah an das Burgtor herankommen. Nur der Weg durch dieses Tor führte aus der Klosterburg hinaus. Alle anderen hohen Burgmauern wären für einen Sprung in die Freiheit tödlich.
Raik hatte Glück. Der Torwächter verriet seine Position durch die Geräusche seines Smartphones. Offensichtlich vertrieb der Mann seine Langeweile mit einem Computerspiel.
Der alte Recke schob sich über eine Steinbrüstung und blickte in den gekrümmten Burgzugang hinab. Der Wachmann hatte sein Gewehr an eine Wand gelehnt und blickte auf das Handydisplay. Er stand so günstig zwischen den dicken Wehrmauern, dass seine Spielerei aus den Fenstern der Burg nicht beobachtet werden konnte. Hinter diesem Tor wartete auf Raik die Freiheit. Nicht zum ersten Mal war er aus einem Verlies oder Gefängnis entkommen. Immer war ihm Epona gut gesonnen gewesen. Wie seit ewigen Zeiten tastete er in diesen Situationen nach dem goldenen Amulett. Wie seit Wochen gewohnt, tasteten seine Finger ins Leere. Doch inzwischen trug Anne die Kette mit Epona über ihrem Herzen. Anne, wo steckte sie? Was konnte er noch für sie tun? Mit einem einzigen Gewehr und einer Handvoll Munition konnte er nicht die gesamte Burg nach Anne durchsuchen und alle Wächter in Schach halten. Die Chance war gleich null! Würde diese fremde Polizistin Anne wirklich befreien können? Auch ihre Chance lag doch annähernd bei null. Wenn er die Burg verließ, gab es spontan kein Zurück mehr.
Raik entschied sich dennoch zur Flucht. Er würde mit einer Armee von Polizisten zurückkehren, die allen Verbrechern in der Burg endlich Handschellen anlegen.

Der Hüne konzentrierte sich auf seinen nächsten Angriff. Die Gelegenheit war günstig. Der Torwächter schaute nur auf sein Handydisplay. Als Raik aus zwei Metern Höhe auf den Schultern des Wächters aufkam, brach der Mann unter ihm zusammen. Der Weg in die Freiheit stand offen.

Raik wollte gerade die steile Pflasterstraße hinunterrennen, da hörte er Petohmis Stimme durch die Burganlage grollen. Raik drehte sich herum und blickte zu einem hohen Turm hinauf.
In einem beleuchteten Fenster stand der Professor und rief: „Ich glaube nicht, dass Sie uns schon verlassen wollen. Die Ritterspiele beginnen gerade. Ihr entzückendes Burgfräulein Anne wartet bereits auf Sie."
Der bewusstlose Wächter kam zu sich. Er blickte Raik verstört an. Dann klingelte sein Smartphone. Er hielt es sich ans Ohr. Kurz darauf reichte er das Handy an Raik weiter. „Der Chef will, dass Sie sich diese Aufzeichnung ansehen."
Raik schaute auf das Display, traute seinen Augen kaum. Das Bild zeigte einen Rittersaal. Anne saß gefesselt auf einem Stuhl. Über ihrem Kopf pendelte senkrecht ein riesiges Schwert.
Petohmi rief aus dem Turmfenster: „Wulf, du weißt, das Schwert des Damokles hängt nur an einem einzigen Pferdehaar! Ritter Raika, du kannst selbstverständlich auch in deine Freiheit ziehen und Anne ihrem Schicksal überlassen!" Das Turmfenster schloss sich krachend.
Der Torwächter grinste hämisch.
Raik fragte: „Hey, du Speichellecker, wo finde ich den verdammten Rittersaal?"
Der Mann erklärte ihm den Weg.
Raik zog mit dem Gewehr im Anschlag los.
Der Rittersaal befand sich im ältesten Bauabschnitt der Burganlage. Vier breite Stufen führten zu einer mächtigen Doppeltür. Sie war nur angelehnt. Raik trat kräftig dagegen, das Gewehr

schussbereit. Quietschend bewegte sich die Tür nach innen. Dahinter gähnte eine Vorhalle. Vier Holztüren verbargen weitere Räumlichkeiten. Eine steinerne Wendeltreppe stieg gegen den Uhrzeigersinn zu den oberen Stockwerken auf. Vor der größten Tür stand ein hochgewachsener Mann, der eine Pistole in der Hand hielt. Er winkte Raik heran.
„Treten Sie näher, Herr Wulf", sagte Römer, ohne eine Miene zu verziehen. „Ihr Gastgeber wartet schon auf Sie." Er stieß mit dem Arm einen Türflügel an. Der schwenkte nach innen. Römer streckte auffordernd die Hand nach Wulfs Gewehr aus.
Raik stieß verächtlich die Luft durch die Nase aus und fragte: „Ist das der Dank, dass ich Sie nicht wie Ihren Kollegen dem Rachen des Tatzelwurms überlassen habe?"
„Schau lieber mal in den Saal, dann wird dir die große Schnauze schon vergehen."
Raik ließ sich die Waffe nicht abnehmen und trat durch die Tür. Der Saal hatte erstaunlich große Ausmaße. An der gegenüberliegenden Wand saß Anne an einem Stuhl gefesselt. Man hatte ihr den Mund zugeklebt. Zwei Meter über ihr hing ein schweres Langschwert, das mit der Spitze nach unten auf ihren Kopf gerichtet war. Das Seil, an dem das Schwert hing, lief über mehrere Wandhaken, die es letztendlich über einer antiken Truhe in der Waagerechten hielten. Zwischen Truhendeckel und Seil stand eine große Kerze, die noch nicht brannte.
Petohmi hielt eine geladene Armbrust auf Frau Wiesmann gerichtet und grinste diabolisch. Vier weitere Männer standen im Saal und legten Rüstungen an. Jeder wappnete sich mit Schwert und Schild.
Raik sah die Angst in Annes Augen. Wut und Zorn stiegen in ihm auf. Wenn er in dieser anscheinend aussichtslosen Situation etwas retten wollte, dann musste er diese archaischen Gefühle unbedingt unterdrücken. Wut, Zorn und Hass verminderten grundsätzlich das optimale Reaktionsvermögen.

Der Hüne zwang sich innerlich zur Ruhe, indem er den Blick von Anne abwandte und seine Augen über die restlichen Wände gleiten ließ. Unzählige Waffen der Ritterzeit reihten sich dort aneinander: Hellebarden, Speere, Lanzen, Kurz- und Langschwerter, Morgensterne, Streitäxte, Bögen, Köcher mit Pfeilen und weitere Mordwerkzeuge. Gegenüber waren Rüstungen ausgestellt.
Petohmi befahl: „Mein lieber Wulf, nun gib brav dem Herrn Römer das gestohlene Gewehr. Ich zähle nur bis zehn. Danach trifft der Bolzen der Armbrust das hübsche Gesicht deiner Angebeteten.“ Er begann zu zählen.

∞

Lombardi machte sich im Badezimmer etwas frisch. Mit viel Glück war ihre Identität als LKA-Beamtin noch nicht aufgefallen. Man behandelte sie kühl, aber korrekt. Wie sollte sie weiter vorgehen? Wulf war gewarnt. Doch hatte der Mann eine Chance zu fliehen? Im Grunde wusste sie nichts über seine Fähigkeiten. Anne hatte zwar von Raiks umfangreichem Wissensschatz geschwärmt, doch in dieser fast aussichtslosen Lage musste sofort mit kühlem Kopf, Mut und Tatkraft gehandelt werden.
Seltsame Geräusche waren vor ihrem Badezimmerfenster. Die winzige Luke war zu hoch und zu klein, um hinaussehen zu können. Lombardi eilte an das große Schlafzimmerfenster und öffnete einen Flügel. Dunkle Wolken schoben sich vor den Abendhimmel. Ein grässliches Quietschen erklang über ihr. Sie blickte zur Dachrinne. Das Blech bog sich stellenweise bedrohlich nach unten. Ihre Augen folgten der Dachrinne bis zur Hausecke. Eine dunkle Gestalt ließ sich an dem Abflussrohr heruntergleiten. Sie erreichte schon bald das tiefer liegende Dach des Nachbarhauses und stieg die Pfannen hinauf. Kurz zögerte die Gestalt. War das Wulf? Fühlte er sich von ihr ertappt? Lombardi machte ein Victoryzeichen und die Person verschwand hinter der Hausecke.

Die Polizistin sagte anerkennend zu sich selbst: „Anne Wiesmann, dein Raik ist geschickter als ich zu hoffen wagte." Rasch zog sie ihre Kleidung an, entnahm ihrem Helm die versteckte Pistole, stopfte diese in ihre Jacke und trat hinaus in den Stationsflur. Schwester Viola kam auf sie zu. „Frau Lombardi, der Professor hat angeordnet, dass sich alle Patienten vorläufig nur in ihren Stationen aufhalten. Also denken Sie bitte daran."

Lombardi wartete, bis Viola in einem Krankenzimmer verschwand und verließ leise die Station. Sie huschte ins Treppenhaus und lauschte. Niemand war dort unterwegs. Anscheinend hielten sich alle anderen Patienten brav an die neue Anweisung.

Die Kripo-Beamtin hätte gerne einen abgesprochenen Einsatzplan gehabt, doch diese Mission bestand nur aus Improvisation. Sie fragte sich, was Wulf vorhatte. Alleine gegen alle Bewaffneten vorzugehen, wäre an seiner Stelle Selbstmord. Als bunter Hund hatte er auch keine Chance, Anne zu suchen. Sein Ziel musste sein, von außen Hilfe zu holen. Allein auf sich gestellt und nur mit einer Pistole bewaffnet, blieb ihr selbst ebenfalls kein anderer Weg. Sie würde irgendwo nach draußen finden und über Europol alles aufbieten, was polizeilich zur Verfügung stand.

Franka kannte die äußere Burganlage aus der Luft. So hatte sie die Vermutung, dass Wulf sich über die freien Wehrgänge zum Haupttor durchschlagen würde. Damit wurde das Haupttor auch ihr Ziel. Um sich draußen unbemerkt im Freien zu bewegen, war es noch nicht dunkel genug. Deshalb wollte sie durch die verschiedenen aneinander gebauten Gebäudeteile so nah wie möglich an das Burgtor herankommen. Immer wieder bewegte sich Personal durch das Haus. Weil die Polizistin sich nicht zeigen durfte, kam sie nur langsam voran. Das letzte Gebäude, das sie durchqueren wollte, gehörte zu den ältesten Teilen der Burganlage. Mitpatienten hatten erzählt, dass sich dort im Erdgeschoss ein großer Rittersaal befinden würde, in dem Professor Petohmi zur Erheiterung seiner Gäste Show-Kämpfe veranstalten ließ.

Die Beamtin fand die Tür zu einer steinernen Turmtreppe, die aller Wahrscheinlichkeit nach vor dem Rittersaal enden würde. Geräuschlos wie eine Katze stieg sie Stufe um Stufe hinab. Die alten Wände waren eiskalt. Die Luft roch nach feuchtem Gestein. An diesem Ort war die Zeit stehen geblieben. Nur alle paar Meter leuchtete eine schwache Glühbirne, die eine gruselige Atmosphäre erzeugte. Lombardi schätzte, dass die Turmtreppe über drei Stockwerke hinunterführen müsste. Im Uhrzeigersinn ging es ständig rund. Da ihr tausend Dinge durch den Kopf gingen, vergaß sie, die Stufen zu zählen. Ohne ein Fenster gab es keinen Anhaltspunkt, wie weit sie bereits vorangekommen war. Sie durfte auf keinen Fall am Ende der Treppe entdeckt werden.
Da – ein Geräusch! Nicht viele Stufen weiter unter ihr. Sie hielt die Luft an. Kam ihr jemand entgegen? Sollte sie rasch zurücklaufen? Instinktiv tastete ihre Hand nach der Pistole. Dann war alles wieder ruhig.
Langsam schritt die Polizistin mit vorgehaltener Waffe die nächsten Stufen hinab. Aus der Ferne klangen unverständliche Stimmen. Lautlos tasteten sich ihre Füße voran. Stopp! Lombardi hielt inne! Unerwartet tauchte in der linken Wand eine Nische auf. Die Polizistin war sich sicher, dass sie im Augenwinkel eine schattenhafte Bewegung wahrgenommen hatte. Sie hielt den Atem an. Solch eine Nische bot einen gefährlichen Hinterhalt, dem sie nicht auf dem Leim gehen würde.
Da! An der Wand zur Nische, eine erneute Bewegung.
Die Beamtin reagierte blitzschnell.

∞

Petohmi hielt die Armbrust auf Anne gerichtet und zählte weiter seinen Countdown: „... vier, fünf, sechs ...“
Raik schaute in Annes angstvolle Augen.
„... sieben, acht, neun ...“

Raik drehte sich zur Tür herum und warf Römer das Gewehr zu. Eiskalt fing der Kripomann die Waffe auf und schloss von außen die schwere Holztür.
Der Hüne kniete sich auf den Boden, setzte sich auf die Unterschenkel, schloss die Augen und hielt seine Hände wie zu einem Gebet.
Die gerüsteten Männer blickten hämisch auf Raik hinab und begannen zu lachen. Auch Anne schaute verwundert. Was tat er da? Hatte er sich zu einem Gebet hingekniet?
Raiks Hände verschmolzen im buddhistischen Gruß zu einer Einheit. Er zwang sich langsamer und langsamer zu atmen. Der Herzschlag kam zur Ruhe. Hass, Wut und Zorn verließen mit jedem Ein- und Ausatmen seine Brust. Verstand, Konzentration und Reflexe verbrüderten sich. Körper, Seele und Geist ergänzten sich zu einer inneren Naturgewalt.
Ohne Vorwarnung sprang er wie ein Blitz auf die Füße. Seine Arme waren waagerecht zur Seite ausgestreckt. Die Handflächen zeigten nach außen, als wenn er zwei Wände auseinanderpressen wollte. Erst da öffnete er die Augen.
Die Männer lachten. Raik blickte jedem in die Augen, doch keiner hielt seinem Blick stand. Das Lachen erfror.
Petohmi stand immer noch vor Anne. Seine Stimme hallte durch den Saal: „Wulf, das Schwert des Damokles hing nur an einem Rosshaar. Das Seil, das dieses Schwert hier hält, ist kräftiger, und die Waffe fällt erst nach einigen Minuten herab. Wir werden zu den einzigen Menschen dieser Zeit gehören, die einen leibhaftigen Ritter des Mittelalters kämpfen sehen. Denn es wird sein letzter Kampf sein!"
Petohmi riss Anne Wiesmanns Bluse ein Stück auf, zog ein goldenes Amulett hervor und sagte: „Wulf, sieh hier, sie trägt Epona über ihrem Busen. Du fragst dich, woher ich weiß, was sie zwischen ihren Brüsten trägt? Nun, wir hatten gestern vor meinem

Kamin einen romantischen Abend. Ich hoffe, dass das deinen Kampfgeist schürt!"
Petohmi genoss Annes verzweifelten Gesichtsausdruck. Sie suchte Raiks Blick und schüttelte den Kopf. Raik verzog keine Miene. Glaubte er Petohmis Lügen?
Der Professor provozierte weiter: „Mein keltischer Freund, sie kennt noch nicht einmal den Wert dieser alten Feinschmiedekunst. Du verschenkst solche Dinge zu unüberlegt. Epona kennt in dieser Welt niemand mehr. Du warst ihr letzter Krieger. Wer sein geweihtes Amulett nicht in Ehren trägt und an eine Dirne verschenkt, den verlassen die Götter mit Recht. Ich und meine Männer wissen, wieviel Geschick und Kraft dazugehören, über längere Zeit eine mittelalterliche Waffe zu führen. Doch nun erfahren wir, ob ein Recke der damaligen Zeit tatsächlich so ausdauernd und heldenhaft ist, wie die Dichter sie besungen haben."
„Petohmi, du bist geisteskrank! Es gibt keinen Methusalem und ich bin kein Ritter. Ich bin ein normaler Mensch der Gegenwart. Was du dir da zusammenspinnst, ist fern jeder Realität. Wenn du meinst, mich umbringen zu müssen, dann tue es jetzt. Aber Frau Wiesmann hat mit unserer Sache nichts zu tun. Lass sie gehen!"
„Warum weigerst du dich immer noch, zuzugeben, dass du ein steinalter Mann bist? Ist dir das etwa vor dieser jungen Schönheit peinlich?"
Petohmi strich Anne über die blonden Locken. Sie bewegte den Kopf angewidert zur Seite. Er ergriff brutal ihr Kinn und zwang sie, ihn anzusehen. Er sagte spöttisch: „Ja, ich denke auch, mit unserer großen Liebe wird das nichts mehr."
Er drehte sich zur Kerze und entzündete mit einem Feuerzeug den Docht. Langsam leckte die Flamme an dem Seil, das das Schwert hielt. Der Appetit des Feuers schien rasch zu wachsen.
Panik flackerte in Annes Augen auf. Raik machte einen Schritt vor, doch die vier gerüsteten Männer versperrten ihm mit gezogenen Schwertern den Weg. Petohmi ging außen an ihnen vorbei. Er

stellte sich mit seiner Armbrust an die Eingangstür, die Römer von außen bewachte.
„Advent, Advent, ein Lichtlein brennt“, brummte ein gerüsteter Koloss unter seinem Ritterhelm, den Raik erst in diesem Augenblick erkannte. Es war dieser Pfleger Colin, der zu Anfang sein Zimmer bewacht hatte.
Hinter Raik schallte Petohmis Stimme durch den Saal: „Das höchste Glück für einen Ritter des Mittelalters war seine Minne. Für sein geliebtes Burgfräulein ging er jedes noch so gefährliche Abenteuer ein. Doch die Minnesänger betonen, dass diese kindsköpfigen Ritter ihre große Liebe fast nie bekommen haben. Stimmt´s, Ritter Raika Wulf? Wenn du an die Kerze gelangen willst, musst du zuerst meine Männer besiegen. Doch keiner von ihnen wird dich dort heranlassen, denn ich selbst habe sie trainiert!“
„Advent, Advent, ein Lichtlein brennt“, lachte Colin wieder provozierend und klatschte mit der blanken Klinge angriffslustig in seine Handfläche.
Raik sah, wie sich die Flamme in das dicke Seil hineinfraß. Statt sich ebenfalls mit Langschwert und Schild zu wappnen, zog er zwei Kurzschwerter von der Wand. Die vier Männer versuchten, Wulf einzukreisen und kamen ihm mit den Langschwertern bedrohlich nahe.
Raiks Arme begannen zu kreisen. Die leichten, kurzen Klingen schepperten schnell wie Rotoren gegen die vier Langschwerter. Holzsplitter sprühten aus den Schilden. Dieser Kampfstil gehörte niemals zu den Ritterspielen des europäischen Mittelalters.
Petohmi sagte verärgert: „Wulf, deine Zunft hat nie mit zwei Schwertern gekämpft. Wer nicht klassisch kämpft, kämpft ohne Ehre!“
Anne Wiesmanns Gedanken rasten. Sie hatte Raik nie kämpfen gesehen. Just vor Ort schien die Mär von Raika Wulf Wirklichkeit zu werden. In Bruchteilen von Sekunden erinnerte sie sich an alle

Geschichten, die Roxane erzählt hatte. Sie erinnerte, dass Wulf dem kleinen Felix von Raikas Flucht nach China berichtet hatte, wo er am Kaiserhof den Kampf mit zwei Schwertern erlernte. Anne blickte auf ihr Amulett und flüsterte: „Epona, wenn einer wirklich an dich glaubt, dann ist es dieser treue Krieger."
Ohrenbetäubendes Klirren riss die Ärztin aus ihren Gedanken. Raik hatte die Reihe der vier Angreifer taktisch so auseinanderziehen können, dass eine breitere Lücke entstand. Pfeilschnell warf er ein Kurzschwert nach dem schweren Kerzenhalter auf der Truhe. Der Kandelaber stürzte aber nicht herunter. Die Klinge hatte ihn nur ein Stück verschoben und die fleißige Flamme bearbeitete das Seil an einer neuen Stelle.
Raik sprang zurück und riss eine neue Waffe von der Wandhalterung. Mit einem Male hielt er in der linken Hand einen langen Holzstab, dessen Ende unter seiner Achsel fixiert war. An der Spitze des Stabs baumelte eine Kugel mit Stahldornen, die jeden Rüstungspanzer sprengen konnten.
Petohmi verzog sein Gesicht. „Wulf, der Streitflegel ist eine Bauernwaffe und absolut unritterlich! Außerdem lässt sich die Waffe nicht mit einer Hand führen. Ich bin äußerst enttäuscht!"
Raik hielt die vier gepanzerten Männer im Auge und erwiderte: „Der Streitflegel wurde im Mittelalter der Skorpion genannt. Das ist auch mein Sternzeichen!" Die Eisenkugel begann pfeifend ihre Kreise zu ziehen. Der Hüne ergänzte: „Petohmi, dieser Morgenstern wird heute dein Abendstern sein!"
Die vier Männer versuchten Wulf wieder einzukreisen und kamen ihm mit den Langschwertern bedrohlich nahe. Das Kurzschwert war leichter als seine größeren Brüder und zerrte nicht so mächtig an den Kräften des Recken. Die kurze Klinge tanzte in erstaunlicher Geschwindigkeit zwischen den vier anderen hin und her. Da sich die Angreifer nur auf Wulfs Schwert konzentrierten, stach der eiserne Skorpion immer wieder unerwartet zu. Nachdem Raiks Morgenstern schon zweimal die gepanzerten

Schultern seiner Angreifer blutig getroffen hatte, gingen diese auf größere Distanz. Das Schlimmste war für Raik, dass er nicht defensiv bleiben durfte. Wenn er sich nicht zu der Kerze durchkämpfen würde, dann war Annes Ende in wenigen Minuten besiegelt.

Petohmis Gesicht strahlte jetzt vor Begeisterung und zeigte die Glückseligkeit eines völlig Irren. Er warf noch einmal einen kontrollierenden Blick auf die laufende Videokamera, mit der er auch sonst die Übungskämpfe aufzeichnen ließ. Das helle Klirren blanken Stahls war Musik in seinen Ohren. Er, Imhotep, die Reinkarnation allen Wissens, hatte recht gehabt. Nicht nur seine wissenschaftlichen Ergebnisse bewiesen, dass hier und jetzt ein Ritter alter Zeit lebte. Nein, vor seiner laufenden Kamera stritt ein Recke, der sichtlich mit der Waffe in der Wiege aufgewachsen war. Kein Mensch der heutigen Zeit beherrschte dieses alte Waffenhandwerk mehr so gut, wie Wulf es unter Beweis stellte. Petohmi bemerkte, dass er in diesem Moment sogar Bewunderung für seinen Feind empfand.

Der furchtbare Aufschrei des massigen Colin zerriss Petohmis Hochgefühl. Der Morgenstern hatte das Schild des Kollos durchschlagen und Blut schoss aus dessen Hand. Donnernd fiel das Schild zu Boden. Colins Augen sprühten vor Hass, Wut und Zorn. Das hocherhobene Schwert sauste mit Macht auf Raik nieder. Der schwarze Panther wich geschmeidig aus und schleuderte den Morgenstern in den Nacken des Koloss. Der fiel um wie ein gefällter Baum.

Anne bemerkte, dass Raik seinen Körpermittelpunkt kaum schützte. Bei genauer Beobachtung zielte auch niemand dort hin. Die drei Kämpfer schlugen nur nach Kopf, Armen und Beinen. Blutflecken bildeten sich auf Raiks linkem Ärmel. Sein rechtes Ohr schien verletzt zu sein.

Erst da kam der Ärztin die makabre Erkenntnis: Petohmi wollte immer noch Raiks Herz, Leber und die übrigen inneren Organe.

Er hatte seine Kämpfer sicherlich angewiesen, Wulfs Brust und Bauch nicht zu verletzen.
Ja, das hatte auch dieser tapfere Recke längst begriffen. Das erleichterte deutlich seine Kampfstrategie.
Drei geübte Männer wachten immer noch vor der brennenden Kerze, deren Flamme hungrig an dem Seil nagte.
Ein zweites Schild donnerte nach dem Treffer des Morgensterns zu Boden. Der verblüffte Mann wurde gleichzeitig von Wulfs Schwert an der Taille verletzt. Fluchend wich der Verletzte zurück.
„Du sollst kämpfen, du feiger Hund!“, feuerte Petohmi ihn an.
Nur zögerlich näherte sich der Verletzte erneut seinem Gegner.
Raik ging in die Defensive. Immer weiter wich er an die Wand zurück, an der das Waffensortiment hing.
Petohmi spottete: „Raik, mein Junge, du wirst doch jetzt nicht schlappmachen? Schau mal, die fleißige Flamme hat bereits zwei Drittel des Seils zerfressen.“
Annes Augen schauten Raik flehend an, doch der wirkte wie in Trance.
Noch bevor sie verstand, warum sich Wulf soweit zurückgezogen hatte, fiel sein Morgenstern donnernd zu Boden. Blitzschnell riss der Recke einen Speer aus seiner Wandhalterung und schleuderte diesen quer durch den Raum auf die Kerze zu.
Der Speer wurde von einem wachsamen Kämpfer mit dem Schild abgelenkt, änderte seine Flugbahn und traf einen anderen Kämpfer in die Brust. Mit einem langen Schrei brach der Mann zusammen, blieb dann nur noch stumm auf dem Rücken liegen.
Die Ärztin schloss entsetzt die Augen. Geruch von verbranntem Stoff und Schweiß hing in der Luft.
Raik sah, dass das Seil über der Flamme mittlerweile qualmte.
Seine Stimme donnerte durch den Saal: „Petohmi, reichen dir diese beiden Organspender oder brauchst du noch mehr? Lösche augenblicklich die Kerze und ich lasse deine Männer leben!“

„Kämpfe, alter Recke. Wenn du noch lange redest, dann wird sich der blonde Lockenkopf deiner Freundin spalten und wir haben noch mehr junge Organe!"
Raik sprach die beiden letzten Gegner an: „Merkt ihr nicht, dass Petohmi scheißegal ist, was mit euch geschieht? Ihr seid für ihn nur austauschbare Kerkerknechte und willkommene Organspender! Lasst uns die Waffen niederlegen!"
Petohmis Männer tauschten einen verunsicherten Blick.
Petohmi hob seine gespannte Armbrust und befahl: „Niemand legt die Waffen nieder! Kämpft endlich richtig!"
Raik hatte keine Zeit mehr zu verlieren. Er griff blitzschnell zu dem Morgenstern, den er zuvor fallen gelassen hatte, und preschte dieses Mal mit einem irren Kampfschrei auf seine beiden Gegner zu. Die Eisenkugel kreiste nur zweimal über seinem Kopf, dann schleuderte sie dem größeren Angreifer mitten ins ungeschützte Gesicht. Klirrend fielen dessen Schild und Schwert auf die Dielen. Der Mann spuckte Zähne und Blut, brach zusammen. Sein Kamerad war von dieser Brutalität so entsetzt, dass er Raiks Schwerthieb nicht rechtzeitig parierte. Dessen Klinge schnitt tief in seinen Oberschenkel.
Stöhnend sank er über seinem bewusstlosen Kameraden zusammen.
Raik sprang auf die Kerze zu. Dabei musste er über den Kämpfer steigen, in dessen Brust der Speer steckte.
Petohmi schrie: „Halt, bei der kleinsten falschen Bewegung schieße ich dein Burgfräulein nieder!" Er zielte mit der gespannten Armbrust auf Anne.

∞

Lombardi sprang auf der Turmtreppe zwei Stufen vor und zielte mit entsicherter Waffe in die dunkle Nische. Sie riss die Augen vor Überraschung weit auf. An der Rückwand der Nische stand ein

kleiner Junge, der bei ihrem Anblick vor Schreck zusammenzuckte.
Die Kripobeamtin senkte ihre Waffe und beugte sich flüsternd zu dem Kind: „Was tust du denn hier? Wer bist du?"
„Ich bin Felix Römer von der Station 3. Ich bin heimlich hierher geschlichen, weil die Schwestern davon gesprochen haben, dass hier unten ein Show-Kampf mit Rittern stattfinden würde. Das möchte ich so gerne mal sehen."
Lombardi legte ihren Finger auf seinen Mund und flüsterte noch leiser: „Pssst, man darf uns nicht hören. Ich bin auch heimlich hier. Du kannst Franka zu mir sagen. Unten im Rittersaal sind viele böse Menschen. Du wartest hier und rührst dich nicht von der Stelle, okay?"
Der Kleine nickte stumm. Lombardi schlich die nächsten Stufen hinab und lugte um die Ecke. Wie sie richtig vermutet hatte, endete die Turmtreppe in einem Vorraum zum Rittersaal. Im geöffneten Tor zum Saal erkannte sie Marcus Römer. Sie hatte ihn bei ihren Recherchen für Anne in der LKA-Personaldatei gesehen.
Lombardi konnte auch wenige Meter in den Saal hineinsehen. Raik tauchte auf und warf Römer widerwillig ein Gewehr zu. Der fing es auf und schloss von außen das Holztor zum Saal.
Bald darauf schallten metallische Schläge wie Schwerterklang. Unverständliche Stimmen waren zu hören.
Römer stand allein in der Vorhalle, blickte sich um und gähnte ungeniert.
Lombardi schlich wieder die Stufen zur Nische hinauf und flüsterte: „Felix, du hast recht. Dort unten wird gekämpft."
Der junge Mann fragte begeistert: „Darf ich zugucken?"
„Pssst, nein, das ist kein Spaß, was dort unten geschieht. Felix, du musst jetzt viel Vertrauen zu mir haben, okay?"
Der Kleine nickte stumm.

„Ich brauche deine Hilfe. Ich bin auch von der Polizei, so wie dein Papa. Dein Papa wird von den bösen Menschen hier erpresst, ebenfalls böse Dinge zu tun."
Felix schüttelte den Kopf und wollte antworten, doch Lombardi hielt ihm den Mund zu.
Aus dem unteren Stockwerk klirrten schnell aufeinander folgende Metallschläge.
„Felix, kennst du Raik Wulf?", flüsterte Lombardi. Der Junge nickte stumm und sie erklärte: „Die Ritter, die dort unten kämpfen, wollen meine Freundin Dr. Wiesmann und Raik töten. Dein Vater bewacht den Kampfsaal. Ich muss an ihm vorbei, um Anne und Raik zu retten. Wenn du mir hilfst, Anne und Raik zu retten, dann helfe ich deinem Vater später, dass man ihn nicht mit den bösen Menschen ins Gefängnis steckt."
Er fragte leise: „Versprichst du mir das?"
Lombardi umarmte den Jungen herzlich und gab ihm einen Kuss auf die Wange.
„Franka, was muss ich tun?"
Sie erklärte ihm ihren Plan.

∞

Marcus Römer knöpfte am Hemd auch den zweiten Knopf auf. Ihm war von dem Kampflärm heiß geworden. So tief hatte er in seinem Leben noch nie in der Scheiße gesteckt. Der Deal, für Petohmi illegal ein paar Leute einzusammeln, damit Felix überleben konnte, hatte sich relativ harmlos angehört. Bereits am Tatzelwurm war alles aus dem Ruder gelaufen. Er hatte den Auftrag gehabt, zusammen mit einem von Petohmis Leuten diesen seltsamen Wulf einzufangen und unbeschadet nach Italien zu überführen. Dass Wulf sich so extrem zur Wehr setzen und Petohmis Mitarbeiter im Wasserfall umkommen würde, war nicht geplant gewesen.

Was hinter seinem Rücken im Saal geschah, war gezielter Mord. Doch wie sollte er aus dieser Nummer herauskommen? Am liebsten hätte er sich seinen Jungen geschnappt und diesen verfluchten Ort sofort verlassen.
Römer blickte auf die geschlossene Tür, hinter der ein klirrender Kampf tobte. Schreie waren zu hören. Erstaunlich, dass dieser Wulf immer noch kämpfte.
„Waffe fallen lassen!", befahl eine strenge Frauenstimme hinter Römer.
Der Polizist wirbelte herum. Er hielt seine Waffe auf die Wendeltreppe gerichtet. Entsetzen stand in seinem Gesicht.
Eine brünette Frau schob Felix wie ein Schutzschild vor sich her und hielt dem Jungen eine Pistole an den Kopf.
„Papa, bitte lasse deine Waffe fallen. Ich habe Angst!", sagte der Zwölfjährige nervös.
„Lassen Sie sofort meinen Sohn laufen. Wer sind Sie überhaupt und was wollen Sie?" Römer hielt die Pistole mit beiden Händen haltend auf Lombardi gerichtet.
„Ich bin vom LKA Baden-Württemberg und werde jetzt Anne Wiesmann und Wulf dort herausholen. Kollege Römer, wenn Sie mir dabei helfen, dann bezeuge ich, dass wir beide hier einen verdeckten Einsatz durchgeführt haben und rette Ihren Arsch."
Römer wollte etwas erwidern, da mischte sich Felix ein. „Papa, glaube ihr doch. Franka ist ein guter Mensch. Dr. Wiesmann und Raik sind das auch. Ich will nicht, dass du zu den Verbrechern gehörst! Tu's für mich."

∞

Anne war über ihre wachsende innere Ruhe erstaunt, denn in dieser Sekunde blickte sie dem Tod ins Gesicht. Entweder war es das Schwert, das jede Sekunde herabstieß oder Petohmis Armbrustgeschoss, das sie töten würde. Sie verspürte keine Angst mehr.

Alles wurde ganz leicht. Nur Raiks Augen wollte sie noch einmal sehen. Seine Liebe würde sie in eine andere Welt begleiten.
Was Petohmi nie begriffen hatte, wurde Anne in den letzten Sekunden ihres Lebens bewusst. Die Liebe stand über dem Tod. Jeder Mensch konnte nach dem Tod im Herzen eines anderen weiterleben. Petohmi hingegen wurde von niemandem geliebt. Er war nur ein verhasstes Monster.
„Raik, sieh mich noch einmal an“, wollte sie rufen, doch der zugeklebte Mund brachte keinen Ton heraus.
Der Hüne hatte im Moment nur Augen für Petohmi. Seine Muskeln waren gespannt wie bei einer Raubkatze vor dem Sprung. Er schien nicht einmal zu atmen.
Auf einmal öffnete sich das hölzerne Saaltor einen spaltbreit. Der Kopf einer brünetten Frau reckte sich vorsichtig hindurch.
Petohmi schaute überrascht zur Seite.
In dieser Sekunde riss der alte Recke den aufrechtstehenden Speer aus der Brust des Kämpfers, der ihm zu Füßen lag. Gleich einer Naturgewalt schallte Raiks Schrei. Der Hüne schleuderte die Waffe mit aller Kraft durch den gesamten Saal auf den Mann mit der Armbrust zu. Die Speerspitze durchbohrte Petohmis Brust und grub sich hinter ihm tief in die massive Eingangstür. Noch im Sterben ließ der den Bolzen der Armbrust auf die Ärztin zufliegen, doch das Geschoss stieß neben ihr in die Wand. Die fleißige Kerzenflamme fraß sich in diesem Moment durch das Seil, an dem das Schwert über Annes Kopf hing.
Franka blickte zu ihrer gefesselten Freundin und schrie verzweifelt auf.
Raik sah im Augenwinkel, wie der geschliffene Stahl von der Decke auf Anne zustürzte. Mit seinem Kurzschwert erreichte er soeben die fallende Klinge. Zitternd blieb das Langschwert neben Annes Stuhl im Holzboden stecken. Raik zerschnitt Annes Fesseln. Sie riss sich den Klebestreifen vom Mund. Mit feuchten Augen schlossen sich beide in die Arme.

Als Felix seinen Kopf ebenfalls durch die Tür stecken wollte, ließ sich diese kaum weiter öffnen. Von innen hing immer noch Petohmis Leichnam daran und dessen Füße schliffen über den Boden.
Römer zog seinen Sohn rasch zurück, damit ihm der grausame Anblick der drei Toten und der beiden Schwerverletzten erspart blieb. Dann stemmte der LKA-Beamte selbst die Tür schulterbreit auf und rief in den Saal: „Wulf, keine Zeit für Zärtlichkeiten. Beeilt euch. Ich bringe uns alle aus der Burg. Wartet am Eingang der Vorhalle!“ Mit Felix an der Hand stürzte er hinaus.

Kapitel 6: Erste graue Haare

Ein schwarzer SUV fuhr durch das Klostergelände und hielt vor dem Eingang des alten Gebäudes mit dem Rittersaal. Römer winkte. Felix saß neben seinem Vater auf dem Beifahrersitz. Eilig stiegen Franka, Anne und Raik in den verdunkelten Fond des Geländewagens. Für den Fond gab es keine Sicht nach außen und nach innen. Auch zwischen Fahrer und Fahrgästen versperrte eine stark getönte Scheibe die Sicht.

„Keinen Ton will ich von euch hören, bis wir aus der Burganlage heraus sind", klang Römers Stimme aus dem Bordlautsprecher. Der Wagen setzte sich in Bewegung.

„Diesem Römer sollen wir trauen?", fragte Anne ihre Freundin.

„Wir sind seine einzige Chance, um noch einmal in ein normales Leben zurückzukehren. Er will sein Gesicht vor Felix nicht verlieren."

Der Wagen neigte sich nach vorne. Sie befanden sich auf dem abschüssigen Weg vor dem Burgtor. Die Konversation zwischen dem Torwächter und Römer war auch im Fond leise zu hören.

„Hey, Römer, mir ist nicht angekündigt worden, dass heute Abend noch jemand die Burg verlässt. Wo willst du denn hin?"

Als Nächstes hörte man die Stimme von Felix: „Der Professor Petohmi hat gesagt, dass ich schon so gesund bin, dass ich nach Hause darf. Mein Papa hat ihn gebeten, dass wir über Nacht fahren dürfen, dann kann ich im Auto schlafen. Ein toller Mann, der Professor, nicht wahr?"

Der Torwächter zog sein Smartphone. „Als dieser Wulf vorhin abhauen wollte, hat der Chef höchste Sicherheitsstufe befohlen. Niemand darf ohne seine persönliche Einwilligung raus." Er wählte den Kontakt des Professors. Nur das Freizeichen war zu hören. Da Petohmi auch nach mehreren Versuchen nicht ans Telefon

ging, fluchte der Wächter: „Verdammt, wen soll ich denn jetzt fragen? Ich rufe Renate an.“
Römer sagte: „Das ist doch Blödsinn! Petohmi filmt gerade den Kampf mit Wulf. Colin ist verantwortlich. Frage ihn!“
„Du hast recht“, erwiderte der Torwächter und wählte erneut.
Felix sagte: „Papa, mir wird total schlecht. Können wir ein Stück weiter fahren, wo ich mal ausspucken kann?“
Römer herrschte den Wächter an: „Wenn mein Sohn mir wegen deiner Telefoniererei in den Wagen kotzt, dann sorge ich dafür, dass du den persönlich reinigst!“
Der Wächter steckte sein Smartphone genervt ein und klopfte auf das Wagendach. „Das ist doch alles Scheiße hier! Ich bin froh, wenn ich gleich Feierabend hab. Römer, hau ab und lass deinen Sohn woanders kotzen.“
Der Wagen setzte sich in Bewegung, rumpelte über das Kopfsteinpflaster den steilen Weg ins Tal hinab.
Die Scheibe zum Fond fuhr herunter. Felix begeisterte sich: „Den Wachmann haben wir gut ausgetrickst, nicht wahr?“
Lombardi sagte: „Ihr beide seid ein klasse Team! Römer, in dem Ort am Ende dieses Tals ist eine Pizzeria. Dort lässt du uns raus!“
Der Fahrer erwiderte: „Wir halten am besten erst wieder an, wenn wir Italien verlassen haben. Selbst der Polizei dürfen wir hier nicht trauen. Petohmis Einfluss reicht sehr weit.“
„Kollege Römer, ich habe keinen Hunger auf Pizza, sondern mein Gepäck und mein Wagen stehen dort.“ Sie strudelte liebevoll mit den Fingern durch Felix‘ Haare. „Dieser kleine Ritter Felix und Anne werden in meinem Wagen mitfahren. Raik fährt mit dir. Dann kommst du auch nicht auf dumme Gedanken. Und nun gib mir dein Handy. Meins haben sie mir nach der Landung nicht mehr wiedergegeben. Ich verständige meine Leute und Europol.“
Felix blickte seinen Vater erwartungsvoll an.
Widerwillig zog Römer das Mobiltelefon aus seiner Jacke und reichte es der Kollegin nach hinten.

Lombardi wählte eine Nummer, wartete, bis sich eine etwas ungehaltene Stimme meldete. Sie berichtete ihrem besorgten Kollegen Kommissar Scheibel, was sich nach dem letzten Kontakt ereignet hatte.

∞

Im Fond auf der hintersten Bank saß Raik. Er wirkte erschöpft. Anne fand unter dem Rücksitz einen Verbandskasten, nahm eine Schere heraus und schnitt den blutverschmierten Ärmel von Raiks Shirt ab. Am linken Oberarm klaffte eine große Schnittwunde.

„Oh mein Gott!“, flüsterte Anne. „Ich bräuchte meinen Arztkoffer. Was mache ich denn mit dir?“ Sie zog ihm das Shirt über den Kopf aus und suchte nach weiteren Verletzungen. Viele kleine Schnitte, Kratzer und Hämatome zeugten vom harten Kampf. „Ich finde nichts zum Nähen“, sagte Anne und wühlte weiter im Verbandskasten. Sie riss sterile Verbandspäckchen auf, versorgte provisorisch die große Verletzung am Arm. Die übrigen Schnitte deckte sie mit Pflastern ab.

Als sie endlich fertig war, setzte sie sich ihm gegenüber neben Franka und betrachtete besorgt ihr Werk.

Raiks Kleidung war nass vom Schweiß.

Er blickte zwischen den Frauen hin und her. „Tut mir leid. Ich stinke sicherlich wie ein Otter. Meine Hände kleben vor Dreck. Ein Teil davon stammt von der Dachrinne, ein Teil von den Dreckskerlen, die ich alle anfassen musste. Zum Händewaschen blieb mir in der letzten Stunde keine Zeit.“

∞

Der SUV verließ das Tal, folgte einer Hauptstraße zum nächsten Dorf. Römer parkte neben der Pizzeria Antonio.

Lombardi betrat das Restaurant, in dem noch einige Paare vor Weingläsern saßen. Sie bat Antonio um Hilfe. Der temperamentvolle Italiener begeisterte sich für die geheimnisvolle Aktion der Brünetten. Raik wurde unauffällig ins Haus gelotst. Dort konnte er sich in der Herrentoilette reinigen. Lombardi kaufte Antonio ein T-Shirt und eine Jeans für Raik ab. Die Hosenbeine waren Raik zu kurz und das Hemd wirkte zu eng. Doch er war für saubere Kleidung dankbar.
Lombardi bezahlte großzügig die Zimmerrechnung und packte mit Anne die Reisetaschen in den Kofferraum ihres Wagens. Felix stieg ins Auto der Frauen. Raik setzte sich zu Römer. Der SUV und das Coupé rasten davon.

∞

Die italienisch-österreichische Grenze kam in Sicht. Das Gelände war hell erleuchtet. Vor der Zeit des großen Asylantenstroms aus dem Nahen Osten wurden diese Grenzübergänge selten kontrolliert. Nun hob ein uniformierter Mann seine Hand, ließ beide Wagen anhalten. Der Beamte trat zu Römer ans Fenster. „Guten Abend, bitte zeigen Sie mir die Fahrzeugpapiere und Ausweise."
Römer reichte die Papiere des SUV und seinen Personalausweis aus dem Fenster. Nach einem kritischen Blick des Grenzbeamten bekam er diese zurück. Raik wurde ebenfalls aufgefordert, sich auszuweisen.
„Tut mir leid", sagte der Mann auf dem Beifahrersitz, „man hat mir meinen Ausweis gestohlen."
Der Beamte ließ Wulf aussteigen. Er betrachtete den Mann in der zu kurzen Jeans von Kopf bis Fuß. Ihm fiel der Verband am Oberarm auf. „Hatten Sie einen Unfall?"
„Nein, das ist eine längere Geschichte."

„Oh, Sie bekommen viel Zeit, um uns diese Geschichte zu erzählen“, erwiderte der Grenzer und winkte einen österreichischen Kollegen heran.
Lombardi stieg aus ihrem Wagen. Sie sprach die Grenzer an: „Guten Abend, die Herren Kollegen“, sie zeigte ihren Polizeiausweis, „wir gehören alle zusammen. Herr Wulf und Frau Dr. Wiesmann sind entführte Opfer. Europol wird gerade vom LKA Baden-Württemberg informiert.“
Die Grenzbeamten führten alle Personen in ein Büro und nahmen die Namen auf. Lombardi erreichte den österreichischen Oberinspektor Weigl an seinem Mobiltelefon. Dieser setzte sich ebenfalls für eine baldige Weiterfahrt der Gruppe ein. Formulare wurden ausgefüllt. Das Faxgerät piepte bei jedem neuen Dokument, das Kommissar Scheibel aus Baden-Württemberg sendete.
Felix gähnte erschöpft.
Anne blickte alle fünf Minuten besorgt auf ihre Uhr. Sie machte sich auch Sorgen um den Jungen. Er musste nach dieser Nierentransplantation unbedingt weiter klinisch betreut werden.
Nach einer knappen Stunde durfte die Gruppe endlich weiterreisen. Lombardi lenkte ihren Wagen forsch durch die Serpentinen der Tiroler Bergwelt. Sie behielt den Geländewagen mit Wulf und Römer hinter sich im Auge. Die Nacht war extrem dunkel, da sich dichte Wolken vor das Firmament schoben.
Anne konnte es immer noch nicht fassen, dass sie Petohmis Hölle entkommen waren. Immer wieder durchströmten sie zittrige Schauer. Nur Felix war endlich auf der schmalen Rückbank des Coupés eingeschlafen.
Franka stellte leise das Autoradio an. Es folgten die Nachrichten.
„Hier ist Radio Tirol. Am späten Abend wurde in den italienischen Alpen ein Großeinsatz der Polizei eingeleitet. Mehrere Hubschrauber sind im Einsatz. In einer Klosterburg, die sich seit Jahren in Privatbesitz befindet, sind bei Ritterspielen drei Personen tödlich und zwei schwer verletzt worden. Die örtliche Polizei gibt

zurzeit keine weiteren Auskünfte. Aus den Pressekreisen wird gemeldet, dass sich in der Klosterburg eine private Klinik befindet, die vor wenigen Jahren unter Verdacht stand, illegalen Organhandel zu betreiben. Tirol. Die Zahl der Touristen ist in der letzten Wintersaison erheblich gestiegen."
Lombardi stellte das Radio aus.

Eine große Tankstelle leuchtete von weitem. Römer und Lombardi betankten ihre Fahrzeuge. Anne und Felix kauften Getränke und etwas zum Knabbern. Raik fand im Tankstellenladen ein kleines Bekleidungsangebot. Er kaufte ein Sweatshirt in seiner Konfektionsgröße und zog es gleich über.
Die Wagen setzten sich erneut in Bewegung. Lombardis Coupé rollte wieder voraus. Inzwischen lenkte Raik den SUV. Römer suchte mit dem Smartphone im Internet nach Neuigkeiten über den Polizeieinsatz an der Burganlage.
Raik fragte: „Wie steht Felix' Mutter eigentlich zu der Sache mit der illegalen Organbeschaffung?"
„Meine Frau, die Mutter von Felix, lebt seit vier Jahren nicht mehr. Sie starb an Nierenversagen. Felix hat leider ihre Gene geerbt. Ich durfte ihn nicht auch noch verlieren."
„Wie schaffst du es, deine Arbeit bei der Kripo und die Alleinerziehung deines Jungen zusammenzubringen?"
„Wenn ich nicht so gute Beziehungen zum Jugendamt hätte, dann hätten sie mir Felix bereits weggenommen."
Raik stieß seinen Beifahrer kameradschaftlich an: „Wie wäre es, wenn du ihn zu mir ins Internat bringen würdest? Du könntest ihn so oft du willst besuchen. Bei uns gibt es auch Reitunterricht. Ich denke, das würde ihm sehr viel Spaß machen."
„Wulf, du hast verkehrte Vorstellungen davon, was ein Kripobeamter verdient. Aus meinen Recherchen weiß ich, dass euer Internat eine äußerst teure Eliteschule ist. Die kann ich niemals bezahlen."

„Wenn Felix nicht gewesen wäre, dann säße ich jetzt nicht in diesem Wagen. Wenn du dein Einverständnis gibst und auch Felix den Wunsch hat, dann sorge ich dafür, dass er in unserer Schule aufgenommen wird. Die Kosten übernehme ich selbst."
„Hast du im Lotto gewonnen? Die Lehrer verdienen doch auch kein Vermögen."
„Nein, aber vielleicht hatte ich zum Sparen einige Jahre länger Zeit als du!"
„Aha, also stimmen die Gerüchte, dass du schon erheblich länger als ein normales Menschenleben diesen Planeten unsicher machst? Wann ist dein Geburtstag?"
„In meinem Ausweis steht als Geburtstag 11. November 1979."
„Und wo wurde deine Geburtsurkunde offiziell ausgestellt? Bei meinen ursprünglichen Recherchen wurde nämlich nichts darüber gefunden."
„Eine Geburtsurkunde konnte nicht mehr gefunden werden. Offiziell bin ich nämlich in der ehemaligen DDR geboren. Meine Eltern waren für das System politisch untragbar. Also wurde ich von ihnen schon früh getrennt und wuchs in einem Heim auf. Während den Unruhen vor dem Mauerfall war ich mit anderen Kindern in einem Ferienlager in Rumänien. Dort bin ich ausgerissen und schloss mich Zigeunern an. In diesem herrlich urwüchsigen Land habe ich auch das Reiten erlernt. Ein Pfarrer gab mir Schulunterricht, sorgte dafür, dass ich in Bukarest Geschichte studieren konnte. Nach dem Studium ging ich nach Deutschland. So, jetzt kennst du meine Vita."
„Mit anderen Worten, die meisten Urkunden deines Ursprungs gingen in den Wirren verloren, als im Osten politisch und verwaltungsmäßig alles umgekrempelt wurde."
„Richtig! Aber wichtig sind ja nur die letzten Dokumente, die beim Einwohnermeldeamt registriert sind."
„Und so gibt es keinen Methusalem, Freund Raik."

Der Hüne blickte Römer schmunzelnd an und dann wieder auf die Fahrbahn.

∞

Auch nach einer Woche war Dr. Wiesmanns, Lombardis und Wulfs Flucht öffentlich nicht bekanntgegeben worden. Die deutsche, österreichische und italienische Polizei hatten zu diesen Personen aus Sicherheitsgründen eine Informationssperre an die Presse verhängt. Trotzdem erfreuten sich die Journalisten im In- und Ausland großer Neuigkeiten. Meldungen der Zeitungen, der Radiostationen und der Fernsehprogramme liefen sich gegenseitig den Rang ab. Emsige Reporter und Paparazzi wollten erfahren haben, dass es in den italienischen Alpen eine Privatklinik gab, in denen sich prominente Persönlichkeiten heimlich Anti-Aging-Therapien und Schönheitsoperationen unterzogen. Namen von Stars und Sternchen wurden gehandelt, wichtige Politikerinnen und Politiker an den Pranger gestellt. Ein Heer hochbezahlter Anwälte rüstete sich, um mit Verleumdungsklagen zu Felde zu ziehen. In den Fernsehprogrammen blühten erneut kontroverse Diskussionen um den gesellschaftlichen Jugendwahn auf. Wichtige Persönlichkeiten und selbst ernannte Experten wurden von einem Sender zum nächsten geladen. Anti-Aging-Produkte sprengten fast die gesamten Werbeblöcke.
Die bescheidene Pressemeldung, dass ein Kriminalbeamter aus Bayern und eine Kollegin aus Baden-Württemberg in einem verdeckten Einsatz einen illegalen Organhandel aufgedeckt hatten, ging im Trubel um die Reichen und Schönen dieser Welt unter. Auch der Nachruf eines namhaften Börsenmanagers, der in Italien an Leberversagen gestorben war, weil er nicht rechtzeitig eine Organspende erhalten hatte, wurde kaum zur Kenntnis genommen.

Raik, Marcus Römer und Felix trafen sich am Vormittag in Altbrunnenstett zu einer Besichtigung des Internats. Zusammen mit Schuldirektor Hausmeier besuchten sie Unterrichtsräume, das Chemielabor, eine Kunst- und Schreinerwerkstatt, den Musiksaal mit unzähligen Instrumenten und Studiotechnik, einen hochmodernen Computerraum, die Schulungsküche, eine helle Turnhalle, das Schwimmbad und die vielen kleinen Wohnhäuser der Schüler.

Felix war beeindruckt. Aber er war auch skeptisch, ob er die fremde Umgebung und die vielen neuen Gesichter verkraften könnte. Als der kleine Römer die Pferdestallungen besichtigte und von drei freundlichen Schülern seines Alters verschleppt wurde, da entschied er sich zu bleiben.

Marcus Römer war auch überzeugt, dass sein Junge an diesem Ort glücklich werden konnte. Wer an dieser Eliteschule einen ordentlichen Abschluss machte, dem standen die Türen namhafter Hochschulen oder begehrter Ausbildungsplätze in der Industrie und Wirtschaft offen.

Ein Oberstufenschüler lud Felix zum Reiten ein. Raik und Römer standen am Zaun der Pferdekoppel.

Marcus klopfte Raik auf die Schulter. „Halte bitte ein Auge auf Felix. Nicht, dass er den Dummheiten seines Vaters folgt."

„Ja, ich werde ihn wie einen Sohn behandeln."

Der Oberstufenschüler half Felix, auf ein gesatteltes Pferd zu steigen. Das Ross wurde am Zügel geführt. Es schritt auf Römer und Wulf zu.

„Papa, sieh mal, ich kann schon reiten!", rief Felix stolz und ließ sich weiter über die Koppel führen.

Marcus winkte seinem Sohn hinterher und fragte Raik: „Was ist mit Anne Wiesmann?"

„Sie ist vor drei Tagen nach Düsseldorf geflogen. Sie hatte ihren Urlaub ohne Genehmigung für mich überzogen. Da sie sich in der Klinik in der Probezeit befand, hat man sie gekündigt."

„Und wo steckt sie jetzt?"
„Anne wollte eigentlich bereits vor zwei Stunden hier sein. Ihre Maschine ist laut Internet pünktlich in Stuttgart gelandet. Sie wollte sich ein Taxi nehmen."
„Wir leben im Zeitalter des Mobiltelefons."
„Stimmt, aber wir leben auch im Zeitalter riesiger Damenhandtaschen, in denen manches Handy für immer verschüttet bleibt."
Unter Hupen rollte ein großer Personenwagen heran. Raik hielt sich die Hand über die Augenbrauen, las das Nummernschild und murmelte: „Das ist unser Ortsvorsteher Bernd Haflinger."
Die Limousine hielt. Ein korpulenter Mann stieg aus. Er trug einen Anzug. Frau Wiesmann öffnete die Beifahrertür und grüßte.
Raik schloss Anne in die Arme. „Ich war in größter Sorge. Warum bist du nicht ans Handy gegangen?"
Anstelle von Frau Wiesmann antwortete Haflinger: „Die Frau Doktor hat unserem Dorfarzt soeben das Leben gerettet. Wir waren auf dem Dorfplatz in den Vorbereitungen für unser Wochenendfest. Völlig überraschend bekam der alte Dr. Behringer keine Luft mehr und sank auf dem Zebrastreifen zusammen. Im gleichen Moment schickte uns der Herrgott Dr. Wiesmann mit dem Taxi als Schutzengel. Frau Doktor hat Dr. Behringer wiederbelebt und ist dann zusammen mit der Rettung in die Klinik gefahren."
„Ja, sie ist ein Engel, den ich nicht mehr missen möchte. Leider sind Engel flüchtige Wesen und entscheiden selbst, wo sie sich aufhalten."
Der Ortsvorsteher räusperte sich. „Ja, da kommen Sie genau zum Thema, Lehrer Wulf. Sie wissen selbst, dass unser verdienter Behringer aus Altersgründen schon seit zwei Jahren einen Nachfolger für seine Hausarztpraxis sucht. Auch ich habe mich bereits mit unserem Gemeinderat besprochen, dass ein neuer Arzt her muss. Doch das Land ist für die jungen Ärzte nicht attraktiv genug." Er sprach Frau Wiesmann direkt an: „Wenn sich jemand für die ärztliche Versorgung unserer Gemeinde entscheiden würde, dann

würde diese sich an den Renovierungskosten der alten Praxis beteiligen."
Alle Augen richteten sich erwartungsvoll auf die Ärztin.
Anne antwortete: „Ich sage nicht Ja und ich sage nicht Nein. Ich sage jetzt nur, dass ich erstmal eine Dusche und ein gutes Essen brauche."
„Das lässt mich hoffen", meinte Haflinger und drückte der Ärztin herzlich die Hand. Der Ortsvorsteher hupte noch zweimal, dann rollte die Limousine davon.
„Ich habe versucht, Franka zu erreichen", sagte Anne. „Sie geht nicht ans Telefon."
Römer meinte lächelnd: „Franka hatte in dieser Woche Arbeit bis über beide Ohren und wollte an diesem Nachmittag endlich zum Friseur. Vielleicht hatte sie gerade den Kopf unterm Wasserhahn, als du angerufen hast."
„Wieso weißt du das?", fragte Anne verwundert.
„Weil wir verabredet sind." Römer sprang lachend über den Zaun und lief über die Weide zu seinem Sohn.
„Hört, hört! Franka und Marcus", sagte Raik. Er nahm Anne in den Arm.
Felix beschloss, direkt bei seinen neuen Freunden im Internat zu bleiben. Er verabschiedete sich von seinem Vater und hatte die Welt der Erwachsenen schon bald vergessen.
Auf dem Parkplatz reichte Römer Anne und Raik herzlich die Hand. Dann stieg er in seinen Wagen und brauste hupend davon.
Anne sagte: „Raik, ich kenne dich bis jetzt nur mit Motorrad. Hast du eigentlich einen Wagen?"
„Hier stehen Autos genug. Suche dir einen aus."
Fahrzeuge von Lehrern, Bediensteten und Eltern reihten sich aneinander. Sie zeigte zu einem gelben Cabrio. Er warf ihr einen Autoschlüssel zu. „Probiere ihn aus."
„Raik, du spinnst. Aber ich werde den Schlüssel tatsächlich ausprobieren. Wenn wir gleich Ärger bekommen, schiebe ich alle

Schuld auf dich!“ Sie trat neben das aufgedeckte Cabrio und betätigte den Funkschlüssel. Klackend öffneten sich die Türschlösser. Beeindruckt sagte sie: „Wie konntest du wissen, dass mir dieser Wagen gefällt?“
„Weil wir manchmal den gleichen Geschmack haben.“ Er setzte sich auf den Beifahrersitz.
Anne stieg hinter das Lenkrad, startete den Motor und fuhr auf die Straße. Der Fahrtwind spielte mit den Haaren.
Raik beobachtete, wie sie die Bilder der hügeligen Landschaft genüsslich in sich aufnahm. Er sagte: „Ich habe vor zwei Tagen in der Klasse spontan einen Test schreiben lassen und muss diesen morgen zurückgeben. Aufgrund meiner Fehlzeit ist vieles liegen geblieben. Die Zeugnisse stehen schon bald vor der Tür. Du kannst dich in der Zwischenzeit frisch machen. Heute Abend gehen wir gemütlich essen und reden mal über den Vorschlag von Haflinger. Wenn die Klinik im Ruhrgebiet auf einen Engel verzichten kann, so würde er hier mit offenen Armen aufgenommen.“
„Hast du mal an die immensen Kosten einer Praxis gedacht? Wir sprechen da über eine sechsstellige Summe. Auch wenn der Ortsvorsteher Zusagen gemacht hat, so wird mir bei dem Gedanken so hoher Investitionskosten ganz flau.“
„Ich würde dich finanziell unterstützen, wenn dir das recht ist.“
„Du würdest mich mit deinem Lehrergehalt unterstützen? Zahlt das Internat so außergewöhnlich hohe Gehälter?“
„Nein, aber vergiss nicht, aus welcher Zeit ich stamme. Ich habe heimlich vom Nibelungenschatz etwas abgezweigt und für schlechte Zeiten zur Seite gelegt.“
Anne wurde ernst. „Da du jetzt zum ersten Mal zugibst, dass du aus der Ritterzeit stammst, dann verrate mir nun mal dein tatsächliches Alter.“
Er zog seinen Personalausweis aus der Tasche und hielt ihn Anne hin. Sie las: 11.11.1979.

„Raik, so wird das nichts mit uns. Du kannst jedem anderen deine gefälschten Papiere unter die Nase halten, aber nicht mir."
Sie lenkte in einen Feldweg, machte den Motor aus und verschränkte demonstrativ die Arme vor der Brust.
Raik schüttelte genervt den Kopf. „Die Frage nach meinem Alter ist mir schon so oft gestellt worden, wie ich denken kann. Nun gut, du sollst es erfahren. Als ich geboren wurde, schrieben wir angeblich den elften Monat anno 1111. Es war im Zeichen des Skorpions."
Anne stieg aus. Sie schritt um das Auto und blieb neben seiner Beifahrertür stehen. Ihre Augen schweiften eine Zeit lang nachdenklich in die Ferne. Was alle ihre und Frankas Recherchen über Raik ergeben hatten und was selbst Petohmi mit seinen Gewebeproben belegt hatte, waren Theorien gewesen. Erst mit diesem Geständnis wurde die Mär von Raik Wulf zur nackten Realität. In ihrer tiefsten Seele hatte sie gehofft, dass er diesen Irrsinn plausibel widerlegen könnte. Wie würde ihre Zukunft mit ihm aussehen? Sie würde in dreißig Jahren nicht mehr jung sein. Und er?
Raiks Stimme riss sie aus den Gedanken. „Ich kann dich verstehen, wenn dich meine außergewöhnliche Natur abschreckt. Ein überlanges Leben ist kein Segen. Wenn man nicht mit dem Fluss des Lebens schwimmt und sich genauso deutlich verändert, wie alle anderen Menschen, dann gehört man bald nicht mehr dazu. Deshalb war ich gezwungen, alle paar Jahrzehnte mein Bündel zu packen und woanders in der Welt einen neuen Platz zu suchen."
Er schaute zu ihr auf. „Ich bin das alles so müde. Vielleicht bin ich der einzige Mensch in dieser Welt, der sich wünscht, endlich altern zu können."
Anne kam da eine Idee. Sie zog sein Kinn zu sich herum und ihre blauen Augen funkelten. „Raik, du bist jetzt über neunhundert Jahre alt. Richtig?"
„Ja, drück den Finger noch tiefer in die Wunde."

„Ich meine das nicht verletzend. Denke doch mal nach. Methusalem wurde 969 Jahre alt. Wenn Petohmi mit seinen geheimen Forschungen recht hatte und kein Mensch älter als Methusalem werden kann, dann würden dir theoretisch noch etwa sechzig Jahre bleiben. Ich wäre dann über neunzig. Wir würden also gemeinsam alt."
„Glaube mir, nichts lieber als das."
Sie blickte auf seinen gesenkten Kopf. Mit einem Mal zog ein breites Lachen auf ihren Mund.
„Au, Anne, was machst du denn?" Er blickte überrascht zu ihr auf. Anne hielt etwas in der Hand. „Wie oft hattest du bisher ein graues Haar?"
„Ein graues Haar? So etwas kenne ich gar nicht."
„Kennst du nicht? Das ist ja interessant!" Sie öffnete ihre Tür, setzte sich vergnügt hinter das Lenkrad und fuhr zurück auf die Straße.

∞

Lehrer Wulf legte das Heft eines Schülers ab, blickte von seinem Schreibtisch auf. Anne stand im Türrahmen und hatte ihn wohl schon länger beobachtet. Sie trug seinen viel zu großen Bademantel und hielt diesen mit einer Hand zu. „Von den Lehrern behauptet man immer, dass sie den am besten bezahlten Halbtag-Job der Welt hätten. Es ist bereits Abend und du bist mit deinen Korrekturen immer noch nicht fertig, oder?"
Er lächelte sie an, senkte seinen Blick auf das letzte Heft und murmelte: „Noch ausreichend."
Diese Note schrieb er unter den Test.
Anne stellte sich neben ihn, nahm das Heft und fragte: „Bis du eigentlich bei deinen Beurteilungen ein sehr strenger Pauker?"
„Die Arbeit, die ich gerade eine halbe Stunde lang korrigiert habe, ist der letzte Schrott. Selbst ein Ungenügend wäre noch zu gut

bemessen. Leider war das die letzte Klassenarbeit und mit diesem Ungenügend müsste der Schüler unsere Schule verlassen. Seine mangelnden Leistungen scheitern nicht an seiner Intelligenz und seinem Talent, sondern an seiner Pubertät. Ich werde seinen schulischen Weg aber nicht blockieren."
Annes Blick fiel auf Raiks dichten Haarschopf. Wieder fand sie ein graues Haar. Sie zog es lachend aus und legte es demonstrativ auf seinen Schreibtisch.
„Mein lieber Raik, nun altere mir aber bitte nicht zu schnell. Wir wollen unser relativ junges Dasein ja noch ein bisschen genießen."
Raik verschloss den Federhalter mit der roten Tinte. Er stand auf und küsste sie auf den Mund. Anne ließ den Bademantel fallen und schlang die Arme um seinen Hals. Blitzschnell hob er sie auf und schritt mit ihr zur Diele. „Nun wollen wir doch mal sehen, ob der alte Mann das Burgfräulein noch die Treppe hinauftragen kann."

Ende

Namen in diesem Roman in alphabetischer Reihenfolge

Altbrunnenstett – ein erfundener Handlungsort in Süddeutschland
Antonio – Pizza-Bäcker in Südtirol
Dr. Berner – Arzt in der Klosterklinik, 60-jähriger, wenig Haare, schmächtig, schüchtern, Brille.
Dr. Behringer – Dorfarzt in Altbrunnenstett
Feudl, Franz – 13-jähriger Bauernsohn.
Feudl, Josef – 30-jähriger Stallknecht im Hotel Equitana, auffällig schütteres Haar.
Feudl, Kurti – 15-jähriger Bauernsohn, der Gitarre lernen will.
Feudl, Leni – 38-jährige Bäuerin, braune, lange Haare.
Feudl, Peter – 11-jähriger Bauernsohn.
Feudl, Xaver – 40-jähriger Bergbauer, Vollbart, dichtes, krauses Haar, stämmig.
Häberle, Froni – 35-jährige Frau des Hausmeisters. Putzt das Haus von Wulf.
Haflinger – Korpulenter Ortsvorsteher in Altbrunnenstett.
Hausmeier – Direktor der Privatschule in Altbrunnenstett, an der Wulf seit zehn Jahren unterrichtet.
Hotel Equitana – Luxuriöser Reiterhof am nördlichen Alpenrand.
Kennzeichen des SUV, der Wulf verfolgt BGL – PP ...
Kennzeichen des Motorrads von Wulf – ABS – RW 1111.
Meier, Kevin – 25-jähriger Fahrer des SUV, Pfleger, trägt einen goldenen Nasenring.
Colin – 30-jähriger, sehr korpulenter Pfleger, Scharfschütze.
Ladwig, Gisela – Assistenzärztin.

Lombardi, Franka – 32-jährige Kommissarin LKA Baden-Württemberg, sportlich, brünette Haare, grüne Augen, raucht E-Zigarette, betreibt Paragleiten.
Magister Reinholdus Lupus – angeblich eine historische Figur, die mit Reiner Wulf in Zusammenhang steht.
Morgenrot, Ansgar – 12-jähriger, korpulenter Junge, verwöhntes Einzelkind.
Morgenrot, Jennifer – 42-jährige, arrogante Schulleiterin.
Oberkellner Hans – 30-jährig, hochgewachsen, dunkle Haare, sehr selbstbewusst.
Prof. Dr. Petohmi – 80-jährig, wirkt deutlich jünger, betreibt eine Privatklinik, wurde mit Schönheitsoperationen steinreich.
Schwester Renate – ältere Frau, drall, klein, starke Brillengläser, Kurzhaarschnitt, tiefe Stimme, herber Typ.
Römer, Felix – 12-jähriger Sohn von Marcus Römer.
Römer, Marcus – 40-jähriger Beamter des LKA, hochgewachsen, kräftig, schwarze Haare.
Scheibel, Franz – Kommissar, Kollege von Franka Lombardi.
Untermeyer, Rosemarie – alte Sennerin, als Kind hatte sie den Zigeunernamen Rilana.
Weigl – Oberinspektor der Polizeiinspektion Zell am Ziller.
Wesler, Silke – hübsche Angestellte an der Rezeption im Hotel Equitana.
Dr. Wiesmann, Anne – 32-jährige Chirurgin, blond, blaue Augen, schlank, reitet im Urlaub gerne.
Wulf, Raika – Figur aus einer Erzählung des 12. Jahrhunderts.
Wulf, Rainer – genannt Raik, keltischer Name = der Gerechte, geschätztes Alter um die vierzig, schlank, durchtrainiert, blaue Augen, charismatischer Blick, schulterlange, braune Haare, Lehrer am Internat in Altbrunnenstett.

Danksagungen

Ich danke meinen BLAutor-Kollegen Petra Bohn und David Röthle für ihre wertvollen Rückmeldungen während der Entwicklung dieses umfangreichen Romans.

Wie immer danke ich dem Team des Edition Paashaas Verlags für die herzliche und geduldige Zusammenarbeit, die bei blinden Autoren etwas mehr technische Rücksicht benötigt, als das bei sehenden Autoren vermutlich notwendig ist.

Über den Autor

Dieter Kleffner wurde 1957 in Essen/NRW geboren. Seine anfängliche Sehbehinderung mündete im Erwachsenenalter in Erblindung. Er arbeitete beruflich bis zum Ruhestand in der klinischen Physiotherapie. Dieter Kleffner wohnt in Hattingen, ist verheiratet, hat zwei erwachsene Kinder und eine süße Enkelin.

Autorentätigkeiten:

Dieter Kleffner schreibt seit vielen Jahren überwiegend im Genre Belletristik. Seine Kurzgeschichten und Romane wurden in Magazinen, Hörzeitungen, Anthologien, eigenen Büchern und als Hörbücher bei Blindenhörbüchereien veröffentlicht. Zurzeit sind von ihm 14 Buchtitel im Buchhandel erhältlich.

Er ist Sprecher des literarischen Arbeitskreises BLAutor, einem Zusammenschluss sehbehinderter und blinder AutorInnen.
Seit 2022 gibt er Online-Lesungen auf der BLAutor-Lesebühne im Online Veranstaltungszentrum BLINDzeln, die im BLINDzeln Radio und über Amazon- Assistenten übertragen werden.
Er erhielt den Planet Award – Autor des Jahres 2018 – im Künstler Radioplanet Berlin und mehrere Buchpreise.

Bibliografie von Dieter Kleffner im Edition-Paashaas-Verlag bzw. Buchhandel:

„Im Testprogramm des Schicksals" (Autobiografie ©2012/2017)
„Ein Tag für Blinde, Lahme und Verrückte" (Gesellschaftsroman ©2014/2017)
„Schlaflose Kissen und schlechte Gewissen" (3 Kriminalgeschichten ©2015 / 2017)
„Der Stalker von nebenan" (Thriller ©2016)

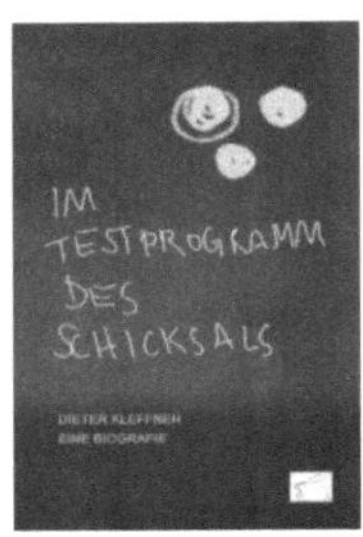

„Autorenstolz" (Buchpreis Planet Award: „Bester Thriller des Jahres 2018" in Radio Planet Berlin. .
„Blind - Freundschaft mit der Dunkelheit" (Ein informatives und unterhaltsames Sachbuch rund um das Thema Sehbehinderung ©2019)
„Selbstgerecht und selbst gerächt" (4 Thriller / ©Jan. 2020)

„Gedichte, die Bände sprechen“ (Buchpreis Planet Award „Beste Lyrik des Jahres 2020“ im Radio Planet Berlin)
„Jagd auf das Chamäleon“ (Thriller ©Nov. 2020)
„Hochmut, Hass und Liebe“ Hardcover-Buch (eine Familiensaga ©2021)

„Triathlon der Angst“ - Thriller ©August 2022
„Im Jagdrevier des Riesen“ - Thriller -©Jan. 2023

Außerdem ist er Herausgeber dieser Anthologien:

„Farbenfrohe Dunkelheit“, Kurzgeschichten und Gedichte von Sehbehinderten und blinden (Texte des Schreibzirkels BLAutor / ©März 2022 Herausgeber: Dieter Kleffner) Buchpreis Skoutz Award 2023 Bronze)

„Abenteuerliche Anekdoten blind erlebt“ Anthologie des Schreibzirkels BLAutor ©Sept. 2023 Herausgeber Dieter Kleffner

Informationen zu Büchern, Presseberichten, Radio- und Web-TV-Interviews gibt es unter:
www.dieterkleffner.de
www.verlag-epv.de
www.blautor.de